Leitfaden Web-Usability

Frank Puscher

Jahrgang 1965, ist freier Journalist und Multimedia-Berater in Hamburg. Seit 1992 schreibt er für verschiedene Zeitschriften und Zeitungen, wie Süddeutsche Zeitung, Stuttgarter Zeitung, InternetWorld, Tomorrow, Spiegel Online, ComputerWoche, c´t, InternetWorld Business, Internet Magazin sowie die Online-Dienste Dr. Web, Entwickler.com. Sein fachlicher Schwerpunkt liegt im Bereich Multimedia und Online. Seit 1994 beschäftigt er sich mit Internetproduktion und war unter anderem für Europe Online, ProSieben, DF 1, Kabel 1 und Grundig tätig. Außerdem hält er regelmäßig Vorträge und Schulungen für die Beo GmbH und die Hanseatische Akademie für Medien und moderiert jedes Jahr den InternetWorld-Kongress.

Frank Puscher

Leitfaden Web-Usability

Strategien, Werkzeuge und Tipps für mehr Benutzerfreundlichkeit

Lektorat: Barbara Lauer
Copy-Editing: Alexander Reischert
Satz: Frank Heidt
Herstellung: Frank Heidt
Umschlaggestaltung: Helmut Kraus, www.exclam.de
Druck und Bindung: L.E.G.O., S.p.a., in Vicenza

Bibliografische Information Der Deutschen Bibliothek
Die Deutsche Bibliothek verzeichnet diese Publikation in der Deutschen
Nationalbibliografie; detaillierte bibliografische Daten sind im Internet über
<http://dnb.ddb.de> abrufbar.

ISBN 978-3-89864-581-2

1. Auflage 2009
Copyright © 2009 dpunkt.verlag GmbH
Ringstraße 19 B
69115 Heidelberg

5 4 3 2 1 0

Inhaltsverzeichnis

Vorwort

Warum Usability?

Geneigter Leser,

vielen Dank, dass Sie sich für dieses Buch entschieden haben. Schon der Griff nach einem Werk, das sich dem Thema Usability, insbesondere Website-Usability widmet, beweist Ihr Problembewusstsein. Es vergeht kein Tag in meiner redaktionellen Praxis, an dem ich nicht über haarsträubende Usability-Fehler auf Webseiten stolpere. Das gilt leider heute noch ebenso wie vor sieben Jahren, als ich das erste deutsche Buch zum Thema schrieb: »Das Usability-Prinzip«.

Die Probleme, die auftauchen, können ganz große Fehlfunktionen sein, die zum Beispiel komplette Systeme anhalten. So begegnete mir gerade gestern eine Website mit einem Werbemittel in Flash-Technik, das meine Webcam nutzen wollte. Als ich das zuließ, feuerte die Anwendung jede Menge JavaScript-Fehler ab und war nicht mehr zu benutzen. Als ich den Fehler soeben für einen Screenshot replizieren wollte, trat er nicht mehr auf.

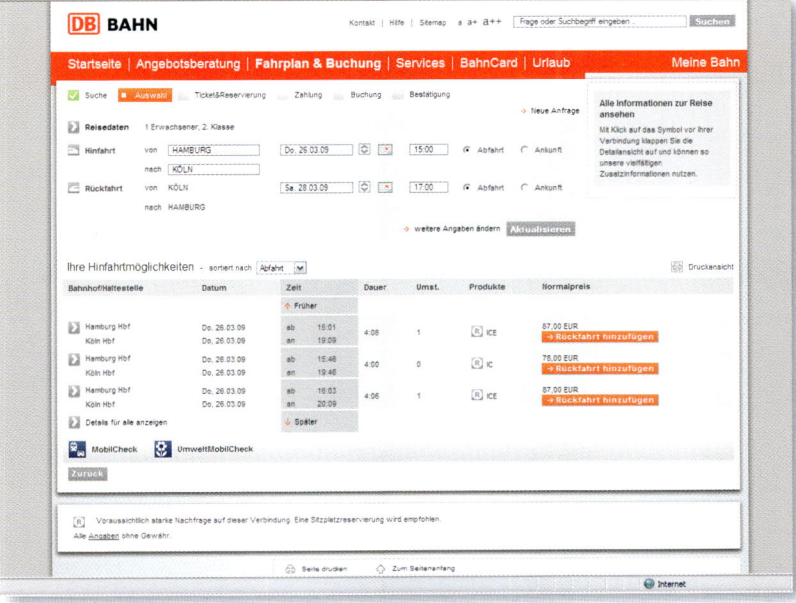

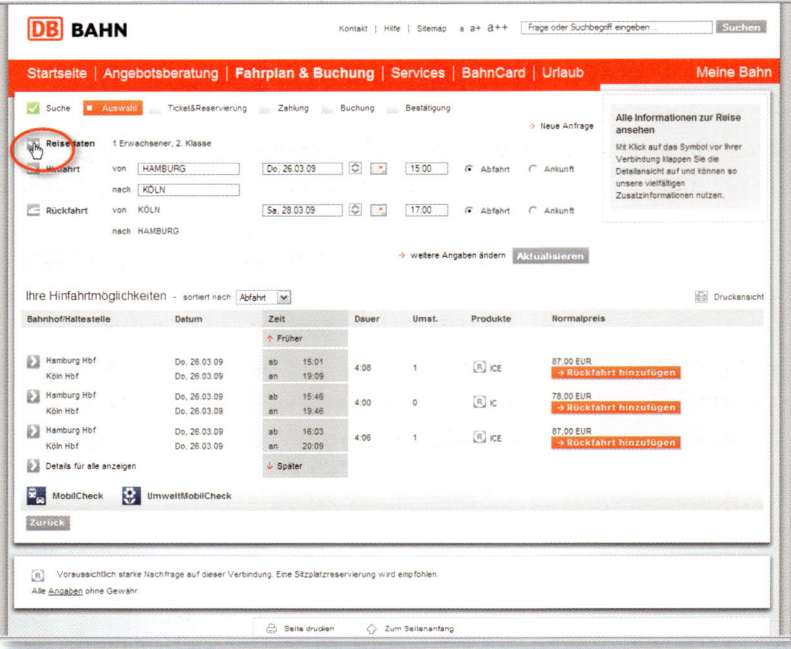

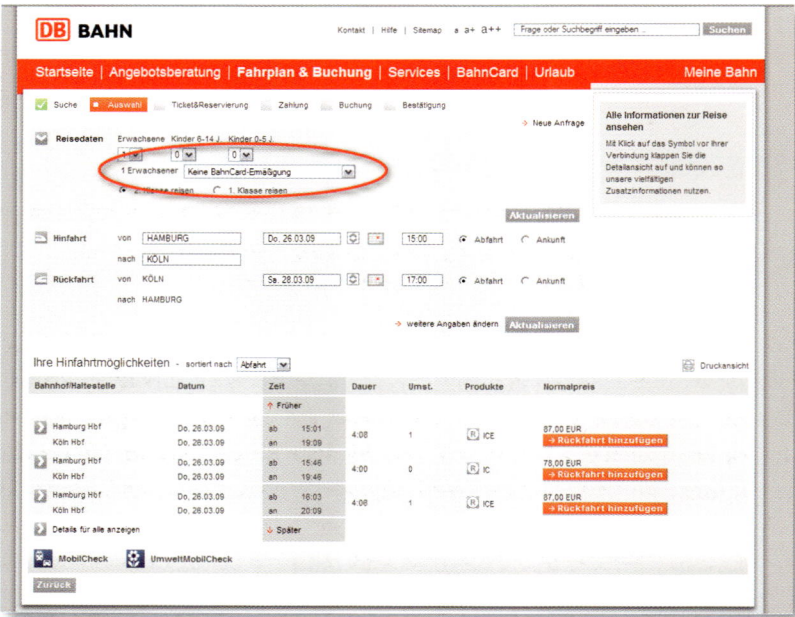

Wer im neuen Layout von Bahn.de eine Möglichkeit sucht, als BahnCard-Kunde aufzutreten, muss schon sehr genau hinschauen, um zu erkennen, worauf zu klicken ist.

Nicht immer sind die Seitengestalter, Webmaster oder Projektleiter daran schuld, wenn etwas nicht funktioniert. Gelegentlich ist es auch einfach die Technik. Wir befinden uns heute im Jahr 15 des World Wide Web in Deutschland und die technische Entwicklung ist gerade den Kinderschuhen entwachsen. Die Anforderungen sind enorm gestiegen, denn wir bedienen heute nicht mehr nur Webserver, die für uns Aufgaben wie etwa das Ausführen einer Suche erledigen. Inzwischen benutzen wir bestimmte Websites wie Desktop-Software und verlangen schnelle Reaktion auf unsere Eingaben und umfassende komplexe Prozesse, die die Programme zu leisten haben.

Die ganz großen Fehlfunktionen sind mittlerweile eher selten geworden. Man darf nicht verschweigen, dass sich hier in den letzten Jahren, vor allem nach der Dotcom-Krise, einiges getan hat. Die Unternehmen und Site-Betreiber sind vorsichtiger geworden, wenn sie neue Funktionen in eine Seite einbauen. Sie wissen, dass sie praktisch »am offenen Herzen« operieren und Fehler direkt mit Kundenverlust und weniger Umsatz bestraft werden.

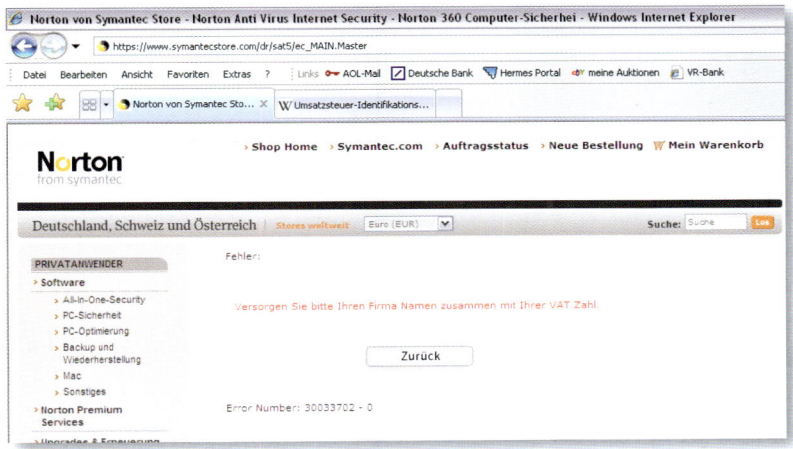

Vatzahl? Vermutlich steht der Kunde von Symantec erst richtig unter Strom, nachdem er diese Fehlermeldung gelesen hat.

Dennoch schleichen sich immer wieder gerne kleine Fehler ein. Das sind Flüchtigkeitsfehler, die vielleicht deshalb entstehen, weil der Webdesigner noch schnell vor Feierabend ein Element einarbeitet und dieses am nächsten Morgen nicht mehr prüft. Das kann auch geschehen, weil verschiedene Abteilungen im Unternehmen nicht gut miteinander kommunizieren, obwohl sie an der gleichen Website arbeiten. Und solche Fehler treten natürlich auch dann immer auf, wenn die Seitenbauer ihr Werk nur auf der Mac-Plattform und mit dem Safari-Browser betrachten und eben nicht mit dem Internet Explorer unter Windows Vista.

Und hier kommen wir zu des Pudels Kern. Fehler passieren und dürfen passieren. Wem der Mut zu Fehlern fehlt, dem geht Experimentierfreude ab. Und ohne diese hat eine Website überhaupt keine Chance, ihr Potential auch nur annähernd auszuloten. Gerade im Mittelstand begegnen mir auf Konferenzen häufig Geschäftsführer oder Projektleiter, die mit dem aktuellen Besucherstrom und den daraus generierten Umsätzen auf einer Website einigermaßen zufrieden sind. Man hat beide Werte über die letzten Jahre kontinuierlich gesteigert, und wenn man nicht vorher schon – als Händler – mit Endkunden zu tun hatte, erscheinen einem 30.000 Besucher pro Monat vielleicht schon viel. Die Frage, die ich dann am liebsten stelle, lautet: »Wie viele hätten es denn sein können?« Vielleicht sind ja auch 50.000 oder 100.000 Besucher im Monat möglich. Vielleicht kennen die anderen 70.000 einfach nur die Site nicht. Oder sie kennen sie, finden sie aber nicht. Oder sie finden sie und finden sich nicht zurecht.

Alle Webseiten-Projektleiter Deutschlands, Österreichs und der Schweiz sind dazu aufgefordert, eine Kultur der Fehlertoleranz in ihren Abteilungen entstehen zu lassen. Fördern Sie Experimentierfreude! Und damit Sie das sorglos können, ohne dass Ihr eigener Job in Gefahr gerät, müssen Sie im Nachhinein kontrollieren, welche Auswirkungen eine Veränderung der Website auf die wichtigsten Kennzahlen hat: auf den Besucherzulauf, auf deren Verweildauer, auf die erzeugten Umsätze, aber natürlich auch auf eventuell steigende Personalkosten, Serverkosten (wenn Sie entscheiden Online-Video einzusetzen), Retourenquoten und so weiter. Sollte Ihre Website einem unmittelbaren ökonomischen Zweck dienen, ist der Gewinn am Ende die wichtigste Größe.

Webdesign im zweiten Jahrzehnt des zweiten Jahrtausends ist ein iterativer Prozess. Der ständige Wechsel zwischen Implementierung und Kontrolle, zwischen Experiment und Test stellt nach wie vor die Ausnahme bei den meisten Webdesign-Abteilungen dar – und sollte doch die Regel sein. Es gibt einfache und günstige Testmethoden, die ebenso einfache und leicht verständliche Berichte produzieren. Der Markt bietet eine Fülle von Diensten und Dienstleistern, die Teilaufgaben oder das gesamte Testing übernehmen.

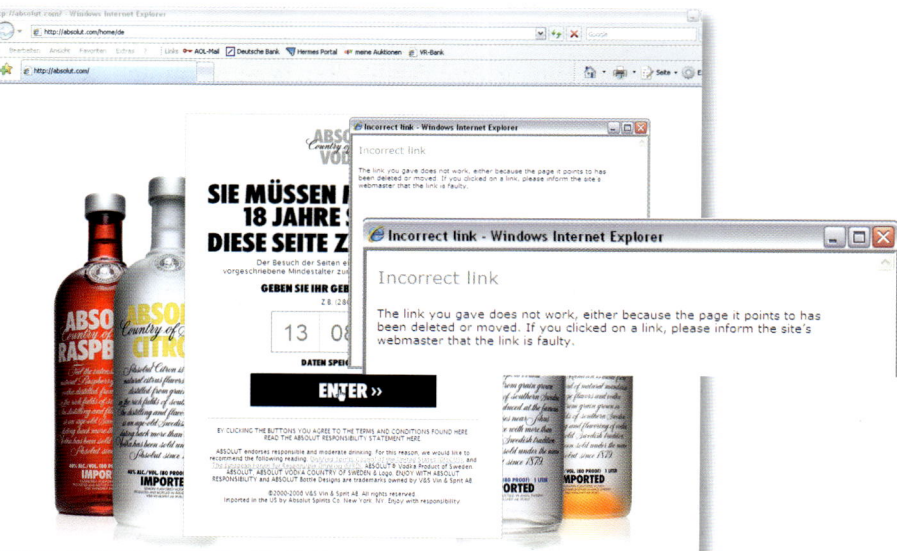

Auch im nüchternen Zustand ließ die Website von Absolut Vodka absolut keine Anmeldung zu.

Zum Beispiel sollte die Überprüfung einer Website auf Browserplattformen zum Standardprozedere vor jeder Veröffentlichung gehören. Dazu musste der Tester früher mit teilweise haarsträubenden Tricks und Kniffen mehrere Browser auf seinem System installiert haben. Insbesondere beim Internet Explorer war das schier unmöglich. Und dann sollte man das Gleiche noch auf einem Mac, einem Windows-PC und unter Linux laufen lassen. Und bei gravierenden Veränderungen im Betriebssystem war auch das noch zu bedenken, kurzum: ein Riesenaufwand. Heute gibt es gebührenpflichtige Webdienste, die mit einem einzigen Knopfdruck eine Site simultan auf unterschiedlichsten Plattformen testen und sogar detaillierte Fehlerberichte auswerfen.

Es gibt kein Argument, das den Vezicht auf Usability-Tests rechtfertigt.

Das ist das neue Buch

Die identische Einleitung hätte auch in meinem Buch von 2001 stehen können. Tatsächlich hat sich die Argumentation rund um das Thema Usability nicht geändert und auch pragmatische Kernsätze wie »Keep it simple« gelten fort.

Dennoch unterscheidet sich das Buch ganz signifikant von seinem Vorgänger. Bereits angesprochen wurden die erweiterten Testmethoden. Das A/B- oder Split-Testing hat die Branche gewaltig durcheinandergewirbelt. Das Prinzip des heuristischen Vergleichs, der stets aus zwei Varianten die bessere wählt und sich somit Schritt für Schritt an eine bessere Website herantastet, hat viel Charme, weil die Ergebnisse so schnell und deutlich vorliegen.

Auch die Testmethode Online-Panel hat sich etabliert. Die großen Usability-Labs verfügen über große Adresssammlungen, die sie in die Waagschale werfen können, wenn der Kunde bestimmte Fragen beantwortet haben will. Aufgepaßt: »Fragen«! Es geht also um eine qualitative Form der Marktforschung, die Tiefenerkenntnisse liefern kann – ganz anders als die rein quantitativen Tracking-Verfahren.

Auch die haben sich gewaltig weiterentwickelt, zumindest was das Reporting angeht. Kein Medium ist vor der Pixel-Zählmethode sicher. Inzwischen bauen die Analyse-Tools ihren Code auch in Flash-Filme und bei Online-Videos ein. Die Dashboards – also die Anzeigetafeln für Website-Performance – sind wesentlich übersichtlicher geworden. Man hat erkannt, dass es nicht darum geht, alle gemessenen Werte anzuzeigen, sondern nur die wichtigsten Aggregate, die darstellen, ob bestimmte Elemente auf der Site besser oder schlechter funktionieren als vorher.

Viel Bewegung im Markt hat hier Google Analytics erzeugt. Zum einen, weil es kostenlos eingesetzt werden darf – wenngleich noch nicht klar ist, was es die Branche tatsächlich kostet, dass Google auf diesem Weg sehr detaillierte Traffic-Daten sammeln kann. Zum anderen aber auch, weil das Tool recht intuitiv funktioniert. Von Experten wird das frühere Urchin-Werkzeug gemeinhin in der unteren Mittelklasse eingeordnet, offensichtlich ist das aber genau die Leistungsfülle, auf die der Markt gewartet hat.

Den großen Standortvorteil aber bezieht Google Analytics aus seiner Nähe zum Werbesystem AdWords. Nichts liegt näher, als die Performance unterschiedlicher Kampagnen per Webanalyse zu vergleichen und die schlechten Kampagnen zu beenden.

Kampagnen? Usability? Auch das hat sich verändert. Usability wird als Begriff längst nicht mehr nur auf die eigene Website fokussiert, sondern alle Kommunikationsmaßnahmen in Richtung Kunde. Das sind also auch Werbemittel (Marketing-Usability) das sind sicherheitskritische Prozesse (zum Beispiel in Form von Shop-Usability). Natürlich wirft die Belieferung von Mobiltelefonen mit Online-Content neue Usability-Fragen auf und letztlich fordern auch gedruckte Anzeigen immer häufiger zur Interaktion mit dem Unternehmen per Web auf. Zumindest die abgedruckten URLs sollten also »usable« sein.

Usability und das zweite Web

An der dritten große Veränderung seit dem Erscheinen des »Usability-Prinzips« sind die User selbst schuld. Sie haben sich in den Vordergrund gedrängt und wollen Webseiten nicht mehr einfach »über sich ergehen lassen«, sondern selbst mitgestalten. Sie wollen Bewertungen verfassen, Tags und Schlagworte vergeben, Dateien ins Web überspielen, direkt mit anderen Nutzern kommunizieren. In der aktuellen Ausbaustufe versuchen die Nutzer des Social Web einander beim Einkaufen behilflich zu sein oder gar gemeinsam auf Einkaufstour zu gehen und dadurch die Preise zu senken.

Das Web 2.0 braucht hoch interaktive Anwendungen, damit die sozialen Beziehungen reibungslos funktionieren. Diese Anwendungen arbeiten mit neuen Technologien wie Ajax, AIR, Silverlight und neuen Implementierungen von Flash. Dabei sind die Technologien inzwischen so gut, dass die Nutzer auf einmal Sachen mit Webseiten machen können, von denen sie vor Jahren kaum zu träumen wagten. Das müssen sie erst mal lernen. Jahrelang haben die Webdesigner dieser Welt gepredigt, man könne Elemente auf einer Website nicht einfach hin- und herschieben wie auf dem Desktop. Jetzt geht das auf einmal und stellt für manchen Onlineshop sogar das Rückgrat der Anwendung dar.

Jenseits der Technik benötigt das Social Web aktive Nutzer, um zu funktionieren. Die Nutzer müssen Vertrauen in Systeme und deren Anbieter entwickeln, dass kritische Berichte tatsächlich auch online erscheinen und dass auf der hinterlegten E-Mail-Adresse auch kein Spam ankommt. Vor allem die stark wachsende Zielgruppe der Silver Surfer, Best Ager oder über 50-Jährigen hat an manchen Stellen ein Funktions-, an vielen aber einfach ein Vertrauensproblem. Und dieses Vertrauensproblem wird zu einem Problem der Benutzbarkeit: nicht technisch, nicht funktional, aber psychologisch.

Und das ist das neue Buch nicht!

Das Ihnen vorliegende Buch möchte den aktuellen Stand der Website-Usability darstellen. Es soll vor allem ein Gefühl für das Thema Benutzerfreundlichkeit in all seinen Facetten entwickeln helfen, damit der geneigte Leser nach der Lektüre dazu übergeht, sein eigenes Kriterienraster aufzubauen – für die eigene Zielgruppe, gemessen an den unmittelbaren Interessen und Bedürfnissen seines Unternehmens und seiner Website. Ein Detailgrad, den kein Buch der Welt leisten kann.

Insofern ist dieses Buch vor allem eines nicht: Es ist keine wissenschaftliche Abhandlung. Es ist an vielen Stellen polemisch, möglicherweise in seiner Kritik sogar ungerecht. Es werden Websites von Unternehmen kritisiert, die ansonsten vieles sehr gut und nutzerfreundlich machen. Auch mag die angesprochene Website insgesamt »usable« sein, doch das eine Detail eben nicht. Mögen die betroffenen Webdesigner, Projektleiter und Geschäftsführer die Erwähnung in diesem Buch so nehmen, wie sie gemeint ist: als Anregung zu einer Diskussion über die jeweilige Funktion, über die Site und über Usability im Allgemeinen.

Um das Buch möglichst plastisch zu machen, zeige ich teilweise Screenshots und Beispiele, die es heute schon nicht mehr gibt. Das tut auch nichts zur Sache, denn es geht nicht um die Einzelkritik, sondern um das grundlegend falsche Usability-Verständnis dahinter. Und vor solchen Fehlern ist niemand gefeit. Ich freue mich schon auf die ersten Mails, die die zahlreichen Fehler auf meinen eigenen Seiten entlarven.

Um das Buch ein wenig vergnüglich zu machen, habe ich –im Gegensatz zu dieser seriösen Einleitung – einen eher amerikanisch geprägten, humorigen Ton gewählt und spare nicht mit Ironie. Das darf natürlich nicht über den Ernst der Diskussion hinwegtäuschen. Usability muss in den Stand einer Kerndisziplin des Webdesigns erhoben werden, und das ist sie bei Weitem noch nicht. In der erweiterten Betrachtungsweise als User Experience wird klar, dass gute Usability auf Dauer für einen Onlineshop zum Standortvorteil wird wie eine gute Lage in der Fußgängerzone für den »echten« Laden.

Selbst Usability-Guru Jakob Nielsen schaut immer häufiger auf den emotionalen Aspekt der Benutzerfreundlichkeit. Das Interview, das ich Anfang 2008 mit ihm führen durfte, halte ich für zeitlos und habe es daher in das Buch aufgenommen, ebenso wie zwei weitere mit Jack Aaronson und Jürgen Wiest, beide anerkannte Experten bei den Themen Personalisierung und Online-Marketing.

Damit Sie aus dem Gelesenen heraus direkt aktiv werden können, habe ich eine Reihe von Checklisten eingefügt. Sie hegen keinerlei Anspruch auf Vollständigkeit, doch habe ich versucht, aus meiner 14-jährigen Praxis als Brachenbeobachter alles herauszuholen. Herzlichen Dank an Patrick Schneider von Namics, der mir freundlicherweise ein paar Checklisten zum Thema Conversionrate-Optimierung zur Verfügung stellte. Beachten Sie vor allem die kleine Sammlung mit praktischen Übungen. Sie können die Grundlage von internen Seminaren zum Thema bilden.

Und glauben Sie mir: Kein Vortrag, keine Präsentation kann so bleibende Eindrücke bei den Marketern und Webworkern hinterlassen wie ein selbst durchgeführter Usability-Test.

Zum Schluss noch der Königsweg: Vertrauen Sie Ihrem gesunden Menschenverstand. Sie sind selbst aktiver Online-Nutzer und somit Zielgruppe für sehr viele Websites. Fehler, die Sie ins Grübeln bringen, können auch anderen Probleme bereiten. Und vertrauen Sie Ihrer Beobachtungsgabe auch beim Lesen dieses Buches. Ich habe nicht immer Recht. Fragen Sie meine Kinder ...

Viel Vergnügen   Frank Puscher

1 Das Prinzip Usability

1.1   Was soll ich tun?

Die Macher von TUI.de dürften kaum erfreut gewesen sein, als im Herbst 2007 der Usability Monitor von Syzygy erschien. Der Bericht der Bad Homburger Agentur widmete sich gleich zwei Themen, die unter E-Commerce-Experten derzeit höchste Priorität genießen. Das eine war der Betrachtungsgegenstand. Syzygy analysierte eine Reihe der wichtigsten deutschen Reisebuchungs-Websites. Der Markt für Online-Reisebuchungen wächst wie kaum ein anderer.

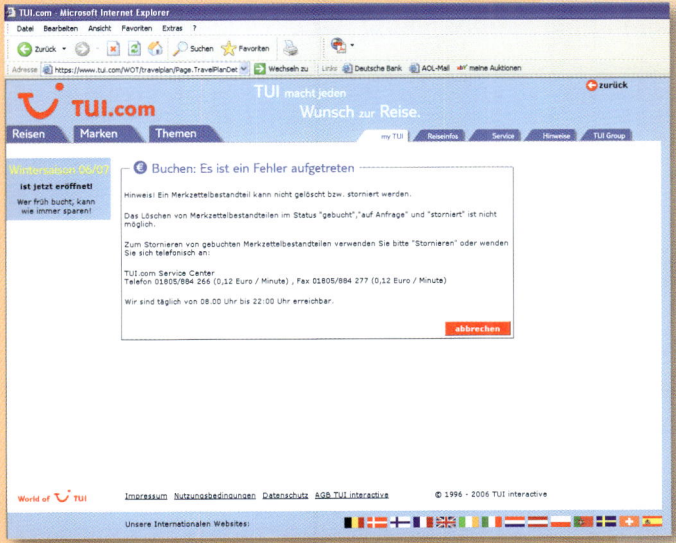

Kein Proband konnte im Syzygy-Test auf TUI.com eine Reise buchen.

Der zweite »Hotspot« der Syzygy-Analyse war die betrachtete Zielgruppe. Es handelt sich um die »Best Ager«, also jene Zielgruppe über 50, die ein überdurchschnittliches Einkommen zur Verfügung hat, gerne reist und genug Zeit hat, um sich in das Thema Online-Buchung einzuarbeiten. Die Zielgruppe ist anspruchsvoll, technisch aber nicht immer auf dem neuesten Stand. Um deren Verhaltensweisen nicht theoretisch abzuleiten, sondern live zu beobachten, luden die Hessen kurzerhand 24 »echte« User zum Test und stellten ihnen praktische Aufgaben, die Reisesuchende im Netz tagtäglich zu bewältigen haben.

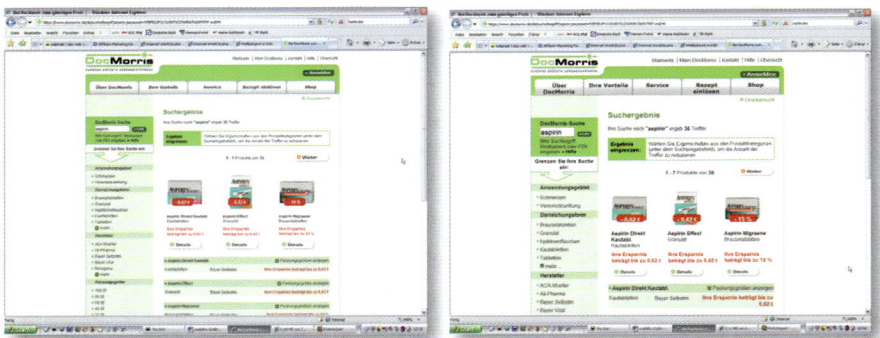

Bei der Versandapotheke DocMorris achtet man sehr genau auf Seniorenunterstützung etwa durch vergrößerbare Schriften.

Das Ergebnis des Syzygy-Reisemonitors war niederschmetternd. Keiner der Probanden war in der Lage, auf TUI.de eine Reise zu buchen. Europas größter Reisekonzern versagt in der Kerndisziplin auf ganzer Linie. Und nicht nur TUI, auch für andere Reiseanbieter wie FTI oder Thomas Cook ermittelten die Tester miserable Leistungswerte. Türkeispezialist Öger Tours erzielte noch das beste Ergebnis: Dort gelang der Hälfte der Nutzer die Buchung.

1.2   Usability first

Man kann den klinischen Ansatz im Usability-Labor kritisieren und auch über die konkrete Methodik im Syzygy-Fall trefflich diskutieren. Man kann der Studienleitung unter Umständen sogar Parteilichkeit attestieren, weil man mit den spektakulären Ergebnissen Webdesigner verunsichern und sie so zu Kunden eines Usability-Testers wie Syzygy machen kann. Doch auch wenn nur die Hälfte der Ergebnisse richtig ist, bleibt die Erkenntnis, dass in vielen Webdesign-Abteilungen und -Agenturen mehr Wert auf die Kreativität als auf die Funktionalität gelegt wird.

»Eines der größten Probleme ist das Gefälle im Know-how zwischen Unternehmen, Agentur und Endkunde«, meint der Hamburger Usability-Experte Tim Bosenick. »Innerhalb der Teams kennt man Fachbegriffe, Abteilungsbezeichnungen oder einzelne Funktionselemente innerhalb der Website. Den Mitarbeitern muss ich das nicht mehr erklären, vielleicht aber dem Kunden?«

Schon einfachste Formulierungen aus der Sprachwelt des Internets können Nutzer überfordern, wenn Letztere ansonsten mit der Terminologie nicht vertraut sind. Der Begriff »Download« mag geeignet sein, den Hyperlink zu einer MP3-Datei zu kennzeichnen, die auf einer Jugend-Website angeboten wird. Für das Laden einer PDF-Datei mit den allgemeinen Geschäftsbedingungen eines Reiseanbieters kann der Begriff ins Leere laufen. Stattdessen könnte »AGB anzeigen« die bessere Wortwahl sein, wenngleich sich dahinter technisch betrachtet natürlich der Vorgang eines Downloads verbirgt.

Professor Myriam Yom von der Universität Göttingen ermittelte in zahlreichen Usability-Studien, dass kleinste Unterschiede in der Wortwahl, der farblichen Gestaltung oder der Platzierung einzelner Elemente bereits große Unterschiede in der Leistungsfähigkeit einer Website bedeuten können: »In vielen Fällen sind einfache deutsche Begriffe die beste Wahl, wenn man möglichst viele Nutzer erreichen möchte.«

Die Bestseller im preisgekrönten Onlineshop von Livingtools sehen aus wie Text, sollen aber Links sein und Produkte verkaufen.

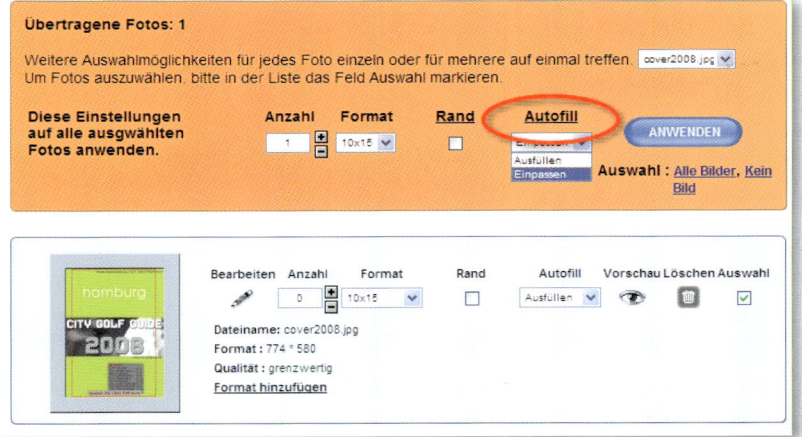

Ausdrucke von Digitalbildern haben ein anderes Format als die Originaldatei, aber ist »Autofill« ein hilfreicher Begriff?

Und dabei geht es nicht nur um das schiere Funktionieren einer Anwendung, sondern auch um mehr Umsatz. Die US-Agentur MarketingExperiments wollte genau wissen, wie sie mehr Kunden ein Premium-Abo verkaufen könnte. Jedes Element in der Werbe-E-Mail wurde überprüft, auch die Schaltfläche, die die nächste Handlung des Nutzers auslösen sollte, den Aufruf näherer Informationen zum Abo. Bisher hatte die Beschriftung »Continue here« gelautet. Als dies in »Continue to article« verändert wurde, klickten 3,3 Prozent mehr Nutzer und bei der Formulierung »Click to continue« sogar fast zehn Prozent.

Thorsten Wilhelm, Geschäftsführer des Göttinger Usability-Dienstleisters eResult, veröffentlichte Anfang 2008 die Ergebnisse einer Nutzerbefragung, die die
Verständlichkeit der Begriffe aus der Web-2.0-Welt bei der Nutzerschaft überprüft.
Das Ergebnis ist ähnlich ernüchternd wie beim Syzygy-Monitor: Von 400 befragten Probanden kannten 30 Prozent schon den Begriff »Web 2.0« nicht, ganz zu
schweigen von den damit verbundenen Spezialtermini wie Tagging, Blog, User Generated Content etc. Ein Wort wie Tagcloud gehört heute zum selbstverständlichen
Sprachschatz jedes Webworkers und Website-Betreibers. Seitens der User können
satte 75 Prozent den Begriff nicht erklären. Und das sind nicht irgendwelche User:
eResult hielt sich penibel an den Quotienten der AGOF (Arbeitsgemeinschaft Online Forschung) und bildete damit die Gemeinschaft der deutschen User repräsentativ ab.

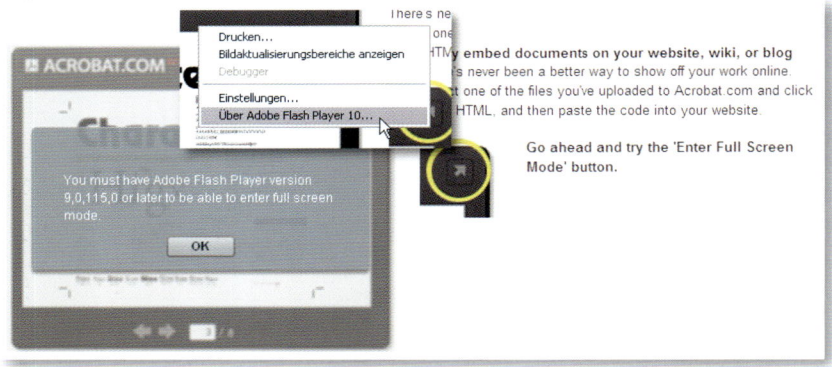

Auch das klassische PlugIn-Problem ist längst nicht überwunden: Selbst Adobes eigene
Acrobat-Website kann den richtigen Flash Player nicht erkennen.

Auch Probleme der frühen Webjahre, die längst überwunden schienen, tauchen
in den Tests der Usability-Labore immer wieder auf. Der Klassiker ist die Verwendung des Dateiformats PDF. Wo es möglich ist, sollten Webdesigner dieses
Dokumentenformat vermeiden oder zumindest flankierend den gleichen Inhalt
in HTML-Form anbieten. Denn wehe, das Dokument trifft auf einen Nutzer, der
keinen PDF-Anzeiger installiert hat. Adobe verlangt derzeit einen Download von
25 MByte, um den aktuellen Adobe Reader 8 installieren zu können – mal ganz
abgesehen von Szenarien, in denen der Download aufgrund der Sicherheitspolitik
von Unternehmen gar nicht erlaubt ist oder der Nutzer ihn aus Angst vor Viren
nicht durchführen will.

»25 MB, das ist doch in Zeiten von DSL keine Größenordnung.« Weit gefehlt!
Derzeit (Stand Herbst 2008) gehen die Statistiken von einer DSL-Abdeckung von
ca. 58 Prozent der Nutzerschaft aus. 42 Prozent der Nutzer surfen also nach wie
vor mit ISDN oder einem analog arbeitenden Modem. 42 Prozent der vernetzten
PC-Anwender, das sind rund 20 Millionen Menschen – nicht gerade eine zu ver-
nachlässigende Bagatelle.

1.3   Was ist Usability?

Bereits an diesen wenigen Sätzen können Sie erkennen, welche Spannbreite das Thema Usability erreicht. Es geht ebenso um die großen Kernprozesse in einem Bestellsystem wie um die ganz kleinen gestalterischen Feinheiten auf einer Homepage. Auch Elemente, die fern der eigenen Website eingesetzt werde – Werbemittel, öffentlich zur Verfügung gestellte Inhaltsmodule –, unterliegen dem gleichen Paradigma: nichtkommerzielle Informations-Websites wie Wikipedia ebenso wie das kostenpflichtige Internet-Fernsehen von Premiere.

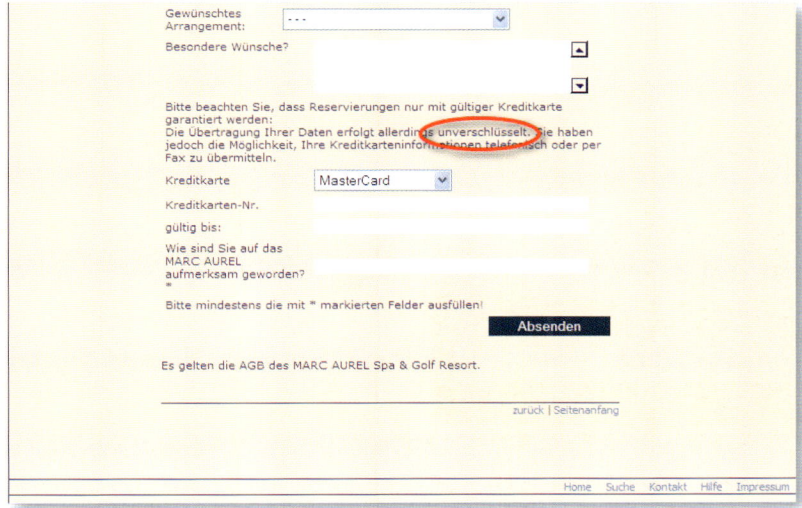

Die unverschlüsselte Übertragung von Kreditkartendaten ist kein technisches Usability-Problem, machte die Seite aber dennoch unbenutzbar (Fehler inzwischen behoben).

Dabei ist eine klare Definition des Begriffs Usability schwierig. Verwenden wir den deutschen Begriff »Benutzbarkeit«, betrachten wir eher die technischen Prozesse. Eine Anwendung ist z. B. nicht benutzbar, wenn der User nicht in der Lage ist, den winzigen Hyperlink mit der Maus zu treffen.

Umgangssprachlich wird der Begriff der Benutzbarkeit auch noch auf eine ganz andere Ebene gehoben, auf eine psychologische. Eine Website, ein Shop oder ein Produkt ist nicht benutzbar, weil der Nutzer sie aus irgendeiner Abneigung heraus nicht benutzen will. Das mag abstrakt klingen, wird allerdings ganz real, wenn Sie an eBay denken. Sie geben erst dann ein Gebot auf eine Auktion ab, wenn Sie die begründete Vermutung haben, dass Ihnen das angezeigte Produkt zum Verkaufspreis, in versprochener Qualität vergleichsweise zügig geliefert wird. So sind die Spielregeln.

Positive Shop-Bewertungen und ein guter eBay-Score können beim Nutzer Vertrauen aufbauen.

Wie aber entwickeln Sie diese Vermutung? Ist es das professionelle Design des eBay-Shops? Ist es die Angabe einer realen Postanschrift im Impressum? Sind es die von anderen Käufern abgegebenen Bewertungen? Sollte die Summe der verfügbaren Informationen nicht genug Vertrauen aufbauen, bleibt das Angebot für Sie unbenutzbar. Es ist »not usable«.

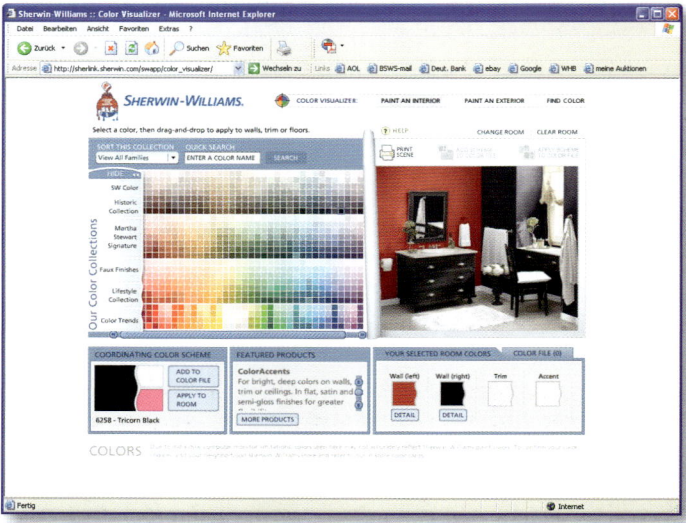

Die Darstellung einer Farbauswahl in einer simulierten Wohnumgebung verändert die User Experience dramatisch.

Die Tatsache, dass technische Definitionen zu kurz greifen, haben inzwischen auch die Usability-Forscher erkannt. Sie sprechen darum gerne von der »User Experience«. Der Terminus erfasst einerseits auch weiche, psychologische Faktoren, und er kann andererseits ein Spektrum der Qualität abbilden. Während technische Benutzbarkeit per Definition entweder ganz oder gar nicht zu haben ist, so kann die Benutzererfahrung auch teilweise gut sein oder in Schulnoten gemessen werden. Ziel der Erhebung ist dann zum Beispiel der Vergleich zum Konkurrenten. Bei ansonsten gleichen Leistungen könnte die User Experience auf der Website den Ausschlag für den Zuschlag geben.

An dieser Stelle verlässt der Begriff Usability das Web und wird zum allumfassenden Maßstab der Qualität des Kontaks zwischen Anbieter und Nachfrager, der Total User Experience. Diese Sichtweise hat ihre Berechtigung, ist aber für die praktische Umsetzung unbrauchbar. Natürlich kann die Optimierung eines Onlineshops dazu führen, dass ein und derselbe Kunde, der gestern noch in der Ladenfiliale eingekauft hat, heute online shoppen geht. Der Gesamtumsatz bleibt gleich und vielleicht ist die Marge sogar geringer, weil die Retourenquote im Onlineshop so hoch ist. Der vermeintlich positive Effekt der Shop-Optimierung kann also aus Unternehmenssicht ins Negative kippen. Nähmen wir diese umfassende Betrachtungsweise zum Gegenstand dieses Buches, würde der Text in seiner epischen Breite und in seiner vor Konjunktiven strotzenden Sprache schnell eines – nämlich nicht benutzbar!

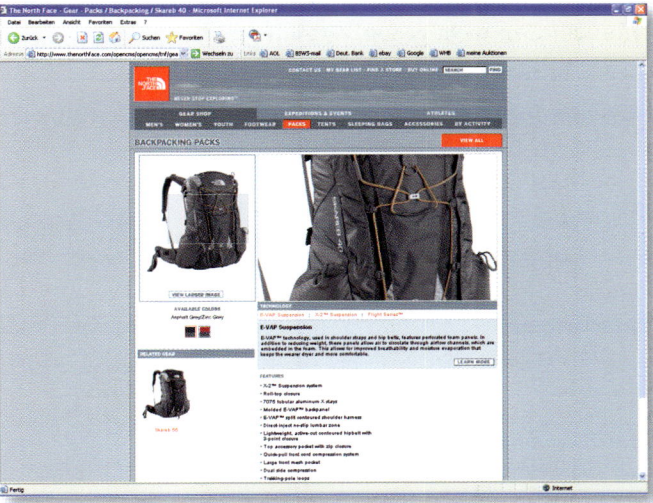

Auch Branding und reine Informationsangebote müssen benutzbar sein,
um eine Botschaft zu transportieren!

Wenden wir hier also zur Vereinfachung einen ganz pragmatischen Usability-Begriff an: Alles, was aus Sicht des Anbieters benutzt werden soll, unterliegt der Usability-Prüfung. Und um dafür ein Bewertungsspektrum zu öffnen, verwenden wir den Begriff der Benutzerfreundlichkeit.

An dieser Stelle wird sehr schnell klar, dass im Web nicht viel übrig bleibt, was diesem Paradigma nicht folgen muss. Einzig Maßnahmen, die wir der Markenbildung, also dem Branding, zuordnen, könnten ausgenommen werden. Aber selbst das nur mit Einschänkung: Schließlich muss die Botschaft immerhin wahrnehmbar sein. Das gilt technisch – wenn der Anbieter ein exotisches Plugin benutzt – wie inhaltlich. Texte müssen immer noch lesbar sein, Werbemittel müssen vertretbare Ladezeiten haben oder der Nutzer muss erkennen, dass er die Lautsprecher anzuschalten hat, wenn das Branding auditiv vorgetragen wird.

Auch Elemente, die der emotionalen Aktivierung (Spontankauf) dienen sollen, müssen zumindest klickbar sein.

Und somit folgt automatisch, dass es einen Konflikt zwischen Design und Usability nicht geben kann. Sehen wir von der spannenden Disziplin der Netzkunst einmal ab, gehorcht die Gestaltung zwingend dem Usability-Paradigma. Die Form folgt der Funktion. Der bewusste Bruch mit diesen Regeln ist natürlich erlaubt, etwa um ein spannendes Spiel zu initiieren. Doch der Anbieter muss sich darüber im Klaren sein, dass es Benutzer geben kann, die den Ansatz nicht verstehen oder nicht verstehen wollen.

1.4   Altes Usability-Wissen

Man könnte fast alle jemals erschienenen Usability-Bücher auf einer Seite zusammenfassen und würde damit vermutlich das Problem in Gänze abhandeln. Das Prinzip ist denkbar simpel: »Einfachheit gewinnt.« Wem es gelingt, die komplexen Prozesse auf dem Webserver und in der Datenbank zu verstecken und mit einigen wenigen Schaltern und Schiebereglern zugänglich zu machen, der hat das Usability-Prinzip umfassend begriffen.

Denken Sie daran, mit welch einfachen Mitteln Sie die komplexe Technik eines Autos steuern. Eines Autos? Nein, jedes Autos. Es haben sich nämlich Interface-Standards herausgebildet, die in aller Regel von den meisten Herstellern eingehalten werden. Und dennoch wird man sich kaum zu der Aussage versteigen wollen, dass die Anordnung der Pedale, Schalthebel und Drehregler schuld daran ist, dass alle Autos gleich aussehen. Zwar mag man Assimilationen erkennen – etwa in der beliebten kompakten Mittelklasse –, doch schuld daran sind eher die Marktforscher und risikoaversen Manager als die Techniker.

Gleiches gilt für das Webdesign. Ein Klick auf das Logo führt zurück zur Homepage. Ein Klick auf ein Produktfoto führt zu dessen vergrößerter Ansicht. Ein Klick auf etwas, was blau und unterstrichen ist, führt zu einer neuen Seite. Der Warenkorb wird bei den allermeisten Onlineshops im rechten oberen Bereich mitgeführt. Nach der Eingabe eines Suchbegriffs löst die Taste »Enter« den Suchvorgang aus. Die Liste ließe sich noch weit fortsetzen.

Es gibt zwei Varianten der Bildung von Standards:

1. Eine Funktion ist so gut, dass sehr viele Websites diese Funktion einsetzen. Da die Nutzer stets 99 Prozent ihrer Zeit auf anderen Websites als der Ihrigen zubringen, tun Sie gut daran, zunächst mit etablierten Standards zu arbeiten, bevor Sie davon ausgehend ganz eigene Lösungen entwickeln.
2. Die zweite Form der Bildung von Standards erfolgt bei den Marktführern, den Boliden unter den Websites, den Amazons, eBays, Googles und Web.des dieser Onlinewelt. Hier verbringen die Nutzer etwas mehr Zeit, und insofern kann es diesen Sites gelingen, eigene Regeln zu entwickeln. Die dürfen gerne ein wenig von gelernten Prinzipien abweichen, aber nicht allzu weit. In der Regel sind die Webdesigner der großen Sites weise genug, Experimente nur in »optionalen« Site-Bereichen zu wagen, also dort, wo die Kernfunktionalität nicht beeinträchtigt wird.

Mitunter leiden die Macher dieser Standards sogar unter der historischen Bedeutung der eigenen Website. Alan Lewis, seines Zeichens Anwendungsentwickler bei eBay, bekannte im Sommer 2008: »Wir hatten schon lange Pläne für ein Redesign von eBay in der Schublade, aber wir hatten Angst, die Nutzer zu verprellen, insbesondere die Powerseller, die täglich Hunderte Produkte bei uns einstellen.« Die Bedenken waren so stark, dass sich eBay dazu entschied, die Website vorerst nicht zu ändern, sondern die neuen Ideen sukzessive einfließen zu lassen und stets die herkömmliche Gestaltung als Alternative parallel zu schalten. Die echten Innovationen versteckte man hingegen in einem Client-Programm, das zum Download angeboten wurde. Auf Veränderungen im Bereich der Verkäufer verzichtete eBay ganz.

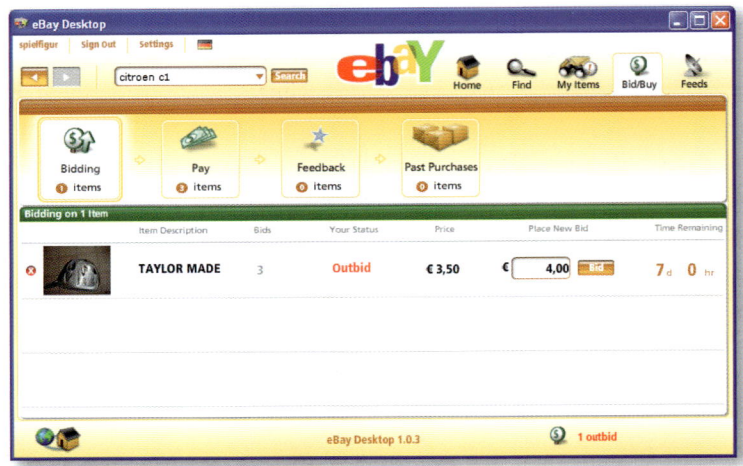

eBay verzichtete auf die umfassende Neugestaltung der Website
und lagerte Innovationen in eine Download-Software aus.

Die wichtigsten grundlegenden Kriterien, die Sie unbedingt einhalten sollten, sind:

- **Einfachheit:** Scheuen Sie nicht davor zurück, eine Schaltfläche mit »Hier klicken, um die Anwendung zu starten« zu beschriften.

- **Klarheit**: Versuchen Sie Ihr Design vorhersehbar anzulegen, so dass die Nutzer bereits vor der Interaktion eine Ahnung davon haben, was folgen wird. Achten Sie hier vor allem auf die Sprache und vermeiden Sie zu intensiv eingesetzte Fachsprache (vor allem Abkürzungen). Gleiches gilt für technische Anglizismen, etwa den »Slider«, den »Download« oder gar das »KML-File«. Letzteres ist übrigens eine Steuerdatei für Google Earth.

- **Konsistenz**: Verwenden Sie die gleichen Begriffe für identische Funktionen und Elemente und halten Sie die wichtigsten Seitenbestandteile stets am gleichen Ort im Layout.

- **Geschwindigkeit**: Halten Sie sich an einen Basiswert von 100 Kilobyte pro Seite. Wenn Sie größere Elemente wie etwa eine Flash-Animation oder ein Video einsetzen, sollte ein Vorlader die Wartezeit anzeigen und überbrücken. Stellen Sie sicher, dass im HTML-Quellcode bzw. der CSS-Datei die Höhen- und Breitenangaben eingesetzt sind, damit der Rest der Seite nicht vom langsamsten Element ausgebremst wird. Ausnahmen sind natürlich nötig, wenn Sie einen Dienst wie YouTube betreiben, der explizit mit großen Dateien arbeitet.

- **Vollständigkeit**: Versetzen Sie sich in die Lage Ihres Nutzers und bieten Sie ihm alle Informationen und Funktionen an, die er erwartet. Allzu gern wird zum Beispiel bei der Anfahrtsskizze vergessen, dass der Nutzer sie auch gerne drucken möchte. Hier wäre eine »Druckansicht« hilfreich, die auf andere Designelemente aus der Website verzichtet und sparsam mit der (farbigen) Tintenpatrone beim Nutzer umgeht.

■ **Verlässlichkeit**: Auch hier geht es um erwartungskonformes Design. Das beinhaltet einerseits die technische Seite. Bevor Sie Seiten von Ihrem Server löschen, sollten Sie bedenken, dass es Nutzer geben kann, die darauf ein Bookmark gesetzt haben. Doch wie erwähnt spielt auch die psychologische Seite eine große Rolle. Bauen Sie Vertrauen auf (mehr dazu im Kapitel E-Commerce-Usability) und sorgen Sie dafür, dass Sie und Ihre Mitarbeiter es auch mit Leben füllen.

Einige Webworker der jüngeren Generation behaupten immer wieder gerne, dass die Regeln aus den 90er Jahren heute nicht mehr gelten, weil die Nutzer im Laufe der Zeit dazugelernt hätten. Das lässt sich in einigen Bereichen nicht von der Hand weisen. Zum Beispiel werden die allermeisten Nutzer einen Link erkennen, der von einer Artikelvorschau zur Langfassung führt, wenn dieser Link am Ende der Kurzfassung steht. Doch für die Mehrzahl der Regeln gilt das nicht. Zum einen muss jeder Anbieter selbst beantworten, wie internetaffin seine Zielgruppe tatsächlich ist. Wir erobern heute ganz neue Benutzerschichten, zum Beispiel die große und kaufkräftige Gruppe der Senioren, die keineswegs so sattelfest im Umgang mit dem Web ist.

Auch der Einsatz von PDF und Flash wird heute leichtfertig als »Usus« abgetan. Grundsätzlich sind beide Formate zweifellos weniger exotisch als vor zehn Jahren und es gibt herrvorragende Beispiele für deren sinnvollen Einsatz, doch spricht aus Sicht der Usability nach wie vor eine Reihe wichtiger Faktoren gegen den Einsatz solcher Dateiformate:

■ Unternehmensnetzwerke blockieren den Zugang.
■ Manche Pop-up-Blocker unterbinden die Anzeige von Flash.
■ Kleinstrechner wie das iPhone verfügen nicht oder noch nicht über einen Flash Player.
■ Die Sichtbarkeit für Suchmaschinen ist schlechter.
■ Deutlich mehr als ein Drittel aller Webnutzer surft mit Modem, ISDN oder mit geringen Bandbreiten im mobile Web.
■ Die Möglichkeit zur Aktualisierung der Inhalte ist geringer.

Und wenn die Verfügbarkeit eines Players gewährleistet ist, sollte man natürlich darauf achten, nie die neuesten Funktionen zu benutzen, weil es eine Weile dauert, bis die jeweils neueste Version eine zufriedenstellende Verbreitung erreicht hat.

Vertrauen Sie also auf das gesammelte Altwissen der Usability-Experten. Die allermeisten Regeln gelten heute ebenso wie wie vor zehn Jahren. Gleichzeitig kann das aber nur der Startpunkt für die Optimierung sein. Ab dann gilt es die ganz spezifischen Bedürfnisse Ihrer eigenen Zielgruppe herauszuarbeiten.

1.5   Usability verdient Geld

Wie eben bereits erwähnt, ist der Usability-Begriff recht schwammig definiert. Er ragt weit in andere Online-Disziplinen hinein. Und das ist auch gut so, denn es hat dazu geführt, dass das Usability-Testing aus der exklusiven Nische bei den Groß-anbietern herausgeholt wurde und heute in Formen und Varianten existiert, die nicht nur für jeden Seitenbetreiber erschwinglich sind, sondern die nachweislich auch dabei behilflich sind, »Geld zu verdienen«. Um es auf den Punkt zu bringen:

Hängt von der Benutzung einer Funktion der Umsatz Ihres Unternehmens ab, dann erzeugt eine Funktion, die besser benutzbar ist, auch mehr Umsatz.

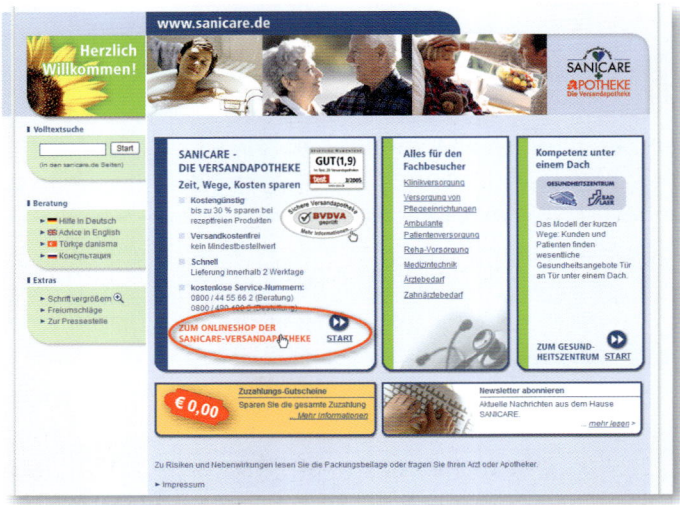

Deutlich sichtbarer Link, klare Formulierung, vertrauensbildende Elemente:
Die Tür zum Sanicare-Shop wird weit geöffnet.

Im E-Commerce ist das ziemlich einleuchtend, Gleiches gilt aber auch im On-line-Marketing. Hier kann gute Usability auch bedeuten, dass eine Anzeige nicht geklickt wird, wenn sie für den Nutzer irrelevant ist und das auch deutlich kom-muniziert. Stellen Sie sich vor, Sie wären Klempner in Bielefeld und würden Ihre Leistungen mit AdWords-Anzeigen auf Google bewerben. Sie würden hoffentlich instinktiv den Begriff Bielefeld (oder Ostwestfalen) in die Anzeige integrieren, um Nutzern aus anderen Regionen zu signalisieren, dass sie Ihre Anzeige eben *nicht* klicken sollen, weil Sie ihnen gar keine Leistung anbieten können.

Die Anforderungen im Marketing sind mitunter noch höher als im Shop, da Marketing eben gerade nicht auf der eigenen Website erfolgt. Sie haben sehr wenig Einfluss auf den Kontext, in dem Ihre Werbung erscheint. Und dieser Kontext ist eine wichtige Grundlage für den Aufbau von Nutzererwartungen (siehe Kapitel Marketing-Usability).

Sagen Ihnen die Begriffe RSS-Marketing, Widgets und White Label etwas? In allen drei Formaten versucht der Absender von Informationen mit dem User indirekt in Verbindung zu treten, nicht über die eigene Website, sondern über die Sites anderer, vor allem über Blogs und Community-Angebote. Das ist beim klassischen Werbebanner ebenfalls der Fall, nur mit einem gravierenden Unterschied: Das Werbebanner enthält die Möglichkeit, die Kommunikation gestalterisch zu unterstützen. Die drei oben genannten Varianten eben nicht.

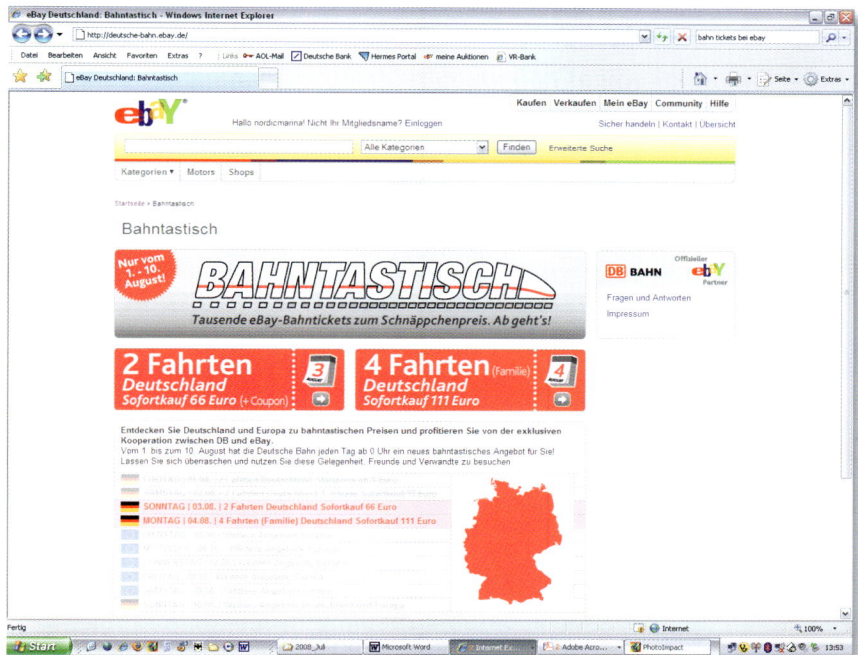

Klare und deutliche Kaufaufforderung auf der Landeseite der Deutsche-Bahn-eBay-Aktion 2008

Umso schwerer fällt es, eine konsistente Integration zwischen dem Werbemittel auf der einen und der Landeseite (Landing Page) auf der anderen Seite zu erreichen. Die US-Experten von Marketing Sherpa erachten genau diese Konsistenz als Schlüsselfaktor für eine gute Usability und damit den kommerziellen Erfolg der Landeseite, da der durchschnittliche Besucher nur acht Sekunden auf der Landeseite zubringt, bevor er der einzelnen Seite oder im schlimmsten Fall der ganzen Site den Rücken zukehrt. Die wichtigste Frage, die er in diesen acht Sekunden stellt ist: »Bin ich hier richtig?« Und genau diese Frage lässt sich vortrefflich durch eine gelungene Integration zwischen Landeseite und Werbemittel beantworten: gleiche Bildsprache, gleiche Headline, gleiches Verkaufsargument. Im Zeitalter der fragmentierten Mediennutzung durch soziale Netzwerke, Videoportale und Blogs steigt die Bedeutung der Landeseiten für den kommerziellen Erfolg weiter an.

Da gerade diese neuen Ideen ganz eigene Usability-Probleme mit sich bringen, habe ich ihnen ein eigenes Kapitel gewidmet.

1.6   Usability-Optimierung erzeugt bessere Conversion

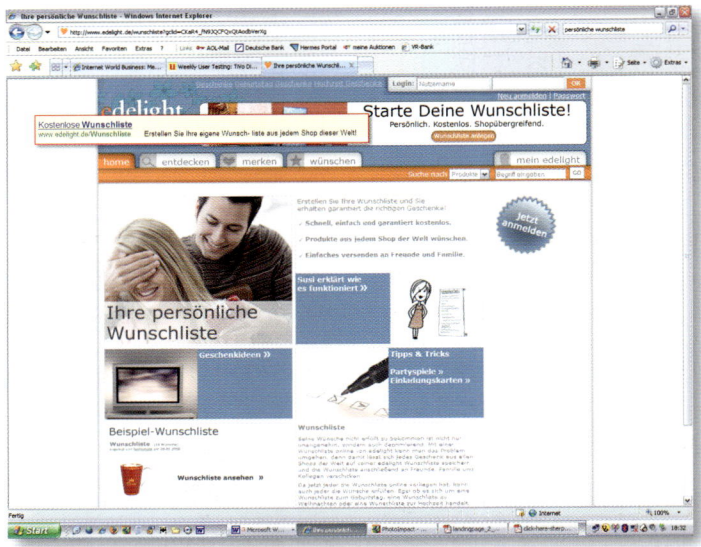

edelight will zu viel auf der Landeseite zum Suchbegriff »Persönliche Wunschliste«.

Eine der wichtigen Messgrößen für das, was die Branche Performance Marketing nennt, ist die so genannte Conversion Rate (Konversionsrate). Das ist der Anteil der Gesamtnutzer, der eine spezifische Funktion auch ausführt. Das kann der Schritt zur nächsten Seite sein, die Abgabe einer E-Mail-Adresse zwecks Kontaktaufnahme oder schlicht die Bestellung des angepriesenen Produkts.

Als absoluter Begriff hat die Conversion Rate natürlich eine Reihe bedingender Parameter. Beim Erscheinen der bereits im Vorfeld hoch gelobten Spielekonsole Wii von Nintendo könnte auch eine Webseite mit schlechter Benutzerfreundlichkeit eine hohe Conversion Rate erzielen, weil die Benutzer »so scharf« auf das Ding sind, dass sie auch die Fährnisse gewagter Navigationsexperimente in Kauf nehmen, um endlich zur Kasse zu gelangen. Auch könnte eine Seite mit sehr spärlichen Produktinformationen hier gute Leistung zeigen, weil sich die Nutzer die Infos woanders holen. Und schließlich hat der Preis eines Produkts einen sehr hohen Einfluss auf die Überzeugungsquote.

Nimmt man die Conversion Rate hingegen als relative Größe, dann zieht eine Verbesserung der Usability in aller Regel auch eine Verbesserung der Conversion Rate nach sich. Ausgehend von einem gewissen Grundniveau verhalten sich beide wie Zwillingsschwestern. Wer von einem Tag auf den anderen mehr Nutzer zum Klick verführt und somit zu Kunden macht, hat auch in Sachen Usability etwas richtig verstanden.

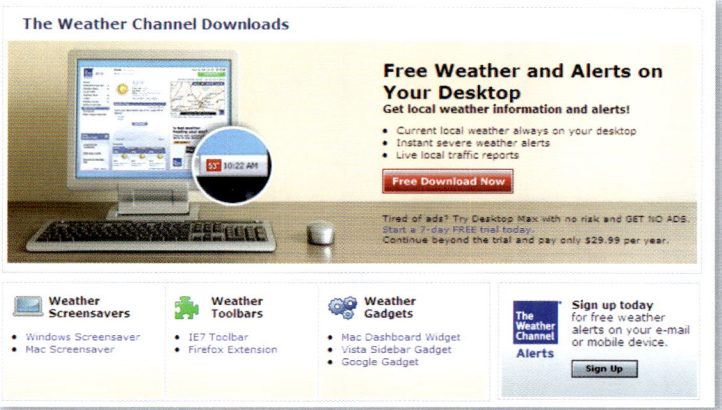

Die rote Schaltfläche funktionierte für den Weather Channel am besten.

Brad Bacon, Leiter der Online-Abteilung vom Weather Channel, hat das strategische Vorgehen bei der Conversion-Rate-Optimierung exemplarisch skizziert. Die Ausgangssituation war der Versuch, mehr Nutzer vom kostenlosen Inhalt zum Paid Content (bezahlte Inhalte) zu konvertieren. Im Ergebnis aller Maßnahmen erreichte Bacon nach nur vier Wochen eine Steigerung der Conversion-Leistung um 225 Prozent.

Und so ging Bacon vor:

- Bestandsanalyse: Welche Pfade nehmen die User und welches sind die besten Verkaufsargumente?
- Identifikation der Testvariablen in der bestehenden Landeseite
- Variation der Header-Grafik
- Variation von Text und Aufmacherbild
- Variation der grafischen Gestaltung der Schaltfläche, die die Conversion auslösen soll
- Test und Umsetzung

Wie wichtig die Tests am »lebenden Objekt« sind, zeigte sich für Bacon an einem überraschenden Ergebnis. Mit deutlichem Abstand wurde eine animierte Header-Grafik in Flash-Technik zur erfolgreichsten Variante gekürt. »Möglicherweise ist Flash genau das richtige Format, um ein komplexes Produkt wie unseres zu erklären«, so die Erklärung des Amerikaners.

Auch im Bereich der Aufmachergrafik war das Ergebnis nicht unbedingt vorhersehbar. Ein aggressives Bild eines Blitzeinschlags funktionierte besser als die seriöse Aufmachung mit einem Wettermoderator. Und bei den Conversion-Elementen funktionierte die normale rote Schaltfläche wesentlich besser als der Gel-Button in Web-2.0-Optik.

1.7   Die Usability-Strategie

Das Prinzip des »weisen Designers«, der die optischen Vorlieben seiner Nutzer erahnt, darf getrost als gescheitert angesehen werden. »Design durch Intuition« ist dem »Design durch Test« vor allem bei interaktiven Systemen in der Regel unterlegen.

Daraus folgt, dass auch die einmalige Messung der Usability der Landeseiten keine allgemein gültigen Ergebnisse erbringt. Stattdessen muss das Erstellen von Varianten mit anschließendem Vergleichstest zum Routineprozedere des Online-Betriebs werden. Das bringt nicht nur präzisere Erkenntnisse und kann somit die Häufigkeit großer, teurer Relaunches reduzieren. Es verankert gleichzeitig das Thema Usability-Testing in den Köpfen der Mitarbeiter und schafft so eine Experimentierkultur im Unternehmen.

Die Grundlage der Usability-Optimierung bildet das Messverfahren. Es stellt den Status quo fest und ermöglicht den späteren Vergleich. Wenn Sie mit einem sehr »schnell drehenden« Onlineshop arbeiten, können Sie sogar einfache Umsatz- und Gewinnwerte als Maßzahl für die Optimierung verwenden, in aller Regel ist dieses Raster aber zu grobmaschig. Sie brauchen ein Set an feineren Parametern, deren Veränderungen Sie beobachten, wenn Sie an den gestalterischen und textlichen Stellschrauben drehen. Diese Messgrößen nennt die Branche Key Performance Indicators, kurz KPI.

Entgegen den häufig anzutreffenden theoretischen Verallgemeinerungen kann man sich in der Regel getrost auf folgendes Ausgangsszenario festlegen:

Unternehmensziel:	Gewinnmaximierung
Website-Ziel:	Mehr Produkte verkaufen, die eine gute Marge bieten, und gleichzeitig in anderen Kanälen keinen Umsatz verlieren.
Messgrößen:	Traffic insgesamt, Traffic segmentiert nach Zugangskanälen, den so genannten Referrern, Conversion von Homepage zu Produktseiten, Conversion von Landeseiten, Conversion der Produktseiten, Conversion im Verkaufstrichter auf jeder Seite. Wichtige Gegengröße ist eine hohe Abbruchrate, die vor allem innerhalb des Trichters auf ein gravierendes Problem hindeutet.
Aggregationen:	Shop-Umsatz pro User, daraus Gewinn pro User Gewinn pro Referrer Gewinn pro Produkt

Wenn Sie diesen Datensatz einmal erhoben haben, können Sie relativ leicht feststellen, ob Ihr margenträchtigstes Produkt auch nach Abzug der Traffic-Kosten (etwa durch Suchmaschinenoptimierung/AdWords-Kampagnen) immer noch den meisten Gewinn abwirft. Und dann orientieren Sie die Maßnahmen daran, den Verkauf dieses Produktes zu steigern.

Für Websites und Site-Bereiche ohne Onlineshop gilt für die Erzeugung qualifizierter Kontakte (Leads) das Gleiche. Und wer eine reine Informations-Site betreibt, für den ist das Abrufen der Kerninformation die Conversion und alles darauf zu fokussieren.

Die hierfür nötigen Daten erhalten Sie durch die Messverfahren der Webanalyse (siehe Testmethoden). Sollten Sie allerdings in der glücklichen Lage sein, ein Problem bereits quantitativ festgestellt zu haben oder gar eine ganz neue Website aufzubauen, dann sind Methoden des qualitativen Usability-Testings gefragt, die vor allem Fragen nach dem »Warum« beantworten können. Der richtige Zeitpunkt für den Einstieg ist übrigens genau jetzt!

»Je früher, desto besser, aber im Grunde ist jeder Zeitpunkt der richtige«, meint Professor Myriam Yom zur Frage, wann der richtige Moment für den Einstieg ins Testing gekommen ist. Nach der Idealvorstellung der Usability-Labs wird bereits in der ersten Gestaltungsphase mit Prototypen getestet. In der Praxis scheitert das in der Regel an Budget- und Zeitgrenzen.

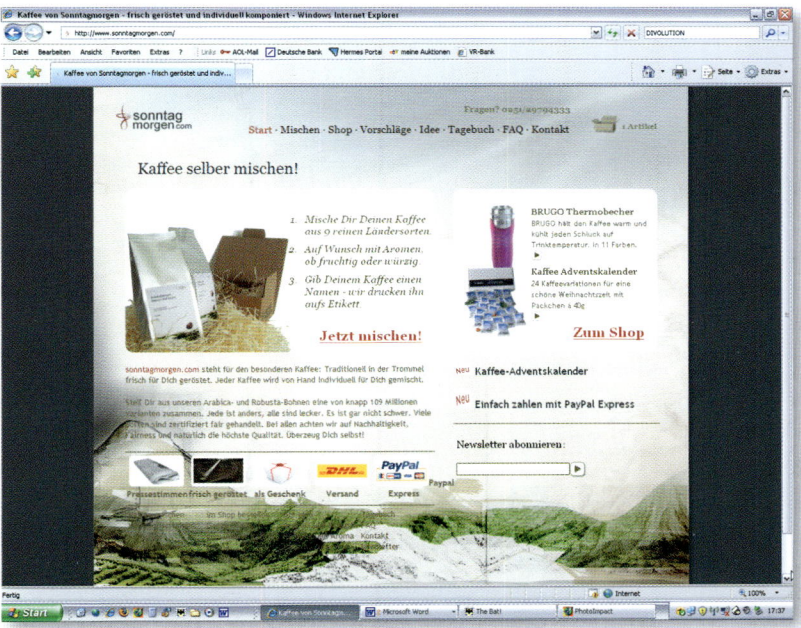

Sonntagmorgen.com: Ist die Fokussierung auf den Mixer am User vorbeigeplant?

Abhilfe schaffen können hier ganz einfache, heuristische Methoden im Sinne des Klischees vom »Hausfrauen-Test«. Zwei Usability-Testerinnen der Hamburger Agentur SinnerSchrader stellten so das Gesamtdesign von Sonntagmorgen.com auf den Prüfstand. Sie hatten regelrechte Aha-Erlebnisse, als sie erstmals mit echten Nutzern in Kontakt traten. Sie suchten dazu ein Café auf und befragten vor Ort Besucher zu eben dieser Kaffee-Website. Aus Sicht der Agentur war das coolste Element der Site ein Kaffeemixer, mit dem sich eigene Mischungen zusammenstellen lassen. Die User hingegen – allesamt beim Kaffeetrinken in flagranti erwischt – konnten die unterschiedlichen Sorten wie Nicaragua Maragogype oder Kenya Pearl gar nicht einordnen, spielten kurz mit dem Konfigurator, um dann zu redaktionellen Mischungsvorschlägen zu wechseln. Das Homepage-Design, das den Mixer klar in den Mittelpunkt der Seite stellt, wäre zu überprüfen, so die Hamburger.

Während das Testen vor Herstellung und Veröffentlichung einer Site sicher idealtypisch ist, liegt der pragmatische Startpunkt eher dort, wo ein Problem entdeckt wird. Dafür ist freilich eine genaue Analyse des Benutzerverhaltens unverzichtbar. Ein Problem kann sich dadurch zeigen, dass das Traffic-Aufkommen auf zwei Seiten, die in der Anwendungslogik aufeinander folgen, deutlich divergiert. Waren auf Seite 1 (z. B. Warenkorb) noch 1.000 Besucher unterwegs, auf Seite 2 (Checkout) aber nur noch 500, deutet vieles auf ein Usability-Problem (z. B. Bestellknopf nicht gefunden, Sicherheitsbedenken) hin. Es gilt zu fragen, warum die Nutzer an dieser Stelle abbrechen, um dann die Gestaltung oder das Angebot selbst entsprechend zu modifizieren.

Vorher/Nachher: Das dramatische Aufmacherbild links schreckte offenbar viele Benutzer ab.

Zum Pflichtprogramm des Testens gehört natürlich das Überprüfen der Kernfunktionalität. Beim Onlineshop ist das der Kauf, beim Hotel ebenfalls die Buchung, aber auch das Ausdrucken der Anfahrtskizze. Beim Museum gehört die Recherche des aktuellen Ausstellungsprogramms und der Öffnungszeiten zur Kernkompetenz.

Seitengestalter werden meist für sich reklamieren, diese Probleme auch ohne teuren Test in den Griff zu bekommen. Die Praxis spricht dagegen. Allzu häufig gelingt es den Webdesignern nicht, sich zum Beispiel in die Zielgruppe der Best Ager einzufühlen. Dies lassen Vergleichsanalysen von Optimierungen erkennen, die mit und ohne Usability-Test durchgeführt wurden. Die Optimierung mit Usability-Test funktionierte ungleich besser.

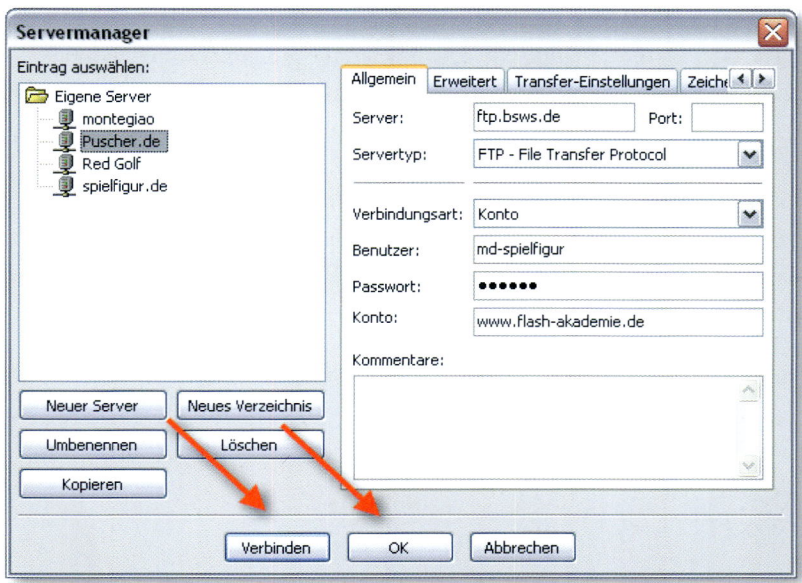

Die Hauptfunktion des Servermanagers ist nun mal »Verbinden«, die Schaltfläche »OK«
provoziert die Fehlbedienung.

Übrigens gilt das nicht nur für Websites. Die US-Agentur User Centric hat herausgefunden, dass User mit iPhones schneller SMS und E-Mails tippen als Benutzer
klassischer Handys mit T9-Eingabehilfe (siehe Links). Sie machen dabei aber mehr
Fehler. Zum Start des iPhones hielt sich dagegen hartnäckig das Gerücht, das iPhone wäre kaum »geschäftsfähig« – ein technisches Spielzeug eben. User Centric bewies in mehreren Studien das Gegenteil und wurde für die »Apple-freundlichen«
Testergebnisse teilweise heftig angegriffen. Dabei bekannte User Centric-Chef
Gavin Lew auf der Usability World in Hamburg freimütig, dass er selbst kein iPhone benutze, denn mit seinem BlackBerry tippe er noch schneller.

Wer jemals echten Probanden über die Schulter geblickt hat, wenn sie an der
Gestaltung eines Interface kläglich scheitern, wer ihnen am liebsten die Maus ent-
rissen hätte oder ihnen zurufen wollte, wo die gesuchte Funktion »offensichtlich«
zu finden ist, der wird die Tragweite der potentiellen – nicht zwangsläufigen – Ver-
irrung des »weisen Designers« erst begreifen. Wenn Sie als Projektleiter hart gesot-
tene IT-Mitarbeiter oder kreativ-störrische Gestalter für dieses Thema »weichko-
chen« wollen, dann lassen Sie sie als stille Beobachter einen solchen Test begleiten.

Übrigens: Nicht für jedes Problem muss der klassische (teure) Usability-Test
eingesetzt werden. Alternative Testmethoden wie der A/B-Test oder das Online-
Panel eignen sich perfekt zur Beobachtung und Optimierung des laufenden Be-
triebs (siehe Kapitel Testmethoden). Entscheidend für den Erfolgsnachweis einer
Optimierung ist dabei letztlich der vorher definierte Zielkorridor. Viele Geschäftsführer lassen sich vom bloßen Traffic auf einer Website beeindrucken, versäumen

dabei aber die zwei entscheidenden Fragen: Wie viele User hätten es sein können? Und wie hoch ist die Conversion-Leistung der Website, sprich die Menge der geldwerten Verkäufe oder Leads?

> **Links:**
>
> iPhone-Usability:
> http://www.usercentric.com/about/news_item.php?m_id=4&s_id=4&q_id=4&id=152&year=2008
>
> Wording-Studie: Keiner kennt den Begriff »Tagcloud«
> http://www.eresult.de/wording_studie_3_0_forschungsbeitrag.htm
>
> Strategie zur Optimierung einer Website
> http://www.phaydon.de/content/phaydon_Wie-aus-Nutzern-Kunden-werden.pdf
>
> Der Reisemonitor kann bei Syzygy bestellt werden:
> http://www.syzygy.de
>
> Der Mythos vom genialen Designer nach Jakob Nielsen:
> http://www.useit.com/alertbox/genius-designers.html

2.1 »Coca-Cola ist eine schwache Netzmarke«

Gerade aufgrund seiner Radikalität gilt Jakob Nielsen nach wie vor als »Reibungsfläche« und Fixstern der Usability-Landschaft. Mit seiner wöchentlichen Kolumne »Alertbox« streut er seit Jahren genüsslich Salz in die Usability-Wunden der Gestalter, Programmierer und Website-Verantwortlichen. Inzwischen tritt der gebürtige Schwede etwas moderater auf und lässt auch den einen oder anderen emotionalen Aspekt im Webdesign gelten, doch stets nur, wenn die Funktionalität stimmt. Im Rahmen der Usability World 2007 in Hamburg rückte Nielsen auch das Thema Emotionen in den Mittelpunkt der Usability-Forschung.

Herr Nielsen, wenn man Ihre Website anschaut, kommt die doch ziemlich altbacken daher.

Das ist und war meine volle Absicht. Eine Website muss das ausdrücken, wofür Du oder Dein Unternehmen steht. Ich stehe für den Ease of Use und nicht für stylisches Design. Wenn man versucht, die Leute zu betrügen, indem man ihnen online etwas vorgaukelt, was man gar nicht ist, finden sie das heraus.

Bei den Websites anderer Unternehmen und Marken spielt aber sehr wohl die Emotionalität und damit die Gestaltung eine Rolle.

Das sehe ich anders. Die Emotionalität betrifft das Unternehmen selbst und seine Produkte, nicht aber die Website. Das bedeutet also: Natürlich muss eine Website von Mercedes schick gemacht sein, die Benutzer erwarten schließlich eine professionelle Kommunikation von so einem großen und wohlhabenden Unternehmen. Doch der Grad der Professionalität wird vor allem an der Funktionalität gemessen. Die Autos selbst müssen dagegen mit großen, schönen Bildern gezeigt werden. Schließlich will Mercedes Fahrzeuge verkaufen und nicht Webdesign.

Ein gutes Beispiel ist Coca-Cola. Die sind aus meiner Sicht eine richtig schwache Netzmarke. Sie versuchen um jeden Preis im Netz etwas Künstliches zu erzeugen, was sie gar nicht sind. Wenn ich aber etwas Konkretes suche, etwa die Anzahl der Kalorien in einem Getränk oder ein Video vom aktuellen Werbespot, versagt die Site.

Kann auch dieser mutige Interface-Ansatz vom Sexappeal des iPhone getragen werden?

Aber zeigt nicht gerade der Run auf Apple-Produkte, vor allem das iPhone, dass die Leute sehnsüchtig auf gutes Design warten und dafür sogar Usability-Schwierigkeiten beim Tippen von SMS in Kauf nehmen?

Hier muss man zwei Dinge unterscheiden. In einer Hinsicht haben Sie Recht: Wer ein tolles Produkt hat, kann es sich leisten, ein paar kleinere Hürden einzubauen oder nicht zu beseitigen, und die User benutzen das Produkt oder die Site trotzdem. Allerdings stellt sich bereits hier die Frage, wie viele Benutzer es sein könnten, wenn Design und Funktionalität beide gut wären.

Langfristig ist eine solche Position aber nicht haltbar, es sei denn, man wäre Monopolist. Nach dem kurzfristigen Wow-Faktor kommt der alltägliche Umgang mit einem Produkt, und hier entscheidet die Bedienbarkeit. Es gibt übrigens erste Studien zum iPhone, die besagen, dass nur diejenigen Benutzer schlechter beim Tippen von E-Mails und SMS abschneiden, die vorher bereits ein Smartphone besessen haben. Diejenigen hingegen, die ein normales Handy mit mehrfach belegten Zahlentasten benutzt haben, sind auf dem iPhone schneller. Und betrachtet man den Webbrowser, dann überträgt das iPhone Mechanismen, die der Nutzer bereits an seinem Schreibtisch gelernt hat, aufs Handy. Das ist grundsätzlich eine gute Usability-Strategie.

Letztlich geht es um die Total User Experience, die Gesamtzufriedenheit, und da spielt natürlich auch eine Rolle, ob ich mich mit dem Design eines Produktes wohl fühle, weil meine Kollegen mich darum beneiden.

Wie wollen Sie den so etwas in einem Usability-Test abbilden?

Eine sehr spannende Frage. Wir haben uns bisher auf die rein funktionale Ebene beschränkt, wenn es um die Frage der Usability geht. Da viele Märkte mehr oder weniger gesättigt sind, wird es für viele Unternehmen immer wichtiger, Stammkundschaft aufzubauen und zu halten. Wir befinden uns am Anfang einer Zeit, die ich die Loyalitätsdekade nenne. Gute Usability schafft Wechselbarrieren. Oder warum kaufen Sie alle Bücher bei Amazon und nicht bei einem anderen Buchversender?

Das hört sich ganz so an, als würde Jakob Nielsen ein bisschen nachgiebiger im Vortrag seiner strengen Lehre.

Nein, keineswegs. Ich gebe zu, wir sind noch nicht besonders gut im Messen von Loyalität und den dafür zuständigen Faktoren. Aber darunter sind viele, die ganz klassischen Usability-Kriterien genügen müssen. Denken Sie zum Beispiel an Ladezeiten. Das ist eine rein technische Größe, trägt aber signifikant zur Zufriedenheit oder Unzufriedenheit des Nutzers bei. Ein messbarer, Emotionen bildender Faktor also.

Nein. Von Nachgiebigkeit kann keine Rede sein. Wenn ich mir unsere aktuelle Business-to-Business-Studie (siehe Link) anschaue, dann kann ich nur den Kopf schütteln über so wenig Benutzerfreundlichkeit.

Finden sich mehr Fehler in B2B-Sites als im Konsumenten-Web?

Ja, deutlich mehr. Wir haben 179 Sites getestet und kamen auf einen Zielerreichungsgrad von jämmerlichen 58 Prozent. Nur etwas mehr als die Hälfte aller Probanden hat die von uns gestellten, repräsentativen Aufgaben erfüllen können. Und dabei haben wir noch nicht die Frage gestellt, ob die Nutzer mit der Performance der Site zufrieden waren.

58 Prozent, das ist ein Wert, den wir für den Durchschnitt aller B2C-Websites schon vor zehn Jahren gemessen haben. Inzwischen liegt der Wert hier sogar bei 66 Prozent.

Warum sind B2B-Sites schlechter?

Das ist es, was ich nicht verstehe. Viele der getesteten Sites verkaufen sehr teure, spezialisierte Produkte. Da würden sich Investitionen in Usability-Tests durchaus lohnen. Aus meiner Erfahrung erzeugt das Abstellen der fünf schlimmsten Fehler in Webseiten eine Verdoppelung des Umsatzes oder der generierten Leads.

Fakt ist aber, dass die B2B-Sites viel weniger in Usability-Verbesserung investiert haben als zum Beispiel die großen E-Commerce-Sites oder die Sites der Finanzinstitute.

Dennoch hört man doch auch bezüglich der großen Sites wie Amazon oder eBay viel Kritik an deren Usability.

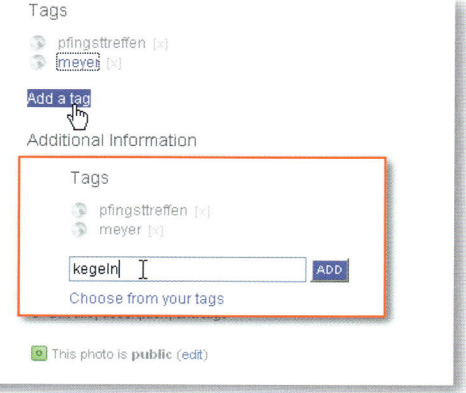

Funktionen aus dem Web 2.0 machen das Bearbeiten von Webseiten leichter, müssen aber erst gelernt werden.

Das hat vor allem damit zu tun, dass das Anspruchsdenken der Nutzer ebenfalls gestiegen ist. Bessere Usability trifft auf höhere Ansprüche und damit ist der Zufriedenheitsgrad der Nutzer praktisch unverändert. Aber man muss schon zugeben, dass die Usability der großen kommerziellen Sites deutlich besser geworden ist. Für die gehört Usability-Testing inzwischen zum Alltag.

Letztlich ist die verbesserte Usability zum Beispiel auch die treibende Kraft hinter dem Social Web. Es ist so einfach geworden, Kommentare abzugeben oder Videos zu veröffentlichen, dass die Nutzer es gerne tun.

In einer Ihrer Kolumnen äußerten Sie sich aber sehr skeptisch über die Perspektiven von Blogs und Beteiligungssystemen.

Mir ging es dabei weniger um die Frage, ob es auch in zehn Jahren noch viele Blogger gibt, als vielmehr um die Einordnung der Bedeutung von Blogs und Sozialsystemen. Viele Unternehmen wollen das ja auf ihren eigenen Seiten einsetzen oder tun das bereits. Man sollte sich aber immer dessen bewusst sein, dass die Beiträge und Kommentare von maximal einem Prozent der User beigesteuert werden. Das ist also keineswegs repräsentativ für die gesamte Zielgruppe.

Nutzergenerierte Inhalte können auch auf bloßer Nutzerbeobachtung basieren: Die Leser haben nur Bewertungen für den Artikel abgegeben, die Empfehlung hat Spiegel Online daraus generiert.

Der Betreiber einer Website, der ein Bewertungssystem einbinden will, muss gerade aus Sicht der Usability alles dafür tun, das Beitragen von Inhalten möglichst einfach zu machen und die Nutzer zu ermuntern, um möglichst viele Einträge zu bekommen.

Umgekehrt gilt das aber auch. Ein gutes Bewertungssystem kann die Usability einer Website deutlich erhöhen, da ein wesentliches Problem der Usability ja die Glaubwürdigkeit und das Vertrauen gegenüber Site und Betreiber sind. Denken Sie an eBay. Wenn ein Händler viele gute Bewertungen hat, fällt es dem User leichter zu kaufen, auch ohne dessen Identität weiter zu prüfen.

Die Ideen der Personalisierung von Websites und des Behavioral Targeting, also der automatischen Anpassung der Website an vermutete Nutzerinteressen, schreiben sich auf die Fahne, dem Nutzer relevantere Inhalte anzubieten und damit die Usability zu steigern. Was halten Sie davon?

Das Problem, das ich sehe, ist die Diskrepanz zwischen Wollen und Können. Wenn es tatsächlich gelingen könnte, die Wünsche der Nutzer vorherzusehen, dann könnte Targeting tatsächlich eine Verbesserung der Usability bedeuten. Doch aus meiner Sicht hängt in vielen Fällen das aktuelle Verhalten nicht direkt mit früher beobachtetem Verhalten zusammen. Und was ist, wenn dadurch die angezeigten Inhalte irrelevanter werden? Dann verliert der Nutzer das Vertrauen in die Site. Eigentlich glaube ich nicht an die Idee des Behavioral Targeting.

Die Wiederherstellung eines vollständigen Warenkorbs ist ein erheblicher Eingriff
in die Nutzerkontrolle.

Bei der Personalisierung muss man differenzieren. Mitgliederbereiche können
eine große Usability-Erleichterung bringen, wenn sie gut gemacht sind und
wenn sie dem User Nutzen bringen. Dabei sollte der erste Zugang zu einem Mit-
gliederbereich möglichst intuitiv sein.

Für die Personalisierung ohne Registrierung gilt im Grunde das Gleiche wie
für das Targeting. Welche Parameter bilden die Grundlage der Zuordnung von
Inhalten? Ich glaube, wir werden in einem Bereich bleiben, wie Amazon das
zeigt. Es gibt eine Handvoll personalisierter Inhalte als Zusatzangebot zur Wahl,
dennoch werden die Sites bestrebt sein, dem Nutzer den Zugang zu allen Inhalten offenzuhalten und somit ihm die Kontrolle zu überlassen.

Wo soll ich als Site-Betreiber Usability-Testing implementieren?

Idealerweise so früh wie möglich. Aus meiner Sicht sollte man bereits mit Nut-
zerbefragungen beginnen, bevor der erste Entwurf erstellt wurde. Aber auch zu
jedem anderen Zeitpunkt bringt die Implementierung von Tests schnell Erfolge.
Gerade bei den ersten Tests wird der Erfolg besonders groß sein, wenn Sie die
größten Dummheiten aus ihren Sites entfernen.

Und welche Dummheiten sehen Sie am häufigsten?

Schlechte Suche, schlechte Navigation und schlechter Inhalt, wobei die Optimierung des Inhalts das wichtigste Kriterium ist. Die beste Navigation nützt nichts,
wenn der Inhalt die Fragen des Users nicht beantwortet. Sehr viele Sites schaffen
es nicht einmal, ihre Produkte richtig abzubilden. Wenn ich auf ein Foto klicke,

erwarte ich dahinter ein größeres Foto. Ein richtig großes. Ein Bildschirm füllendes Foto oder noch größer. Ich habe doch schließlich danach gefragt. Solche einfachen Dinge erzähle ich seit zehn Jahren und ich muss sie heute immer noch erzählen.

Herr Nielsen, vielen Dank für dieses Gespräch.

2.2   Die Usability-Katastrophe

Jahr für Jahr veröffentlicht Nielsen eine Liste der zehn schlimmsten Fehler im Webdesign. Die Leitsätze ändern sich nur marginal von Saison zu Saison. Im Folgenden finden Sie den Kern seiner Thesen und den Versuch, diese anhand von prominenten Beispielen auf deutschen Sites zu belegen. Bitte beachten Sie: Die meisten Unternehmen haben die Fehler inzwischen behoben, manche allerdings gleich neue hinterhergeschoben.

Neben der – hoffentlich vergnüglichen – Boshaftigkeit der Liste möge Ihnen diese Aufzählung auch einen Anhalt dafür liefern, welche Spannweite das Thema Usability im Webdesign hat und worauf Sie künftig achten sollten.

Die meisten der untersuchten Websites geben Millionen für Werbung und mindestens einige Zigtausend für die Gestaltung der Website aus. Für effektives Testen bleibt da wohl kein Cent übrig. Sites wie CocaCola, Siemens, TUI oder AOL sollten in der Lage sein, Fehler zu entdecken und auszumerzen.

Es scheint, als verführten hohe verfügbare Bandbreiten, ein nach wie vor dominanter Internet Explorer und das omnipräsente Flash dazu, dass die Designer so einfache Tätigkeiten vergessen wie ihre Websites bei unterschiedlichen Bildschirmauflösungen und auf verschiedenen Systemplattformen zu testen. Dabei hat man es heute einfacher den je: Zahlreiche Dienstleister und Web-Services nehmen dem leidgeplagten Angestellten diese mühevolle Arbeit gerne ab (mehr dazu im Kapitel Testmethoden).

Unlesbare Seiten

An Nielsens Fehlerliste hat sich inhaltlich im Vergleich zu den Vorjahren wenig geändert, wohl aber an der Reihenfolge. Das kann damit zu tun haben, dass Nielsen seit zwei Jahren seine User befragt, welche aus deren Sicht die schlimmsten Fehler sind. Überraschungen gab es aber keine. Zu jedem der zehn häufigsten Fehler existiert auf Nielsens Website bereits ein Verbesserungs-Workshop.

Zwei Todsünden zugleich: exotischer Font und kleiner Schriftgrad

Die Hitliste wird klar angeführt von schlecht aufbereitetem Text. Viele Agenturen scheinen der Meinung zu sein, kleine Schrifttypen seien schöner, weil sie mehr Raum für Farbe und Bilder lassen. Das mag sein. Für die Navigation aber ist ein solches Vorgehen eine Katastrophe.

Schlecht lesbare Texte widersprechen dem User-Bedürfnis, schnell zum Informationsziel zu gelangen. Der Nutzer wird daran gehindert, eine Seite schnell zu erfassen. Dabei ist dieses »Scannen« von Webseiten zentraler Bestandteil der allermeisten Benutzungsszenarien.

Immerhin gibt es für HTML-Text im Gegensatz zu Textgrafiken eine Notfalllösung, wenn der Designer die Schrift kleiner gemacht hat, als der Benutzer sie lesen kann. Über den Browser hat der Benutzer die Möglichkeit, den Schriftgrad variabel einzustellen. Das ist ein willkommenes Hilfsmittel nicht nur für Sehbehinderte, sondern auch für Nutzer, die mit sehr hoher Auflösung arbeiten.

Leider unterstützen die wenigsten Layouts dieses »Resizing«. Die meisten definieren starre Schriftgrößen, insbesondere auch Flash-Sites, bei denen dieses Vorgehen aufgrund der verwendeten Schrifttechnik geradezu als fahrlässig eingestuft werden kann, schließlich arbeitet Flash mit Vektoren und die sind per se ohne Qualitätseinbuße skalierbar.

Wo ist der Hyperlink?

Nielsen definiert diesen Fehler noch strenger als »nicht standardkonforme Hyperlinks«. Dabei ist der Begriff standardkonform zu definieren, denn es gelingt größeren Websites durchaus, eigene Standards durchzusetzen, sofern Positionierung, Formulierung und grafische Gestaltung markant und vor allem konsistent sind.

Links müssen also nicht immer blau und unterstrichen sein, um zu funktionieren. Sie müssen aber in jedem Fall zumindest sichtbar sein. Hier finden sich die häufigsten Fehler, wenn die Links wie Fließtext formatiert und auch noch als vollständige Sätze formuliert werden. Der Benutzer erkennt erst bei Mausberührung, dass der Text klickbar ist.

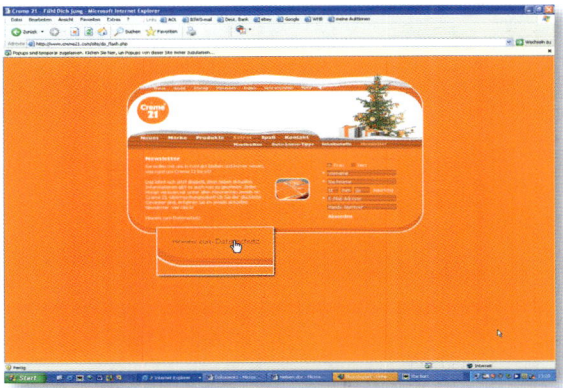

Link oder kein Link, das ist hier die Frage.

Ein weiteres Vergehen in ähnlicher Form ist die Verwendung zu kleiner Linkflächen. Es hat sich eingebürgert, dass viele Websites ihre Links mit kleinen Pfeilchen nach rechts unterstützen. Die Betonung liegt hier auf »unterstützen«, denn meistens sind die Pfeile viel zu klein, um als alleinige Linkträger zu fungieren. Das Weiterklicken wird dann zum Geduldsspiel für den Benutzer – die vermutlich ungeliebteste Disziplin im Websurfing-Alltag.

Und auch die Unterscheidung von geklickten und ungeklickten Links bleibt ein wichtiges Kriterium. Der Benutzer erkennt, welche Seiten er schon gesehen hat und welche nicht. Stellen Sie sich eine Google-Trefferliste vor, die Sie gerade nach einem relevanten Ergebnis absuchen und bei der alle Links immer blau bleiben.

Flash

Gerade bei den Sites der Markenartikler finden sich heute zu einem hohen Prozentsatz reine Flash-Sites. Auf Becks.de wird der User ohne Flash Player überhaupt nicht zugelassen.

Die Probleme der Verwendung eines Plugin-Formats wie Flash sind hinlänglich diskutiert worden. Wer sicher ist, dass seine Benutzer Flash haben und der Browser Flash nicht blockiert, kann Flash-only produzieren. Das gilt aber nur für den allerkleinsten Teil von Websites, nämlich solche, die dezidiert mit Online-Unterhaltung arbeiten.

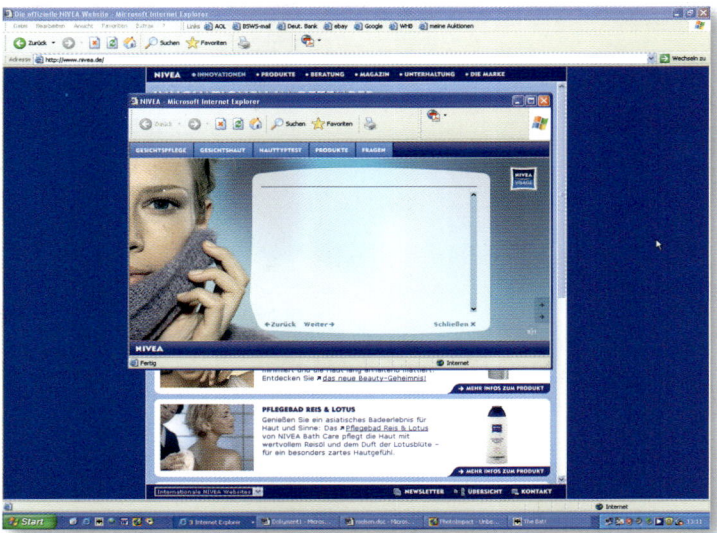

Flash ist toll, aber wo ist der Inhalt?

Das Problem, das Nielsen anspricht, ist aber viel subtiler. Die Flash-Umgebung ist zu offen und überfordert die meisten Gestalter. Jeder Button, jeder Scrollbalken und jedes Formularfeld können selbst gestaltet werden. Nur die wenigsten Designer sind sich bewusst, dass in den schnöden Bausteinen der HTML-Formulare Mannjahre Erfahrung in Sachen Interfacedesign stecken.

Bei Formularen und scrollbaren Textfeldern tauchen die meisten Fehler auf. Viele Textfenster begnügen sich mit winzigen Pfeil-Icons, die anzeigen sollen, dass der Text unten noch weitergeht.

Ein weiteres Problem taucht in letzter Zeit verstärkt auf: Ladezeitenüberbrückung. Wenn – was durchaus gut gemeint ist – Flash-Anwendungen in viele kleine Einzelfilme zerteilt werden, dann ist darauf zu achten, dass sie dem User deutlich signalisieren, wenn dieser auf das Nachladen von Daten zu warten hat. Nichts ist schlimmer als ein fertig dargestelltes Textfenster, in dem einfach (noch) kein Text erscheint.

Content, der nicht ins Web gehört

Zugegeben: Nielsen formuliert hier bewusst provokant. Marketing-Texte, Werbeslogans und Claims sind ein Dorn in seinem Usability-Auge. Für ihn müssen Webtexte stets vor allem informativ und zielführend sein. Das ist zweifellos nur die halbe Wahrheit. Es gibt auch eine emotionale Seite, nämlich die der Markenbildung. Hier darf die Sprache gerne blumiger werden.

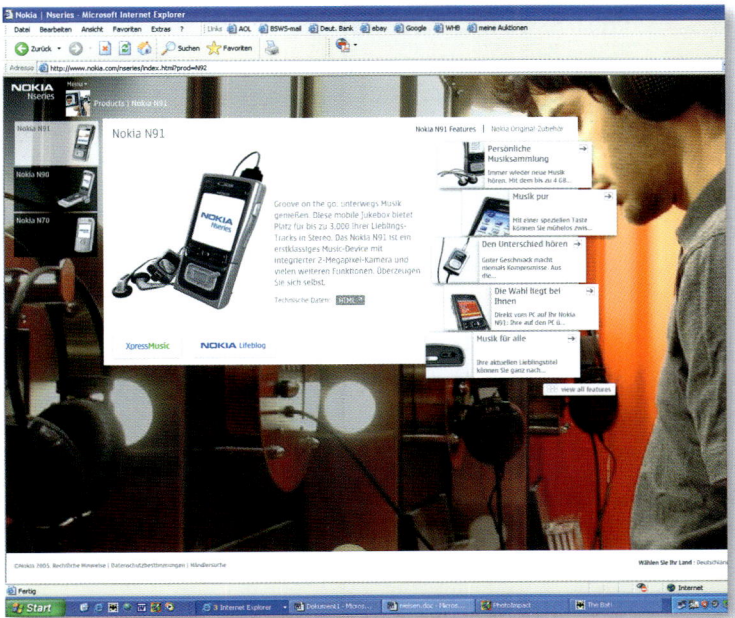

Emotional gerne, aber nicht bei Navigationselementen

Nielsen hat immer dann Recht, wenn Texte dem User helfen sollen. Eine Produktbeschreibung darf zwar emotional sein, muss aber die Kernfunktionen des beschriebenen Produkts klar kennzeichnen – nicht nur für den potentiellen Kunden, sondern auch für die Suchmaschine. Ob eine Formulierung wie »Das Nokia N91 ist ein erstklassiges Music-Device« den Suchenden auf den Mehrwert eines Telefons aufmerksam machen kann, muss zumindest hinterfragt werden.

Definitiv verboten sind Wortspiele in Navigationsbereichen. Wer möchte, dass ein Nutzer auf einen Link klickt, muss ihm Hinweise geben, was dahinter zu finden ist. Ein abgeschnittener Text wie »Mit einer speziellen Taste können Sie mühelos zwis…« unter der Rubrik »Musik pur« hilft niemandem.

Die böse Suche

Eine fortwährende Quelle für größten Benutzerunwillen sind Site-interne Suchmaschinen. Entweder finden sie Inhalte nicht, weil sie zum Beispiel zu wenig fehlertolerant sind, oder die präsentierten Ergebnisse helfen nicht weiter. Letzteres passiert häufig, wenn Site-Automaten auf PHP- oder ASP-Basis für viele Seiten identische Metadaten produzieren.

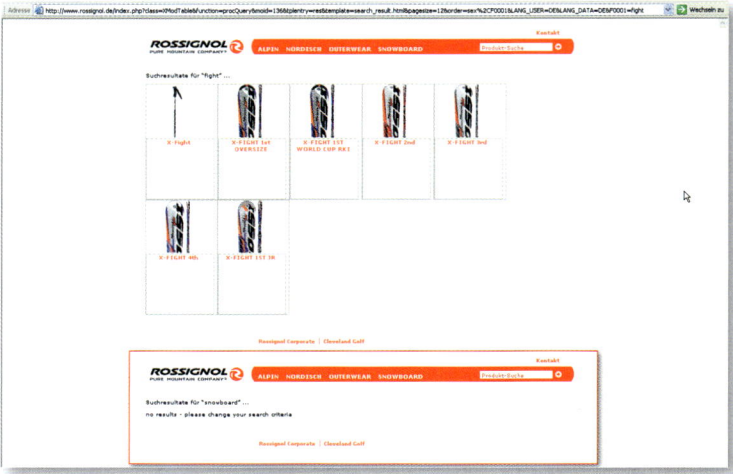

Ein schlechtes Ergebnis (oben) ist immer noch besser als kein Ergebnis (unten).

Enttäuschend für den Marktbeobachter ist nicht, dass so etwas passiert, sondern dass es niemand zu merken scheint.

Es gilt: Suchmaschinen müssen auch Seiten finden, die ein »ähnliches« Keyword enthalten. Die Beachtung von Groß- und Kleinschreibung kann optional aktiviert werden, darf aber nicht Grundeinstellung sein. Zudem müssen die Suchergebnisse nach Relevanz sortiert und mit guter Beschriftung ausgestattet werden.

Inkompatible Seiten

So leid es uns für die Designer tut: Der Browserkrieg ist wieder in vollem Gang. Wer nur für den Internet Explorer optimiert, versperrt über 30 Prozent der User den Zugang auf dezidierten Linux- oder Open-Source-Sites vermutlich sogar noch mehr.

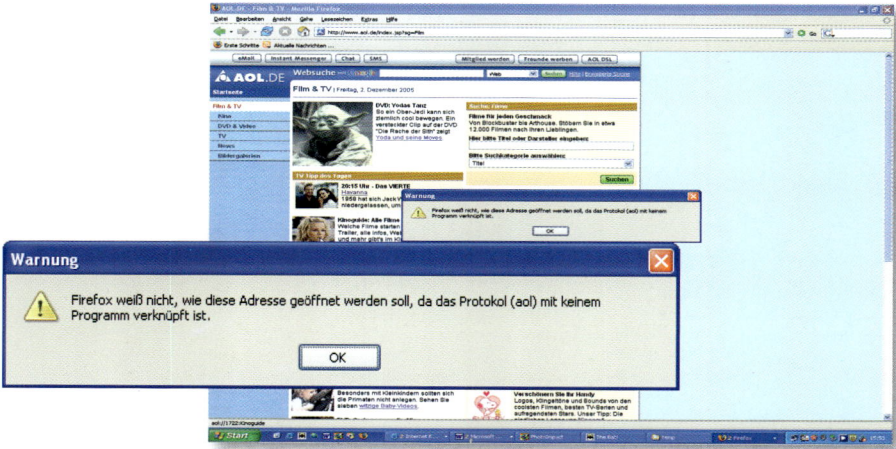

Der Internet Explorer ist bei falschen URLs toleranter.

Auch ein Browsermonopol entbindet den Webdesigner nicht davon, standardkonformen Code einzusetzen und seine Site umfassend auf unterschiedlichen Plattformen zu testen. Dafür gibt es preiswerte und kostenlose Online-Dienste, wie zum Beispiel Browsershots.org. Aktuell plant Adobe die Integration eines solchen Dienstes in seine Produkt-Suiten.

Unüberwindbare Formulare

Wenn wir das Internet nicht als Informations-, sondern als Transaktionsinstrument verstehen, dann sind Formulare das wichtigste Gestaltungsmittel, das uns zur Verfügung steht. Denn nur mit deren Hilfe können wir in Kontakt mit den Benutzern, Käufern oder Abonnenten treten.

Jakob Nielsen postuliert fünf Formularregeln:

- Entfernen Sie alles aus dem Formular, was nicht unbedingt drin sein muss.
- Pflichtfelder sind nur dann Pflicht, wenn sie wirklich unverzichtbar sind.
- Verwenden Sie eindeutige und etablierte Feldbezeichnungen.
- Fokussieren Sie das erste Formularfeld beim Öffnen, das spart dem User einen Klick.
- Erlauben Sie flexible Eingaben, etwa bei Kreditkartennummern. Auch wenn die Eingabe mit Bindestrich oder Leerzeichen erfolgt, sollte das nicht zu einer Fehlermeldung führen.

Abgeschnittene Rubrikbezeichnungen präsentiert die TUI-Site schon seit drei Jahren.

Wir ergänzen eine sechste Regel aus den Erfahrungen mit TUI: Machen Sie Drop-down-Menüs so breit, dass man den Inhalt auch lesen kann. Und vielleicht noch eine siebte: Verzichten Sie auf einen »Reset-Button«. Hat denn jemals jemand ein vollständig ausgefülltes Formular wieder gelöscht, um von vorn zu beginnen?

»Über uns«

Ein Problem, das Nielsen vor allem in den USA feststellt, ist bei uns nicht sehr weit verbreitet. Das Teledienstgesetz und die Impressumspflicht haben hierzulande dafür gesorgt, dass die allermeisten Seiten mit Adresse, Telefonnummer und Ansprechpartner ausgestattet und diese Informationen auch vergleichsweise einfach zu finden sind.

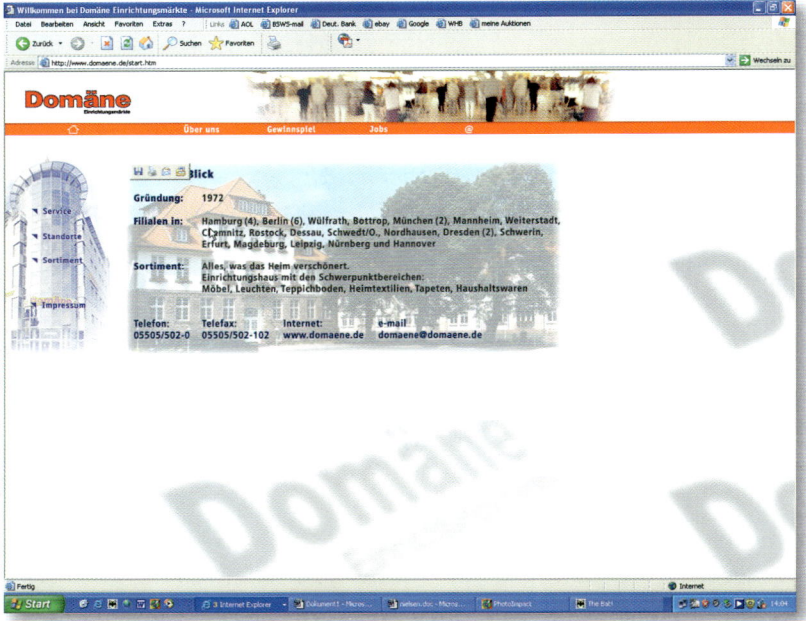

Obwohl die Standorte von Domäne penibel aufgezählt werden, sind die Begriffe nicht klickbar.

Trotzdem üben sich viele Anbieter gerne in der Disziplin »Versteck die Telefonnummer«. Natürlich will sich ein Unternehmen vor »überflüssigen« Anrufen schützen, aber es schützt sich durch diese Maßnahme natürlich auch vor wichtigen Anrufen.

Ein Aspekt sei noch herausgestellt: Viele Benutzer bevorzugen Unternehmen, die eine postalische Anschrift haben und diese auch kommunizieren, wenn es um Aktionen geht, die Nutzervertrauen erfordern.

Erfrorene Layouts

Als wäre CSS noch lange nicht erfunden, dümpeln die allermeisten Layouts in einer Auflösung von 800 Pixel Breite vor sich hin, auch wenn der Monitor des Benutzers 1280 Pixel anzeigt. Der Rest ist bestenfalls weiß, schlechtestenfalls mit einem grellen Hintergrund unterlegt.

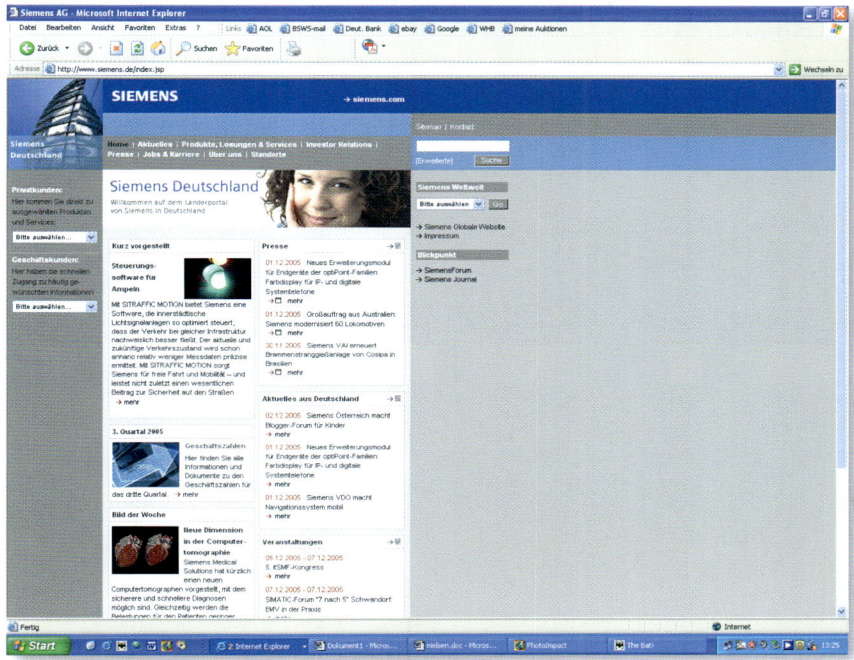

Viel Content auf engstem Raum zeigt siemens.de.

Am schlimmsten wirken solche Layouts beim Drucken. Dann sorgen feste Spaltenbreiten entweder dafür, dass nicht alles aufs Papier kommt, oder es wird auch dort nur die halbe Breite genutzt, dafür aber doppelt so viele Blätter.

Dass es auch anders geht, zeigt zum Beispiel tagesschau.de. Da können Sie das Browserfenster munter groß und klein ziehen: Der Inhalt geht mit.

Unpassende Produktdarstellung

Hier hat Jakob Nielsen geschummelt. Platz zehn seiner Leserumfrage steht eigentlich »Pop-ups« zu. Da das Thema aber zur Genüge besprochen wurde, macht uns Nielsen auf ein Detail aufmerksam, das in Onlineshops gerne zum Ärgernis wird.

Der Klick aufs Produktbild führt zurück zur Homepage.

Produktabbildungen sollen nun mal klickbar sein und dann tunlichst den Blick auf eine vergrößerte Variante freigeben. Alternativ lässt sich auch ein Button mit einer Lupe abbilden oder ein entsprechender Textlink verfassen.

Besonders unglücklich sind Varianten wie die vom Spielwarenhändler TOYS"R"US. Hier führt der Klick auf das offensichtlich klickbare Produktbild schnurstracks zurück auf die Homepage. Und tschüss.

> ### NOTIZ   Wechsel der Farbschemata
>
> Nielsens Top Ten
> http://www.useit.com/alertbox/designmistakes.html

3 Website-Usability

3.1   Usability ist überall

Zur Beschaffenheit der Usability einzelner Websites wurde in den vergangenen Jahren viel gesagt un d geschrieben. Einfach sollen sie sein, verständlich, vorhersehbar. Der Nutzer möge die Kontrolle über das Verhalten der Site behalten und die Site ihn schnell zum Ziel führen. Und natürlich dürfen die Ladezeiten nicht zu hoch sein, die Schriften nicht zu klein und die Suchmaschine nicht zu langsam.

In der täglichen Beratungspraxis führt das immer wieder zu den gleichen Fragestellungen: Wie muss denn der Bestellbutton aussehen? Funktioniert Grün besser als Rot? Da es dem Usability-Experten kaum gelingt, hierauf eine abschließende Antwort zu geben, schalten die Zuhörer im Plenum schnell ab. Mangelnde Relevanz – ein klassisches Usability-Problem.

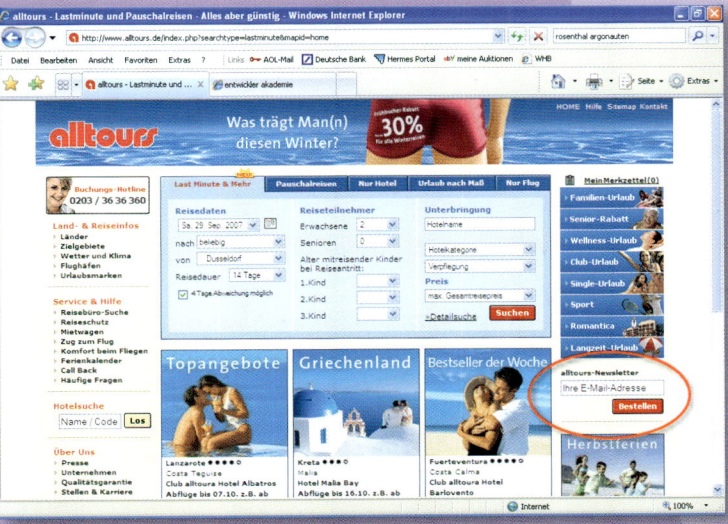

Im Syzygy-Reisemonitor fanden die Probanden den alltours-Newsletter nicht, weil die Seite zu voll ist.

Es gilt Folgendes festzustellen: Der Usability-Experte und auch der Buchautor sind nicht die Prüfinstanz für Ihre Website. Auch Sie selbst sind es nicht, ebenso wenig Ihre Kollegen. Es sind die Nutzer da draußen, die entscheiden. Und um deren Wissen und Fähigkeiten zu instrumentalisieren, gibt es keine Alternative zum Nutzertest und der anschließenden Befragung.

Natürlich haben andere Testmethoden wie der Experten-Test, das Panel oder der »Hausfrauen-Test« ihre Berechtigung (siehe Kapitel Testmethoden). Doch vergessen Sie nicht, die Wirkung der aufgrund von Testergebnissen vollzogenen Änderungen anhand der Daten aus dem realen Benutzerverhalten zu prüfen.

Durch die Fokussierung auf eine sehr junge Zielgruppe kann das verspielte Layout der Superbude funktionieren.

Allerdings muss es das Ziel des Site-Designers und -Planers sein, schon im Vorfeld die meisten Probleme auszumerzen, damit man sich auf die wenigen ganz wichtigen Fragestellungen konzentrieren kann. Hierzu ist vor allem eines wichtig: der gesunde Menschenverstand. Und damit der sinnvoll wirken kann, muss man ihm den passenden Rahmen geben.

Egal welches Projekt Sie online realisieren: Verlassen Sie nach der ganzen oder teilweisen Fertigstellung Ihren angestammten Arbeitsplatz. Nutzen Sie einen fremden Rechner – etwa in einem Internetcafé –, dessen Konfiguration Sie nicht kennen. Nutzen Sie eine schlechte Onlineverbindung – vielleicht indem Sie Ihr Handy als Modem benutzen. Und wenn Sie die Möglichkeit haben, begeben Sie sich hinter eine restriktiv konfigurierte Firewall. Sie werden sofort auch ohne fremde Hilfe die gravierendsten Probleme erkennen.

Mit diesem Problemkatalog im Gepäck machen Sie nun den Schritt zurück in der Projektphase: Wie relevant sind die erkannten Probleme für Ihre Zielgruppe? Wenn Sie unsicher sind, fragen Sie die Zielgruppe oder Personen aus Ihrem Unternehmen, die ganz nah dran sind, typischerweise den Vertrieb. Und nun entwickeln Sie eine Prioritätenliste der Probleme, setzen A/B-Tests auf (siehe Testmethoden) und tasten Sie sich Schritt für Schritt an die **bessere** Lösung heran. Die **optimale** Variante werden Sie vermutlich nie finden, wenn es sie überhaupt gibt.

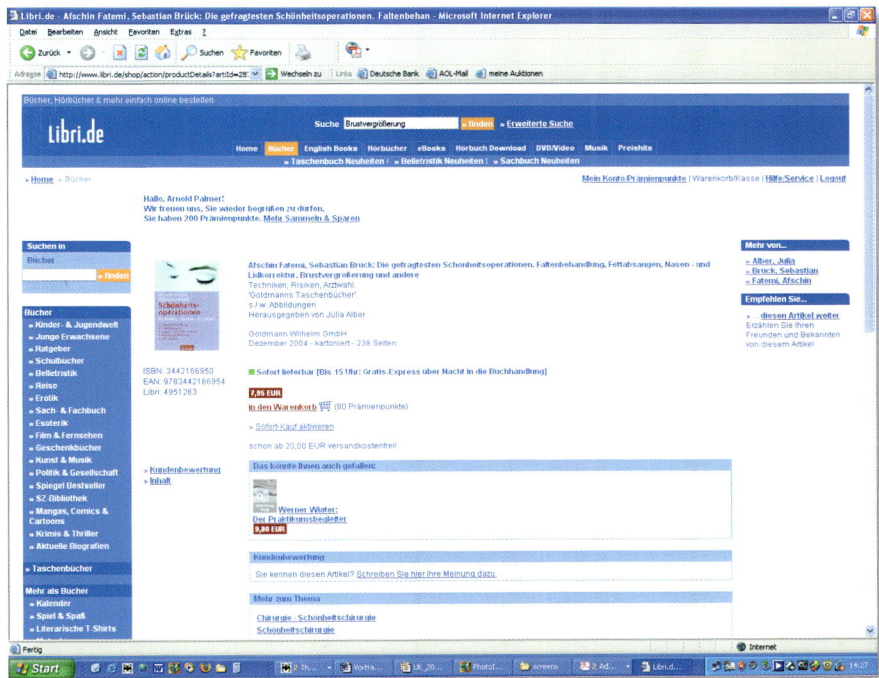

Auch ohne wissenschaftlichen Test könnte Libri herausfinden,
dass die Empfehlung »Der Praktikumsbegleiter« nicht ganz passt.

3.2   Die Gesetze

Natürlich haben die Usability-Experten doch ein gewisses Grundraster für das, was funktioniert und was nicht. Die Menge der Tests, die man selbst in den letzten Jahren durchgeführt hat oder deren Ergebnisse öffentlich diskutiert wurden, bildet den Grundstock dafür. Und tatsächlich gibt es für Experten nur noch selten echte Überraschungen. Da die meisten qualitativen Tests aufgrund der kleinen Fallzahlen statistisch immer angreifbar bleiben, variiert eventuell die Ausprägung eines Ergebnisses stärker als vermutet, doch die Tendenz ist vorhersehbar.

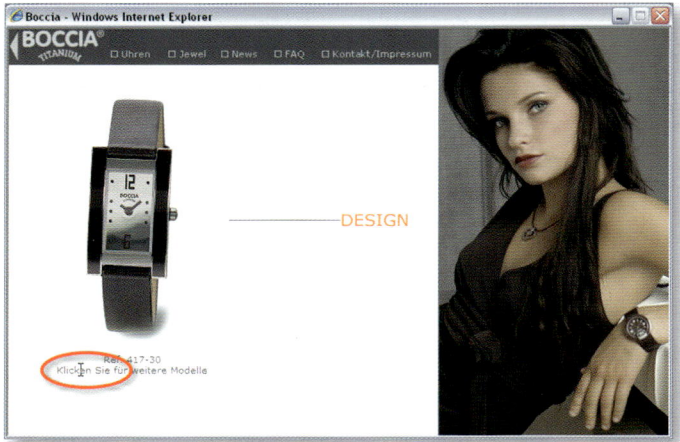

Link oder kein Link, das ist hier die Frage.

Obwohl sich die wissenschaftliche Fraktion der Usability-Tester gegen Verallgemeinerungen wehrt wie der Teufel gegen Weihwasser, kann man doch fünf unum-
stößliche Grundprinzipien ablesen, die als gedankliche Grundlage einer Gestaltung fungieren können.

1.   Einfachheit gewinnt immer

Um es auf den Punkt zu bringen: Amazon ist nicht schön, aber reich! Alle Zielgruppen übergreifend gibt es ein immer wiederkehrendes Handlungsmuster auf
Webseiten: die konkrete Suche nach bestimmten Inhalten. Der Nutzer weiß in vielen Fällen bereits vor dem Anschalten des Rechners, was er sucht und wie er dazu
vorgehen wird.

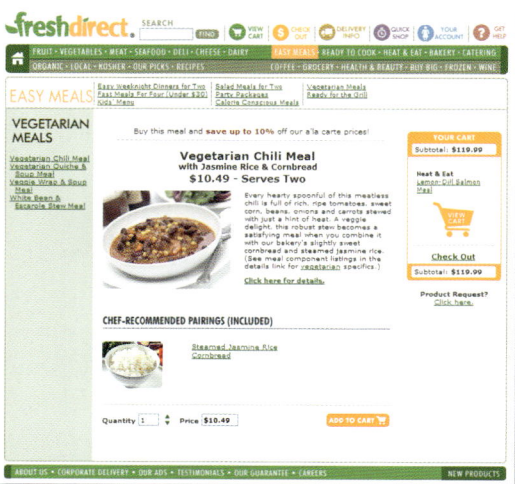

Ein typisches Nutzerszenario für FreshDirect ist das Nachkochen von Rezepten. Deshalb packt
der Onlineshop gleich alle Zutaten mit einem Klick in den Warenkorb.

Die User Experience wird in diesem Szenario klar von der Performance bestimmt, nicht von emotionalen Faktoren wie z. B. der Gestaltung. Hier schneidet gut ab, wer zum Beispiel seine Navigationstexte so formuliert, dass der Nutzer sie bereits vor dem Klick versteht. »Kaufen«, »Bestellen«, »Buchen« und »Reservieren« sind klar transaktionsorientierte und wenig missverständliche Hinweise. Wenn hingegen ein Online-Ticketshop Produkte »In den Warenkorb« legt, kann das zu Irritationen führen. Diese Irritationen können transaktionsverhindernd wirken, wenn der potentielle Käufer aufgrund einer Werbeaktion erwartet, Tickets am eigenen Drucker ausdrucken zu können. Dann ist die Warenkorb-Metapher denkbar ungeeignet. Übrigens darf sich der Shop-Betreiber gerne die Frage stellen, ob er überhaupt einen Warenkorb benötigt oder die Nutzer nicht direkt zur Kasse bittet, sobald diese auf »Bestellen« geklickt haben.

Einfachheit hat zwei wichtige Säulen. Wie eben erwähnt, sind die Texte der wichtigste Baustein zur Herstellung von navigatorischer Transparenz. Wenn Sie eine Informationsbroschüre als PDF anbieten, eignet sich der Linktext »Broschüre/PDF anzeigen« besser als das häufig anzutreffende »Broschüre/PDF downloaden«. Letzteres impliziert einen technischen Vorgang und wirft damit unnötig Fragen auf. Natürlich gilt dieses Transparenz-Paradigma auch bei den Inhalten, zum Beispiel bei der Funktionsbeschreibung eines Produkts. So können Sie einen MP3-Player natürlich mit dem Argument »4 Gigabyte Flash-Speicher« bewerben; Sie können dem weniger technophilen Nutzer aber auch kommunizieren, dass er bis zu 70 CDs darauf abspeichern kann. Idealerweise fügen Sie in Klammern 4 GB an.

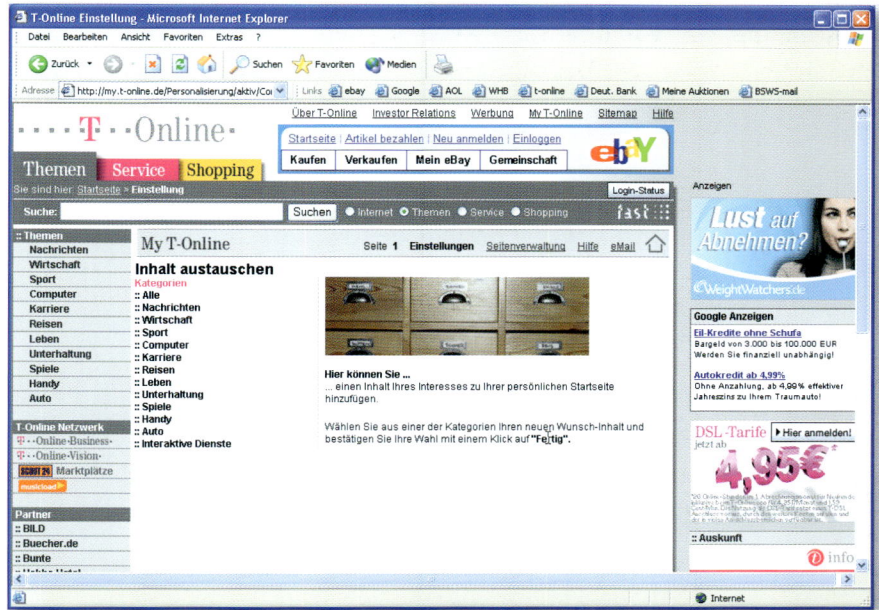

Weder kann der Nutzer dort Inhalte einfügen, wo es gefragt ist, noch ist
der Begriff »Fertig« klickbar.

Die zweite Säule ist die Priorisierung im Layout. »Wo geht's weiter?«, ist die vermutlich wichtigste Frage im transaktionsbasierten Szenario, die der Nutzer zu stellen hat. Treiben Sie den Nutzer aktiv zum Standardszenario, indem Sie die entsprechenden Seitenelemente und Links deutlich kennzeichnen. Hat der User ein spezielles Interesse, entwickelt er von allein alternative Strategien, weil er ja selbst weiß, dass sein Nutzungswunsch von der zentralen Idee abweicht.

2.   Das Gesetz der Nähe

Die Idee wird im Kapitel Web-2.0-Usability ausführlicher besprochen. Das Prinzip aber ist simpel: Die Reaktion des Systems auf Aktionen des Nutzers muss so erfolgen, dass der Nutzer sie deutlich wahrnimmt. Ist eine weitere Handlung des Nutzers – etwa die Korrektur einer Fehleingabe – nötig, muss er das sofort erkennen.

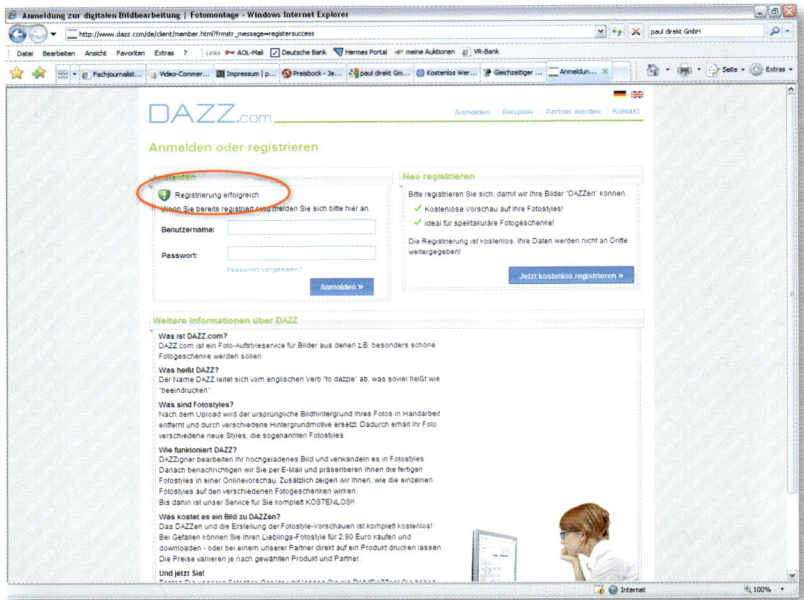

Die Bestätigung der erfolgreichen Anmeldung erscheint sehr unscheinbar auf der identischen Seite, die auch vor der Anmeldung zu sehen war.

Ein geradezu hanebüchenes Beispiel zeigt die Online-Registrierung des Bezahlsenders Premiere. Dort landet der Nutzer, nachdem er seine Daten wunschgemäß ausgefüllt und abgeschickt hat, auf exakt der gleichen Seite, in der immer noch seine Profildaten im Formular stehen. Nur links in der Navigation sind drei neue Punkte dazugekommen und rechts gibt es plötzlich einen »Log-out«-Button.

3.   Wer Quelle kopiert, verliert nicht

Eine provokante These, klar. Aber die großen Shop-Betreiber investieren inzwischen viel Geld in Usability-Testing und von deren Erkenntnissen kann man profitieren. Zu diesen Erkenntnissen zählen folgende Richtlinien:

- Das Logo sitzt links oben und wird auf die Homepage verlinkt.
- Oben Mitte: Vorsicht vor Banner-Blindheit. Auf redaktionellen Websites steht hier meist Werbung und die Nutzer ignorieren diese Position.
- Die Suchmaske sollte möglichst zentral und nicht in der Nähe von anderen Formularelementen positioniert werden.
- Rubriküberschriften sind verlinkt, nicht nur die Themenlinks darunter.
- Bilder sind immer verlinkt: auf Navigationsseiten mit der Produkt-/Artikelseite und dort mit der vergrößerten Ansicht.
- Der Warenkorb und der Zugang zu personalisierten Bereichen stehen rechts oben.
- Die Flussanzeige im Kaufprozess, bei schrittweise funktionierenden Applikationen (Konfiguratoren) oder bei einer Registrierung erfolgt von links nach rechts oder von oben nach unten inklusive entsprechender Ausrichtung der »Weiter«- Buttons.
- Servicefunktionen und MemberArea stehen rechts oder rechts oben.
- Firmenhintergrund, Kontakt sowie Impressum gehören auf jeden Fall in den Fuß der Seite, eventuell auch noch nach rechts oben.
- Im Formular wird mit TAB bzw. Shift+TAB zwischen den Feldern hin- und hergeschaltet. »Enter« schickt die Anfrage zum Server.
- Unterstreichungen markieren fast immer Hyperlinks, sind also im Fließtext verboten.
- Ein Plus-Symbol neben einem Ordner-Icon bedeutet den Ordner zu öffnen und darinliegende Inhalte anzeigen.

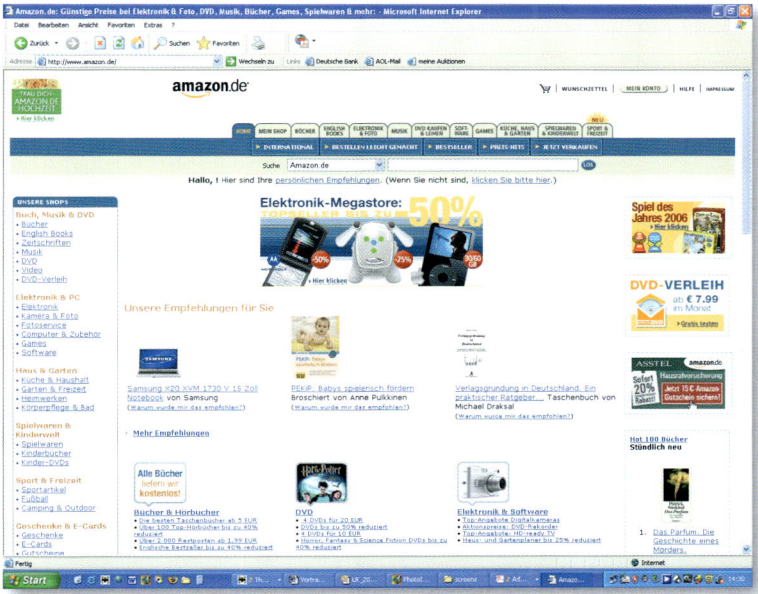

Im Kopfbereich der Seite besteht die Gefahr von Banner-Blindheit – auch bei Eigenwerbung.

4. Redundanz schadet nicht

Zwei Nutzergruppen, zwei Navigationsmethoden: Die einen navigieren über Ihr Rubriksystem, die anderen über die interne Suche oder die Homepage-Teaser. Spannende Angebote dürfen, ja müssen über mehrere Wege erreichbar sein. Produkte, die zu mehreren Rubriken passen oder aus Bundles bestehen, deren Komponenten in mehrere Rubriken einzuordnen sind, werden auch in den jeweiligen Rubriken gefunden. Aber Vorsicht: Verwirren Sie den Nutzer nicht, indem Sie unterschiedliche Begriffe für die gleiche Funktion verwenden. So ist eine »Anfahrtsskizze« für den Nutzer nicht zwangsläufig gleichbedeutend mit dem »Standort« oder der »Location«, wie Hotels das gerne benutzen.

5. Beheben Sie zuerst die gravierendsten Fehler

Widmen Sie die erste Runde der Usability-Optimierung ausschließlich dem Kernziel Ihrer Website, vielleicht dem Verkaufen von Produkten. Die gravierendsten »tödlichen« Fehler für den Onlineshop sind:

- Er wird nicht gefunden (Google, URL).
- Die AdWords-Anzeigen oder Teaser auf der Homepage erzeugen keinen Klickreiz.
- Die Landeseite liefert kein hinreichendes Kaufargument.
- Die Landeseite zeigt nicht, wie es weitergeht und ob man dem Anbieter vertrauen kann.
- Die Versandkosten sind zu hoch oder nicht erkennbar.
- Der Prozess des Kaufabschlusses offenbart Mängel hinsichtlich Glaubwürdigkeit und Sicherheit.

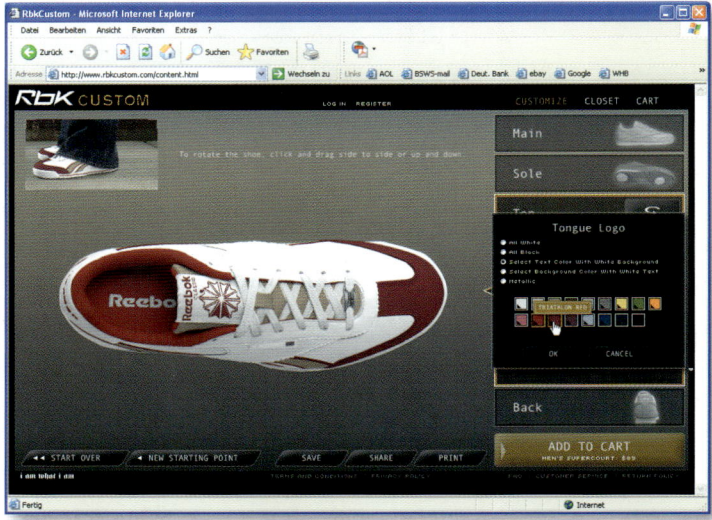

Trotz aller Schönheit vergisst Reebok nicht, einen sehr deutlichen Bestellbutton einzubinden.

3.3 Eine gute interne Suche gewinnt Kunden

Im nächsten Schritt unterziehen Sie Ihre interne Suche einer intensiven qualitativen Bewertung. Sie ist in Onlineshops für mehr als die Hälfte der Benutzer das entscheidende Navigationsinstrument und die Erfahrung zeigt, dass hier die meisten Fehler gemacht werden. Es gibt sogar heute noch Volltextsuchen, die mit Umlauten nicht umgehen können. Aus diesem Grund haben wir der internen Suche hier ein eigenes Kapitel gewidmet.

Quelle weiß, was Männer wünschen, wenn sie »mann slip« eingeben.

Zeitsprung zurück in das Jahr 1999. Der Besitzer eines IBM-Notebooks vom Typ ThinkPad 310 musste sich gewaltig anstrengen, um aktuelle Treiber, Patches oder Zubehör für sein Gerät zu finden. Das Modell war ausgelaufen und insofern nicht mehr über die reguläre Produktnavigation zu finden. Fütterte der findige User die interne Suchmaschine von IBM mit dem Produktnamen, erschienen allenfalls ein paar Treffer aus dem Archiv der Pressemitteilungen. Schlimmer noch: Wer sich weigerte, das »T« und das »P« im Begriff ThinkPad großzuschreiben, erhielt gar keinen Treffer, auch wenn in der linken Navigationsleiste der Rubrikbegriff Think-Pad prominent zu sehen war.

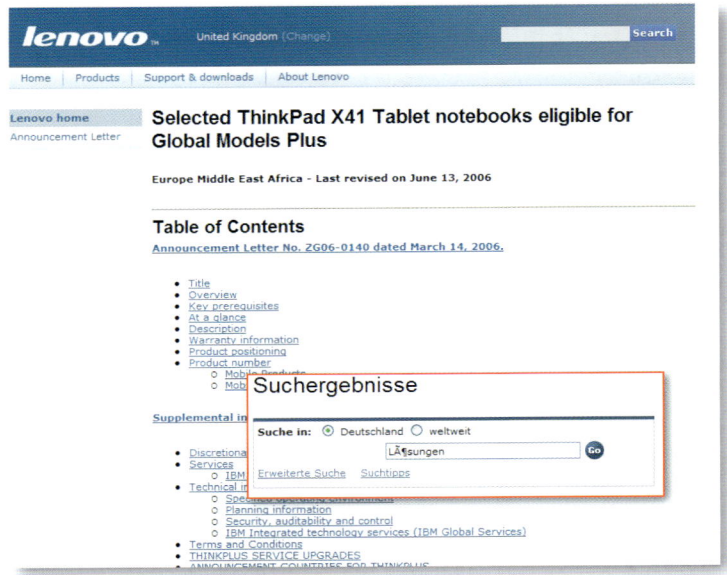

Die Seite zeigt den irrelevanten Top-Treffer zur Suche nach einem Tablet-PC und schlechte Umlautauflösung bei Lenovo

Das Lästern über die Qualität interner Suchmaschinen gehört seit Jahren zum Standardrepertoire von Referenten und Rednern auf Usability-Kongressen. Zu leicht lassen sich die Engines mit Umlauten, Sonderzeichen, falsch geschriebenen Begriffen oder gar mit Pluralen übertölpeln und liefern schlecht formatierte, unübersichtliche oder gar irrelevante Ergebnislisten zurück – wenn sie überhaupt Ergebnisse finden.

Umso überraschender ist der Umstand, dass selbst die größten deutschen Websites nach wie vor Suchfehler in Serie präsentieren. Zwar sind die internen Suchmaschinen allesamt deutlich besser geworden, doch gibt es auf den meisten großen Sites nach wie vor gravierende Probleme in der Benutzerführung oder Ergebnisanzeige. Auch bei IBM: Der Suchbegriff »Remote-Client-Lösungen« etwa, der Mitte 2008 als prominenter Link auf den Inhaltsseiten immer wieder zu finden ist, produzierte keinen einzigen Treffer.

3.3.1   Die interne Suche bringt Wissen

Stefan Fischerländer, vormals Berater beim Suchmaschinen-Produzenten Neomo, geht davon aus, dass bis zu 30 Prozent der Benutzer von großen Websites inzwischen über die Suche navigieren. Usability-Forscher Jakob Nielsen ist da etwas konservativer, aber auch er findet einen stabilen Anteil von zehn Prozent. In Onlineshops liegt dieser Wert deutlich höher.

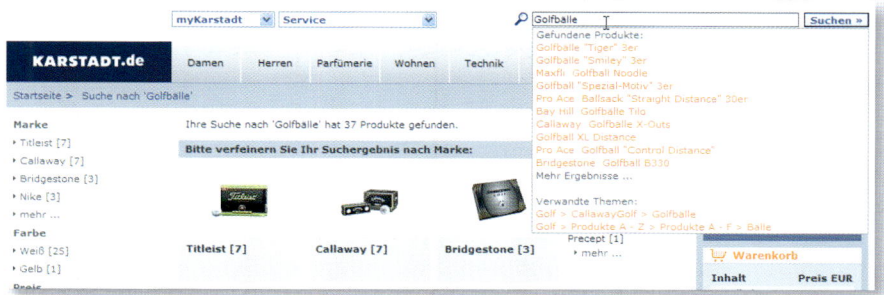

Karstadt versucht die Fehlerhäufigkeit mit konkreten Vorschlägen zu reduzieren
(Fachbegriff: Type Ahead).

Doch bereits zehn Prozent der Benutzer könnten letztlich zehn Prozent vom Umsatz sein, eine Größenordnung, für die sich Optimierung allemal lohnt. Aber es geht um mehr. Die strategische Optimierung der Site-Suche beginnt nämlich bei der Analyse der gesuchten Begriffe. Diese Analyse bietet wertvolle Erkenntnisse über drei wichtige Site-Merkmale. Zum einen wird ganz allgemein das Interesse der Suchenden und somit eines Teils der Zielgruppe abgebildet. Häufig benutzte Suchbegriffe zeigen intensives Interesse an bestimmten Themen. Vielleicht gehören diese Themen mitten auf die Homepage.

Und das ist bereits die zweite wichtige Erkenntnis: Häufungen bei Suchbegriffen können auf Mängel in der klassischen Rubriknavigation hindeuten. Die Benutzer finden die geeignete Rubrik nicht. Das kann mehrere Gründe haben, etwa eine undeutliche Beschreibung eines Rubrikbegriffs oder eine unscheinbare Platzierung im Kopf einer Seite. Oder – und das wäre vermutlich schlimmer – die Site bietet das Gesuchte gar nicht an. Dann wird es höchste Zeit.

Die dritte wichtige Erkenntnis ergibt sich aus der Gewichtung der gesuchten Begriffe zu dem daraus erzeugten Umsatz, den Leads oder anderen Aktionen, die vom Benutzer ausgelöst werden. Hieran erkennt der Site-Betreiber, welche Themen mehr und welche weniger Umsatzrelevanz haben.

3.3.2   Die Tools

Im Wesentlichen gliedert sich der Optimierungsprozess für die Site-Suche in vier Schritte:

- Tracking und Auswertung von Suchbegriffen
- Optimierung der Suchmaske
- Optimierung der Ergebnisseiten
- Verbesserung der Engine-Logik

Wer für seine Site identifiziert, eine schlechte Suchmaschine zu besitzen, könnte auf die Idee kommen, mit einem der großen kommerziellen Dienstleister zusammen-zuarbeiten. Anbieter wie FACT-Finder oder Fredhopper bieten Rundum-sorglos-Pakete an. Sie installieren eine Suchmaschine, die automatisches Tracking integriert und Berichte schreibt. Anhand dieser Berichte erfolgt die weitere Optimierung. Die Suchspezialisten kennen sich auch bestens damit aus, die Inhalte der einzelnen Seiten für die Suche zu optimieren. Das beginnt bei einfachen HTML-Änderungen im Titel, in der Beschreibung oder bei den Keywords und reicht bis zum Aufbau einer intelligenten Datenbasis mit beschreibenden Metadaten. Der Augsburger Weltbild Verlag setzt inzwischen fünf Vollzeitkräfte ein, die für neue Artikel Metadaten erzeugen und sie auf möglichst sinnvolle Art in die Rubriknavigation integrieren.

Der gesamte Onlineshop des Modeversenders Eddie Baur, einer Tochter der Otto-Gruppe, wurde auf der Grundlage einer FACT-Finder-Datenbank aufgebaut. Auch die Rubriknavigation wurde als Suchanfrage ausgeführt. Die Site-Betreiber haben die Möglichkeiten, zusätzlich zu den Suchergebnissen Kampagnen einzu-blenden und damit Cross-Selling zu inszenieren. Allerdings sind die rein daten-bankgestützten Websites dieser Bauart für Google schlecht lesbar.

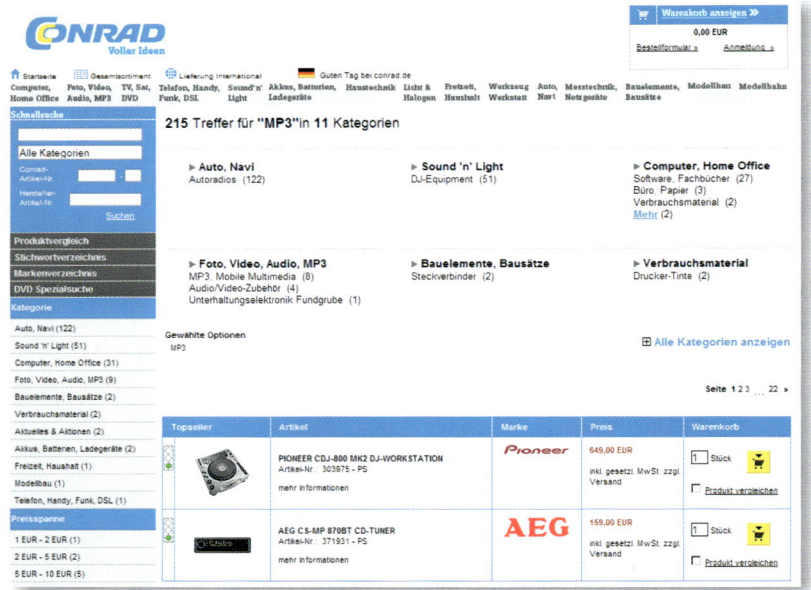

Conrad setzt Fredhopper ein, doch die After-Search-Navigation fällt ziemlich unübersichtlich aus.

Wer weniger Geld, aber mehr Zeit zu investieren hat und vor allem Herr seines Webservers ist, setzt auf kostenlose Such-Software, die zumeist aus der Open-Source-Szene stammt. Lucene oder ht://Dig sind nur die populärsten der zahl-reichen Angebote. Freilich sind durchgreifende technische Kenntnisse nötig, um eine solche Suche sinnvoll zu implementieren. Lucene arbeitet auf Grundlage von Java-Technologie, was aus Usability-Sicht suboptimal ist. Was die Suchmaschine leistet und wie schön sich die Ergebnisseiten konfigurieren lassen, kann man zum Beispiel im Angebot von dialo.de sehen.

ht://Dig zeigt allerdings das potentielle Problem einer solchen Lösung. Die öffentliche Entwicklung ist vor vier Jahren im Sande verlaufen und somit haben die Site-Betreiber heute nur noch die Möglichkeit, die Lösung in Eigenregie an sich wandelnde Bedürfnisse anzupassen oder auf eine Alternative auszuweichen. Eine dieser Alternativen könnte crawl-it sein, das unter anderem von der populären Nürnberger TeamBank AG auf deren Website easyCredit eingesetzt wird. Hier reicht die Angebotspalette von einer kostenlosen Lösung für kleine Websites bis zur ASP-Lösung (Software zur Miete) mit einem akzeptablen Leistungsumfang.

Gerade das Beispiel easyCredit zeigt aber auch, dass die bloße Implementierung der Suchmaschine nicht ausreicht. Ein Blick auf eine beliebige Trefferseite zeigt, dass die Beschriftung der Seitentitel, die ja den wichtigsten Anhaltspunkt in der Trefferliste liefert, absolut unzureichend ist. Hier versagt offensichtlich entweder das Redaktionssystem oder die interne Beschriftungskonvention, so es denn eine gibt.

Zwar findet crawl-it beim Suchbegriff »Bürgschaft« auch die Trefferstellen für »Buergschaft«, dennoch sind Treffertitel und -beschreibung alles andere als usable.

Die dritte Kategorie bilden Suchmaschinen, die von Redaktionssystemen bereits mitgebracht werden. Sie sind sehr einfach zu implementieren und aktualisieren den Index blitzschnell. Das sieht man wunderbar in den Blog-Suchmaschinen. Die Suchqualität der Algorithmen kann bei der kostenlos mitgelieferten Software mit der von FACT-Finder und Co. nicht mithalten. So findet eine Suche nach »Mark Twian« auf Spreeblick.de kein Ergebnis, obwohl sich deren aktueller Beitrag um ein Buch von »Mark Twain« dreht. Immerhin: Die Null-Treffer-Seite bietet allerhand Möglichkeiten, auf Spreeblick weiterzulesen.

Die vierte Kategorie bilden zahlreiche kostenlose Suchlösungen, die von den Web-Suchmaschinen angeboten werden. Der geneigte Site-Betreiber implementiert einfach ein paar Zeilen Code und Google sucht für ihn – oder Yahoo, AltaVista, Excite, also Lösungen von Softwareherstellern, die seit vielen Jahren Websuche anbieten. Die Implementierung ist einfach, die Anpassung kaum möglich. Freilich könnte man hoffen, dass eine implementierte Google-Suche die Platzierung der eigenen Seiten im allgemeinen Suchindex fördert, doch diese Hoffnung erkauft man sich mit einer eher langsamen Aktualisierung und mit der Tatsache, dass die erhobenen Daten – zum Beispiel die wichtigsten Suchbegriffe – an Google übergeben werden.

Ein abschreckendes Beispiel kann hier die Google-Suche auf Bild.de geben. Ein redaktioneller Online-Auftritt lebt von seiner Aktualität. Die Google-Suchmaschine indiziert die Bild-Seiten jedoch nur mit einer gewaltigen Zeitverzögerung. Das Ergebnis: Die Suche liefert irrelevante, meist veraltete Ergebnisse und ist somit zumindest für die Nachrichtenrecherche untauglich.

Screenshot vom 25. November 2008: Der Ballack-Teaser (rechts) stand gleichzeitig auf der Homepage.

Ganz anders die Vergleichs-Site vom Hamburger Abendblatt. Während eines ersten Tests lieferte die Seekport-Suche brandaktuelle Ergebnisse. Zwischenzeitlich stellten die Hanseaten ihre Suchfunktion komplett auf eine intern entwickelte Lösung um und reicherten sie mit vielen Funktionen an, etwa einer zeitlichen Einschränkung des Suchzeitraumes. Mit einem fatalen Ergebnis: Die Suchergebnisse erscheinen bei der bereits üppig bemessenen Bildschirmauflösung von 1280 x 1024

Pixel »unter dem Falz«, also im unsichtbaren Bereich des Bildschirms. Ganz oben stehen dagegen zwei kommerzielle Google-Anzeigen, die dummerweise auch noch den Suchbegriff dynamisch aufnehmen. Außerdem hat auch nach einem halben Jahr noch keiner bemerkt, dass die Stylesheets im Internet Explorer 7 nicht funktionieren, sondern grausam verstümmelte Seiten erzeugen.

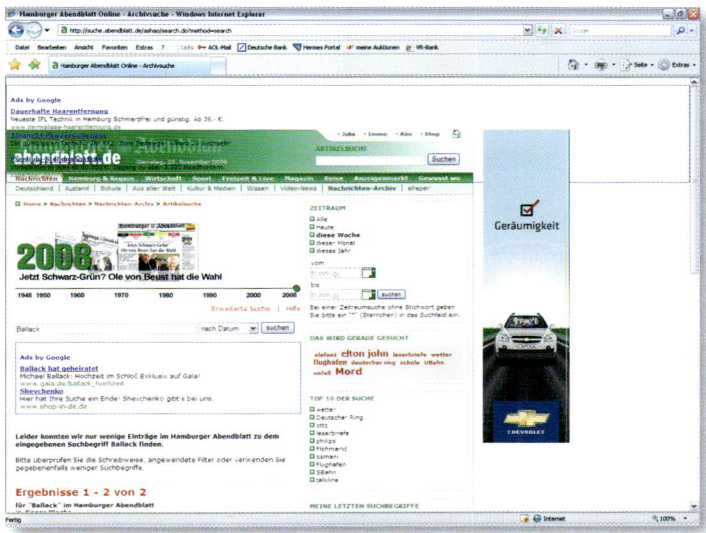

Das Abendblatt präsentiert die Ergebnisse unter dem »Falz«.

Freilich ist nicht für jede Site die Geschwindigkeit der Indizierung relevant. Als Probleme bei den kostenlosen Lösungen könnte sich eine mangelnde Skalierbarkeit erweisen, wenn die Site wächst. Außerdem verlangsamen Suchmaschinen, die auf dem HTTP-Server mitlaufen, eventuell das Gesamtsystem.

3.3.3   Die Optimierung

Aus Sicht der Usability-Experten sind die Qualitätskriterien, denen eine interne Suchmaschine folgen sollte, hinlänglich erforscht. Nutzen Sie folgende zehn Tipps zur Optimierung der eigenen Suche und Site oder zur Auswahl einer geeigneten Lösung von Drittanbietern.

a. Prominente, einfache Suchmaske
Usability-Forscher haben herausgefunden, dass die beste Platzierung für eine Suchmaske im oberen Teil der Startseite in der Mitte oder auf der rechten Seite ist. Dort platzieren die größten Websites ihre Masken und setzen damit einen De-facto-Standard.

Auf der Startseite ist kein Platz für Experimente. Verzichten Sie auf den Button zur »erweiterten Suche« ebenso wie auf eine innovative Beschriftung des Suchknopfes.

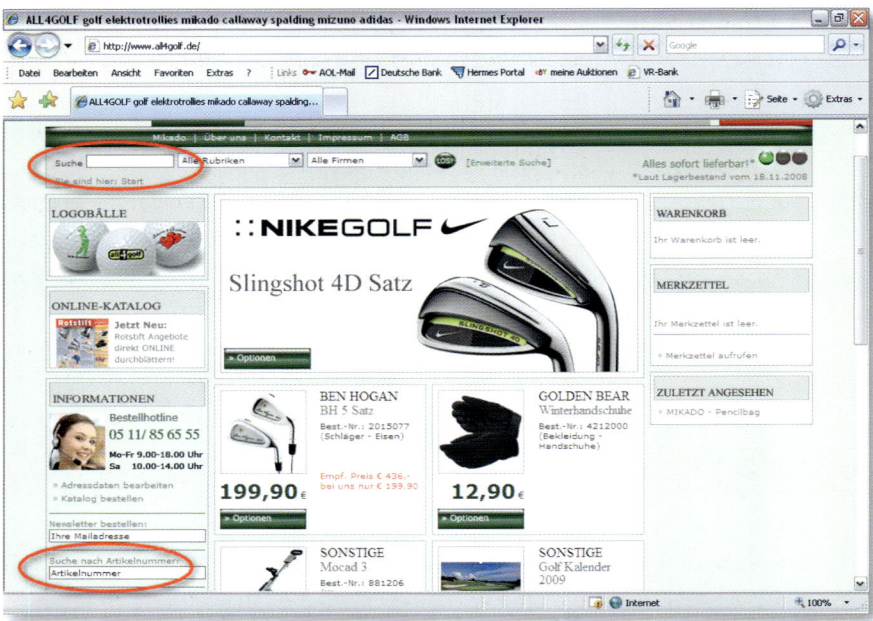

Wozu die Artikelnummernsuche, wenn doch die Volltextsuche das auch schon kann?

Beim Hamburger Abendblatt hat man gelernt. Früher war die Suchmaske in einem Kasten platziert, der »Suche in Hamburg« hieß. Da das bei einer Lokalzeitung durchaus plausibel ist, könnte der Nutzer auf die Idee kommen, dass hier gar keine überregionalen Wirtschafts- oder Sportnachrichten zu finden sind. Doch dem ist nicht so. Die Suche indiziert die Meldungen aus allen Ressorts.

Die alte Suche des Hamburger Abendblatt (rechts oben) erschien fälschlicherweise in einem Kasten »Suche in Hamburg« obwohl alle Inhalte der Tageszeitung durchsuchbar sind

In einem vollwertigen Usability-Test, durchgeführt im Auftrag von FACT-Finder, ermittelte das Göttinger Institut eResult folgende zentrale Optimierungsfaktoren für die Suchmaske:

- Die Suchmaske muss sofort sichtbar im oberen Seitenbereich positioniert sein. Dabei ist es egal, ob sie sich links, mittig oder rechts befindet.
- Der Begriff »Suche« bzw. »Suchen« oder »Finden« sollte als Orientierungshilfe für den Nutzer im direkten Umfeld der Eingabemaske erscheinen, also entweder als Überschrift, als Bezeichnung vor dem Eingabefeld oder als Button zum Starten der Suche.
- Suchmasken mit einem gut lesbaren »Los«-Button wurden im Vergleich am besten, Suchmasken mit einem Doppelpfeil am schlechtesten beurteilt.
- Ergänzend kann auch ein allgemein verständliches Symbol (Lupe) als Eyecatcher eingestellt werden.
- Die Suchmaske muss sich deutlich von anderen Eingabefeldern, z. B. dem Log-in, unterscheiden.
- Suchmasken sollten nicht »vorbefüllt« sein. Hinweise darauf, welche Eingaben die Produktsuche verarbeiten kann (z. B. Bezeichnung, Bestellnummer), wünschen sich die Nutzer unterhalb und nicht innerhalb des Eingabefeldes.

b. Klares Such-Interface

Das Eingabefeld sollte groß genug sein für die gängigsten Suchbegriffe und -sätze. Die Aufmerksamkeit des Benutzers darf nicht durch andere (animierte) Seitenelemente gestört werden. Klickt der Benutzer einmal in die Maske, bleibt der Cursor dort und die Eingabe ist möglich, anders als etwa bei der Teleauskunft. Dort wird das bereits sichtbare Suchfeld später noch einmal deaktiviert, während der Suchende eventuell schon tippt. Der Grund ist ein ohnehin schon lästiges Werbe-Pop-up.

Klassischer Interface-Fehler: zu viele Eingabefelder in der Umgebung der Suchmaske

Ein weiterer gängiger Fehler ist die Platzierung weiterer Eingabefelder direkt in der Nähe der Suchmaske. Der Computerversender Alternate platziert die Suchmaske links oben – direkt über dem Log-in für registrierte Benutzer. Erst auf den zweiten Blick ist die Suchmaske als solche erkennbar. Außerdem muss die Suche durch das Drücken der »Enter-Taste« ausgelöst werden.

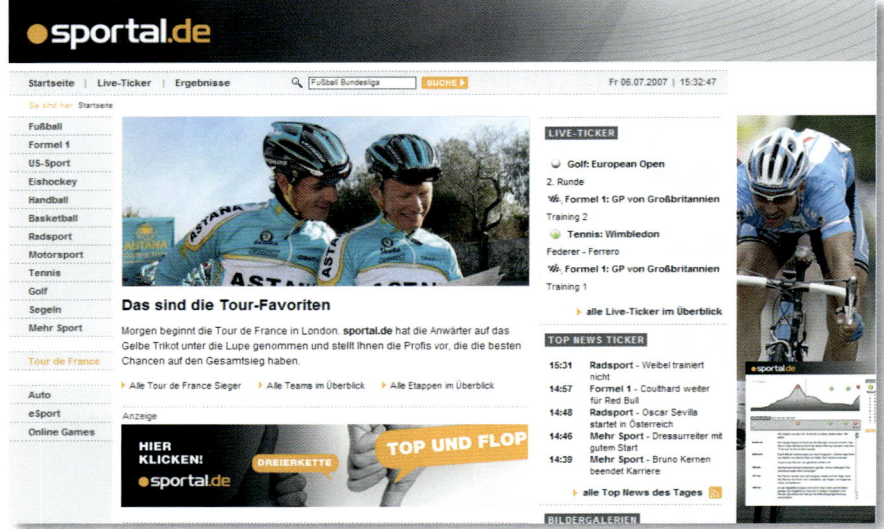

Sportal geht auf Nummer sicher, lässt der Suchmaske viel Raum und benutzt Lupe, Textlink und Pfeil nach rechts gleichzeitig zum Auslösen.

Übrigens muss die Suche keineswegs die erste durchgeführte Aktion auf der Site darstellen. Sie kann auch erst später beim Besuch wichtig werden. Daher sollte die Suchmaske auf jeder Seite an der gleichen Stelle zu finden sein.

c. Schnelligkeit

Wenn Sie große Datenbestände durchsuchen müssen, blenden Sie eine Unterbrecher-Grafik ein, wie das Expedia bei der Reisesuche macht. Die lässt sich sogar werblich nutzen, da die Aufmerksamkeit des Benutzers in diesem Moment sehr hoch ist.

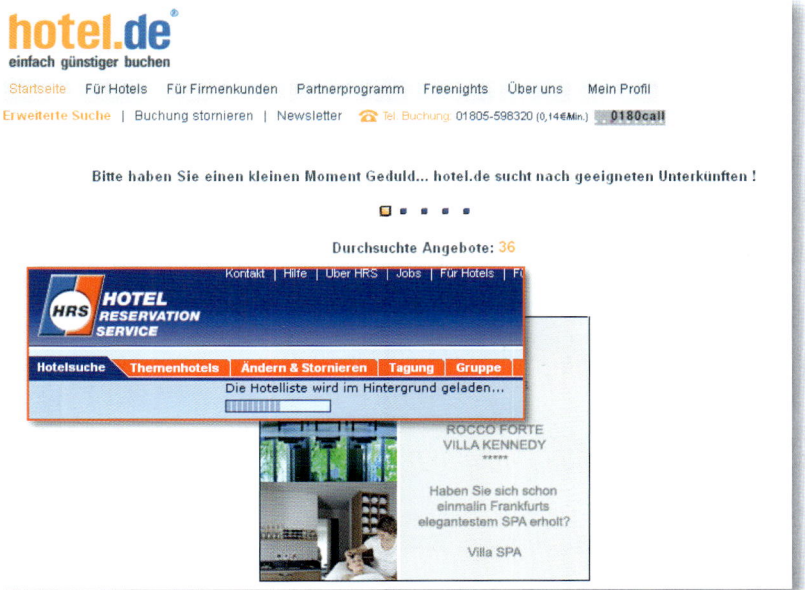

HRS und Hotel.de zeigen dem Nutzer, dass das System arbeitet, und bereiten ihn auf das Erscheinen der Ergebnisse vor.

Anmerkung: Eine gute Kategorisierung der Inhalte anhand von Schlüsselbegriffen und Metadaten kann dabei helfen, auf die langsame und zeitaufwändige Volltextsuche zu verzichten.

d. Verfeinerung auf der Trefferseite

Die erweiterten Suchfunktionen sind bestens aufgehoben auf der Seite, die nach der ersten Suche erscheint. Man spricht hier von After-Search-Navigation. Sie soll dann eingesetzt werden, wenn die einfache Suche versagt. Auch die Filterung der Suchergebnisse nach Preis, Datum, Farbe oder Verfügbarkeit gehört inzwischen zum Standard. Überraschenderweise bieten nur wenige prominente Sites diese Funktion. Bei Karstadt.de fördert die Suche nach einem Notebook eine Sortierungsmöglichkeit nach »Bezeichnung« zutage. Gemeint ist tatsächlich die Produktbezeichnung, nicht der Herstellername, weshalb »67355« (von HP) vor »EeePC« landet.

Im eResult-Test offenbarte sich, dass die Umschaltung zwischen einer reinen Listenansicht und einer Gallerieansicht mit Bildern bei den Nutzern Ende 2007 noch nicht geläufig war. Wurden die Probanden auf die Möglichkeit hingewiesen, bewerteten sie die Funktion aber positiv. Also klar beschriften!

e. Relevanz ist Trumpf

So gut Sie es auch mit den Sortierungsfunktionen meinen, verlieren Sie dabei niemals die Bedeutung der Treffer für den Benutzer aus den Augen. Möglicherweise ist es sinnvoll, die relevantesten Treffer in einem gesonderten Bereich hervorzuheben, der nicht von einer Neusortierung betroffen ist. Damit könnten Sie Probleme vermeiden, wie sie bei ProMarkt auftreten. Dort gerät auch Zubehör in die Trefferliste für »LCD-Fernseher«. Sortiert man dann nach Preis, landet der Wandhalter natürlich oben und die Fernseher unten.

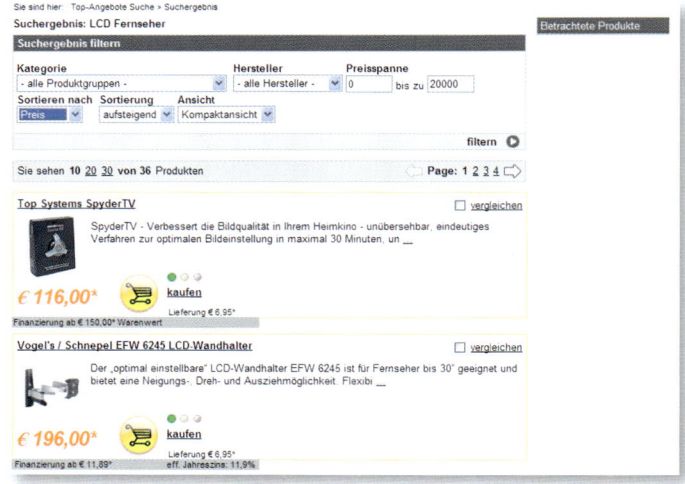

Die Filter dürfen die Relevanz nicht komplett aufheben, sonst wird das Ergebnis unbrauchbar, vor allem wenn Zubehör mit angezeigt wird.

Doch auch ohne Umsortierung kann schon die einfache Trefferliste Relevanzprobleme haben. So zeigt die Produktsuche bei Hewlett-Packard gerne Artikel aus der Presseabteilung als oberste Treffer einer Produktsuche. Das liegt vermutlich daran, dass die Produktbezeichnung in der Pressemeldung häufig fällt. Hier muss der Site-Betreiber die Suchmaschine entsprechend konfigurieren: »Wenn es Produktseiten zum Suchbegriff gibt, dann landen diese oben.«

Hilfreich bei dieser Priorisierung ist hier die Einbeziehung von Metadaten (siehe unten). Manche Werkzeuge verfügen über so genanntes Click Density Overlay. Damit lassen sich die Trefferanzeigen mit der Klickrate der entsprechenden Links gewichten. Hier kann die Suchmaschine von den erfolgreichen Suchen der Benutzer lernen und die häufig geklickten Treffer weiter nach oben spülen.

f. Umfassende Trefferanzeige

Natürlich muss die Qualität des einzelnen angezeigten Treffers auf den Prüfstand. Titel und Beschreibung müssen hinreichend eindeutig und klar sein. Vor allem müssen sich die Treffer voneinander unterscheiden. Das ist insbesondere bei Onlineshops wichtig, wo unter Umständen ähnliche Produkte als Ergebnis einer Suche erscheinen.

Bereits im ersten Buch »Das Usability-Prinzip« wurde ein Screenshot von TUI.de aus dem Jahr 2001 abgedruckt, in dem eine Drop-down-Liste zur Auswahl einer Urlaubsregion so seitlich abgeschnitten war, dass zwei Einträge nicht mehr unterscheidbar waren. Mit Stand 2009 gelingt es dem Reisemulti immer noch nicht, den Nutzer direkt zur Mecklenburgischen Ostseeküste oder zur Seenplatte zu dirigieren.

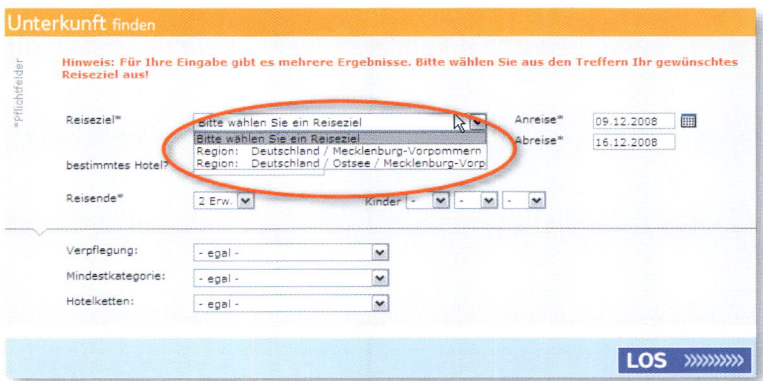

Mecklenburg oder Mecklenburg, das ist hier die Frage.

Entscheidend aber ist auch die Verdeutlichung der Verbindung zum Suchbegriff. Eine Hervorhebung des Suchbegriffs im Treffer erleichtert das schnelle Überfliegen der Ergebnisliste. Die Angabe des Veröffentlichungsdatums ist ebenfalls ein wichtiges Kriterium für den Suchenden. Ein sehr interessantes Sortierungskriterium zeigt der Reiseanbieter ITS an. Unter dem Titel »Übereinstimmung« darf der Nutzer aufsteigend oder absteigend nach Relevanz sortieren. Interessant ist, dass bei einer Hotelsuche das Kriterium »Übernachtung« mit einem Minuszeichen versehen und dadurch als nicht oder wenig relevant eingestuft wird. Der naheliegende Schluss, ITS würde Zimmer lieber stundenweise vermieten, ist vermutlich übereilt.

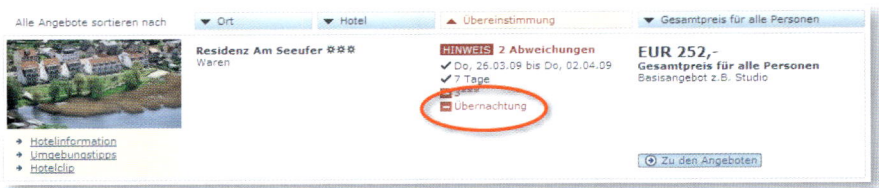

Wie lautet der richtige Text? Genau: »Ohne Frühstück«

g. Nutzen Sie Metadaten

Ihre Suche muss prüfen können, ob der Suchbegriff mit einer Rubrikbezeichnung, Produktgattung oder anderen übergeordneten Datensätzen übereinstimmt. Diese gilt es gesondert hervorzuheben. Ein gutes Beispiel hierfür liefern Karstadt und Hewlett-Packard. Karstadt schreibt passende Rubriken als Metatreffer über die eigentliche Trefferliste, HP daneben.

Auch die oben genannten häufigsten Suchbegriffe zählen dazu. Die Suchmaschine kann aus der Benutzung eigene Metainformationen anlegen. Diese wichtigsten Suchbegriffe kann der Site-Betreiber den Benutzern auch im Vorfeld als
Navigationshilfe anbieten. Das Hamburger Abendblatt zeigt seit Neuestem in der
rechten Randspalte der Ergebnisliste eine solche Top Ten der Suchbegriffe.

Das Gleiche gilt für das derzeit so beliebte Tagging (siehe Kapitel Web-2.0-
Usability). Die Verschlagwortung von Inhalten durch Benutzer kann hilfreich,
aber niemals umfassend sein. Ein Suchtreffer auf ein Tag wäre eventuell ebenfalls
optisch abgesetzt in der Trefferliste zu kennzeichnen. Eine andere Variante setzt
Karstadt ein: Dort werden passende Rubriken schon während der Eingabe des
Suchbegriffs mit der so genannten Type-Ahead-Funktion eingeblendet. Hier werden bereits nach den ersten getippten Buchstaben potentiell »richtige« Suchworte
vorgeschlagen. Wählt der Nutzer einen solchen Begriff, minimiert sich das Risiko
falsch geschriebener Bezeichnungen.

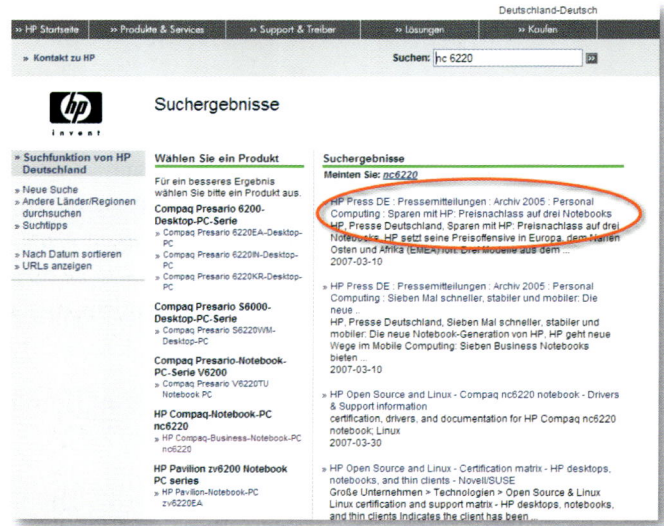

Auch wenn die Presseseiten von HP das Keyword enthalten, sind sie nur für
die wenigsten Benutzer relevant.

h. Fehlertoleranz ist unverzichtbar

Vor allem bei den wichtigen Schlüsselbegriffen müssen Synonyme, gängige Abkürzungen und auch kleinere Rechtschreibfehler zur gleichen Trefferliste führen wie
der Hauptbegriff. Auch die Verknüpfung von Worten mit Bindestrich sollte ähnlich funktionieren wie die Variante ohne Bindestrich. Groß- und Kleinschreibung
sollten nur dann eine Rolle spielen, wenn der Benutzer das ausdrücklich wünscht.
Und natürlich muss eine Suchmaschine für den deutschen Markt die Umlaute beherrschen, anders als das Navigationsmittel des Software-Riesen IBM.

Typ	Gesucht	Gefunden
Tippfehler	Druckrekbel	Druckerkabel
Rechtschreibfehler	Herry Poter	Harry Potter
Wortvertauschung	Senkkopfschraube verzinkt	verzinkte Senkkopfschraube
Wortteilvertauschung	3mm Senkkkopfschraube verzinkt	Schraube mit Senkkopf 3mm verzinkt
Wortzusammenhänge	Konferenz für Nuklearphysiker	Nuklearkonferenz
Phonetischer Fehler	Efrahim Kischon	Ephraim Kishon
Sinngemäße Zusammenhänge	Plateaustiefel	Lederstiefel mit Plateausohle

Mögliche Varianten und Fehler bei Suchbegriffen (Quelle: FACT-Finder)

i.   Die Null-Treffer-Seite

Wenn trotz aller Bemühungen die Suche dennoch kein Ergebnis liefert, müssen Sie den Benutzern mit dem nächsten Schritt weiterhelfen. Zunächst sollten Sie deutliches Feedback an den Benutzer geben, inklusive einer groß formatierten Anzeige des Suchbegriffs, damit der Benutzer eventuell Fehler erkennen kann. Außerdem könnten Sie die bereits oben genannten Top-Suchbegriffe anbieten oder eine Liste der meistbesuchten Seiten oder bestverkauften Artikel. Und natürlich muss die klassische Rubriknavigation zu sehen sein, schließlich ist sie die Alternative zur Suche.

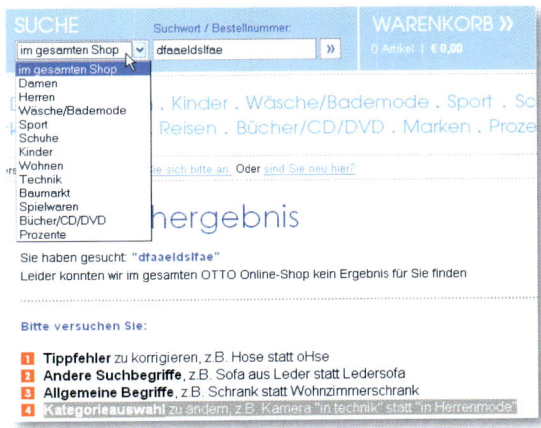

Otto gibt Tipps zur besseren Suche.

Ein gelungenes Beispiel für eine Null-Treffer-Seite bietet Otto. Hier werden verschiedene Strategien vorgeschlagen, die der Nutzer wählen kann, um seine Suche neu zu definieren. Außerdem steht die Standardrubrizierung als Alternative zur Verfügung.

j. Regelmäßig testen

Die Optimierung der Suche ist keineswegs ein einmaliges Projekt, sondern ein iterativer Prozess. Integrieren Sie regelmäßige Suchtests in Ihre Usability-Prüfungen, sonst geht es Ihnen irgendwann wie SportScheck. Dort war sich die interne Suche lange Zeit sicher, dass es keine »Fußballschuhe« im Sortiment gibt und »Fussballschuhe« auch nicht – ganz sicher!

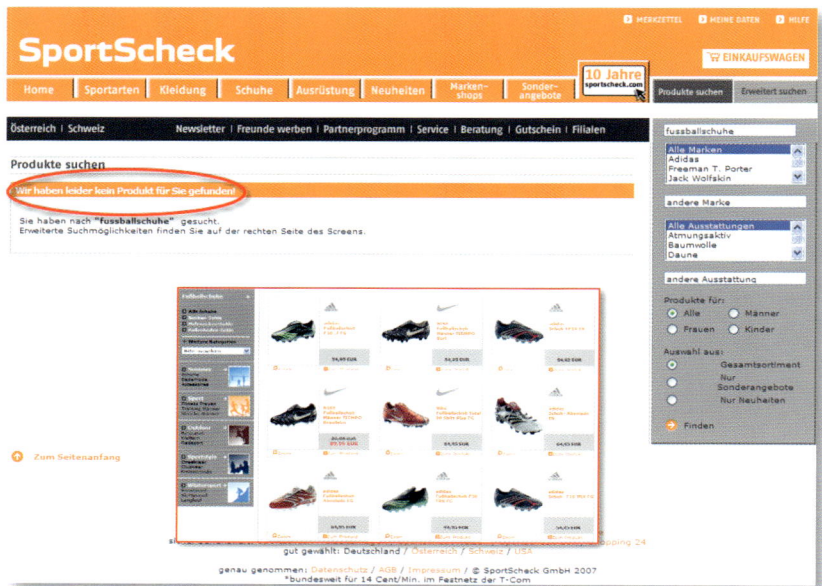

Eine Frechheit: Der Screenshot stimmt längst nicht mehr, aber er ist so schön.

Links:

Die hohe Bedeutung der internen Suche
http://www.kaushik.net/avinash/2006/06/are-you-into-internal-site-search-analysis-
    you-should-be.html

Vortrag von Stefan Fischerländer zur Optimierung der internen Suche
http://entwickler.com/itr/ausgaben/psfile/datei/65/Neomo_Inte4655897ab2e9c.pdf

Ältere Berkeley-Studie zur Kombination von Suche und Metadaten
http://bailando.sims.berkeley.edu/papers/epicurious-study.pdf

Strategien zur Optimierung der internen Suche
http://www.marketingsherpa.com/article_print.html?id=29929

Usability-Test zur internen Suche von eResult
http://www.fact-finder.de/download/FACT-Finder_Usability_studie.pdf

3.4 Personalisierung als Grundstrategie

Jenseits der gestalterischen Grundprinzipien und der Navigationsfunktionalität gibt es ein übergeordnetes Kriterium für gute Inhalte und somit intensives, lang anhaltendes Interesse: Relevanz. Je relevanter ein Inhalt, umso geringer werden die Wechselabsichten der Nutzer. Die Amerikaner sprechen von »Stickiness«, Klebrigkeit.

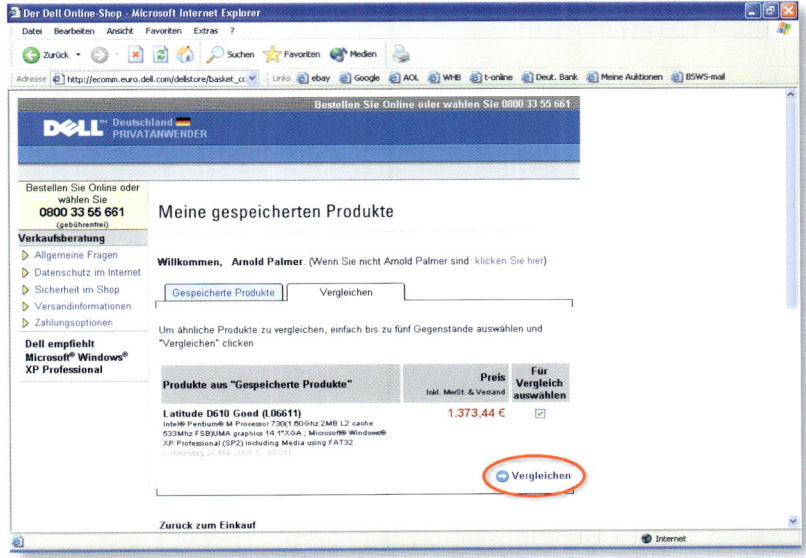

Der Produktvergleich ist gerade bei der Konfiguration komplexer Systeme eine wichtige Personalisierungshilfe.

Für den auf Usability bedachten Webdesigner hat die Relevanz der Inhalte noch eine ganz andere Implikation: Je spannender Nutzer einen Inhalt finden, umso intensiver wird die Suche danach ausfallen. Das heißt, dass der Nutzer auch kleinere Usability-Schwächen der Site ausgleichen kann, ohne gleich frustriert abzubrechen.

Eine auf Relevanz ausgerichtete Gesamtstrategie für Webdesign und die Gestaltung der Inhalte ist also fraglos zielführend. Die Königsdisziplin in diesem Segment ist die gelungene Personalisierung, in der dem Nutzer spezifische Vorschläge aus dem Gesamtsortiment gemacht werden, die aufgrund irgendwelcher erhobener Daten vermeintlich relevanter sind als andere. Dabei geht es keinesfalls nur um das technisch aufwändigste Verfahren, das Behavioral Targeting, bei dem das Nutzerverhalten in Echtzeit ausgewertet und in Empfehlungen umgemünzt wird.

Auch viel einfachere Ansätze können die Signifikanz eines Angebots deutlich erhöhen. So ist eine Spiegel-Bestsellerliste zweifellos ein praktisches Sortierungskriterium für ein Buchgeschenk und erhöht die Relevanz der auf der Seite angebotenen Inhalte für den Schenkenden. Auch die Einblendung der Ergebnisse von Nutzerbewertungen kann einen solchen Zweck erfüllen.

Aber Vorsicht: Ein schlechtes Personalisierungssystem kann einem Onlineshop und einer Website auch gewaltigen Schaden zufügen. Geradezu sprichwörtlich ist ein Beispiel, das dem Personalisierungsexperten Jack Aaronson beim Buchhändler Barnes & Noble selbst widerfuhr. Er wurde eines Tages zum Geschäftsführer zitiert und »gefaltet«. Ein Golfpartner von Aaronsons Chef bekam von der Website die Empfehlung, doch ein Buch über lesbische Frauen zu erwerben. Zufälligerweise hatte dieser Golfpartner eine homosexuelle Tochter, für die er tatsächlich bereits online ein Buch erworben hatte. Doch wollte er dieses Kriterium nicht für Empfehlungen genutzt wissen.

Auch personalisierte Seiten können dem Nutzer die Kontrolle über das Geschehen lassen.

Die Pointe an dieser inzwischen neun Jahre alten Geschichte ist die Tatsache, dass Barnes & Noble zu dem Zeitpunkt noch gar kein automatisches Empfehlungssystem in Betrieb hatte.

»Wir haben verschiedene Varianten des Behavioral Targeting ausprobiert und keine hat wirklich funktioniert. Inzwischen setzen wir wieder auf klassische Vorschlagssysteme und Bestenlisten«, meint Klaus Driever, Online-Chef des Augsburger Weltbild Verlags und einer von Deutschlands größten Online-Händlern. Die von ihm getesteten Systeme waren offensichtlich nicht in der Lage, aus dem aktuellen Verhalten der Nutzer – sprich aus den betrachteten Seiten und entsprechenden Verweildauern – Produktempfehlungen abzuleiten, die zu mehr Umsatz führten.

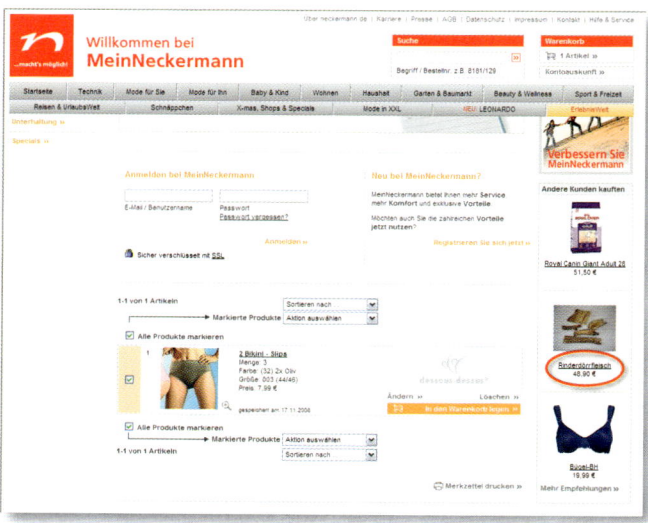

Rinderdörrfleisch zum Damenslip – eine gewagte Empfehlung

Die Erkenntnis, die Klaus Driever gewann – obwohl im Ergebnis wenig innovativ –, bot ihm die Chance, guten Gewissens ein teures Targeting-System durch ein günstigeres klassisches Content-Management-System zu ersetzen, ohne Relevanz in den Seiten zu verlieren. Spannend ist die Frage, inwieweit sich die Erkenntnis verallgemeinern lässt. In welchem Umfang ist das Verhalten des einzelnen Nutzers überhaupt vorhersehbar?

- Was sucht der typische Nutzer?
- Worauf klickt er?
- Gibt es einen typischen Nutzer oder mehrere Typen?
- Welche technischen Voraussetzungen bringt er mit?
- Welche Fachbegriffe kennt er?
- Ist er risikoavers oder risikofreudig?

Und so weiter. Es ergibt sich von selbst: Wer sich ein Beispiel am strategischen Aufbau von Personalisierungssystemen nimmt, erzeugt auch bessere Webseiten. Ganz egal, ob er letztlich personalisiert oder eine Website für alle anbietet.

3.4.1   Formen der Personalisierung

Bereits bei der Analyse der Möglichkeiten für Personalisierung kann man feststellen, dass fünf Experten innerhalb einer Runde über fünf verschiedene Dinge reden, wenn sie Personalisierung meinen. Eine grundlegende Definition könnte lauten, dass die Inhalte einer Website in relativ kurzen Intervallen verändert und an die Bedürfnisse des Nutzers angepasst werden. Doch folgt man dieser banalen Einschätzung, wäre bereits die Weihnachtsdekoration auf der Homepage ein Akt der Personalisierung.

Welche Variante funktioniert besser: »Most Wanted« (Spiegel) oder »Die Favoriten« (Focus)?

Eine Eins-zu-eins-Personalisierung im Sinne des Behavioral Targeting markiert das andere Ende des Spektrums. Technologisch aufwändig und teuer bleiben die meisten Ansätze bislang ihren Effizienzbeweis schuldig. Zu unberechenbar und heterogen verhält sich der einzelne Nutzer und wechselt sogar innerhalb einer Session mehrfach die Ziele und Präferenzen. Damit weist er jede Live-Beobachtung in ihre Schranken.

Eine Differenzierung der Möglichkeiten tut not. Folgende Begriffspaare erlauben eine Systematisierung der Möglichkeiten:

Serverseitige vs. clientseitige Personalisierung: Versucht das Anbietersystem die Präferenzen des Nutzers auszulesen oder darf dieser selbst ein Profil hinterlegen, das die Grundlage für Empfehlungen bildet?

Historisch begründete vs. Live-Personalisierung: Wann wurden die Daten generiert, die die Grundlage für die Empfehlung bilden?

Individuelle Personalisierung vs. Clustering: Natürlich zählt Letzteres schon begrifflich nicht mehr zum inneren Kern der Idee, es sei denn, man ersetzt den Begriff »Person« durch »Persona«, also Zielgruppe.

Symmetrische vs. asymmetrische Personalisierung: Schaffen Einzelne oder Gruppen von Nutzern Empfehlungen nur für sich selbst oder sollen die diese auch anderen Nutzern, Gruppen oder gar der Allgemeinheit zugutekommen? Natürlich entsprechen Bewertungssysteme dem letzteren Gedanken.

Man sieht sehr schnell, dass das Thema Personalisierung ein abendfüllendes darstellt und für jede Form des Webangebots relevant ist. Was hier der Anschaulichkeit halber im E-Commerce-Jargon abgehandelt wird (Empfehlung, Bestenlisten, Conversion), gilt natürlich auch für reine Informationsangebote. So könnte eine »Spiegel-Bestsellerliste« als historisch begründetes System der Zielgruppenpersonalisierung in einem Buchshop betrachtet werden. Eine Nachrichten-Website könnte zum Beispiel die Rangliste der aktuellen Suchbegriffe auf Google News im gleichen Sinn benutzen, um Neuankömmlinge zu den aktuell spannendsten Themen zu dirigieren. Ob der Rubrikbegriff »Most Wanted«, den Spiegel Online für die Bestenliste verwendet, zielführend ist, darf bezweifelt werden.

Im Gegenteil: Redaktionelle Anbieter können in puncto Cross-Selling, also dem zusätzlichen Verkauf ergänzender oder alternativer Produkte, einiges von ihren kommerziellen Kollegen lernen. Der Satz »Nutzer, die diesen Artikel gelesen haben, fanden auch dieses Thema spannend« entfaltet möglicherweise eine wesentlich stärkere Wirkung als das trockene »Zum Thema«, wie es die »Zeit« auf ihren Seiten einsetzt.

3.4.2 Der strategische Ansatz

Bevor der Site-Betreiber sich nun in einer Analyse einzelner Methoden auf deren Sinnhaftigkeit und Umsetzbarkeit für die eigene Webseite stürzt, sollte er sich eine Kaffeepause und zehn Minuten Brainstorming gönnen, um die grundlegenden strategischen Fragen zu beantworten:

- Was ist das Ziel meiner Website?
- Was ist das Ziel der Personalisierung?
- Was sind die Ziele der Nutzer, die meine Site schon kennen?
- Was sind die Ziele der Neuankömmlinge?
- Wie groß ist der Handlungsspielraum – sowohl budgetär als auch technisch?
- Wer muss in ein Personalisierungsprojekt involviert werden?

Überraschenderweise stellt man in Beratungsprojekten immer wieder fest, dass der Implementierung von Personalisierung und Empfehlungssystemen selten tiefgreifende strategische Analysen zugrunde liegen. Das Ergebnis sind Systeme, die nicht gut funktionieren. Die ebenfalls nicht reflektierte Begründung ist dann häufig, dass die Systeme schlecht oder die User zu wankelmütig seien, aber selten, dass die Empfehlungen an unpassender Stelle und in falscher Form implementiert wurden.

Als Folge schlechter Conversion-Leistung werden die Empfehlungen gestalterisch immer weiter zurückgenommen, so dass sie den normalen Nutzer zumindest »nicht stören«. Selbstbewusstes Webdesign sieht anders aus.

Die spannendste Frage ist zweifellos die nach dem Zweck der Personalisierung. Mehr Umsatz, klar. Aber soll die Maßnahme auf Nutzer fokussiert werden, die schon gekauft haben? Oder auf solche, die zwar Artikel angesehen, die Entscheidung aber noch nicht getroffen haben? Oder geht es darum, das Neukundengeschäft zu verbessern?

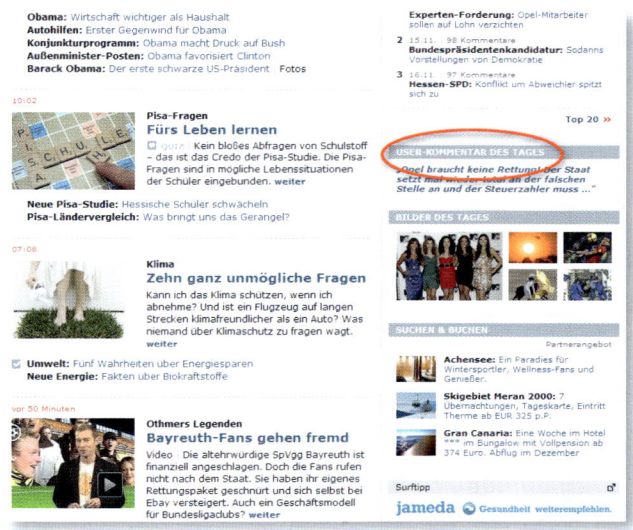

Pfiffiger Anreiz für Kommentierende: Wer möchte seinen Kommentar nicht auf der Focus-Homepage lesen?

Der entscheidende Unterschied aus Sicht der Nutzer ist der Kontext. Der Bestandskunde hat dem Shop-Betreiber gegenüber bereits sein Vertrauen geäußert. Ihm kann es darum gehen, den nächsten Kauf komfortabler abschließen zu können, historische Käufe nachzuvollziehen oder über Angebote aus den eigenen Interessensgebieten informiert zu werden.

Der unentschiedene Nutzer benötigt dagegen direkte, prozessorientierte Hilfe. Er will vielleicht Produkte vergleichen, eine bestimmte Auswahl/Konfiguration für den späteren Kauf speichern, weitere Informationen zum Thema recherchieren oder Produktalternativen sehen.

Der Neubesucher verlangt navigatorische Unterstützung durch die Personalisierung. Im Rahmen des Behavioral Targeting gelingt das natürlich erst, nachdem er einige Seiten gesehen hat, oder durch die Anbindung an ein Site-übergreifendes Tracking, das zum Beispiel von einem Werbenetzwerk betrieben wird. Es gibt aber spannende Alternativen: Geo-Targeting könnte eingesetzt werden, um dem Nutzer zu zeigen, dass es eine Filiale in der Nähe gibt, wo er den Einkauf abholen kann. Geschickt umgesetzt greift eine solche Personalisierung gleich eine Vielzahl von Fragen auf, die der Neuankömmling hat, und kann eventuell Vertrauen aufbauen.

Übrigens: Woher weiß der Shopbetreiber eigentlich, dass ein Neuankömmling ein Erstbesucher ist? Nur weil keine Cookies erkannt werden? Eine sehr gewagte These, schließlich stehen Tracking-Cookies bei jedem Virenscanner auf der »Roten Liste« und werden von einigen Browsern automatisch geblockt oder gelöscht.

Designempfehlung: Wenn Sie ein Tracking-Cookie erkennen, dann nutzen Sie es sehr transparent und mit einem deutlichen Hinweis darauf, warum Sie dem Besucher zum Beispiel ein bestimmtes Produkt empfehlen. Auch die Möglichkeit eines Widerspruchs gegen solche Empfehlungen sollte in Erwägung gezogen werden. Das gibt dem Nutzer die Kontrolle zurück. Wenn Sie kein Cookie erkennen, dann fragen Sie den Benutzer, ob er neu auf der Site ist und vielleicht eine Site-Beschreibung oder Guided Tour sehen möchte. Gehen Sie nicht grundsätzlich davon aus.

Sollten Sie diese Dreiteilung in neue, zögerliche und bereits registrierte Nutzer für Ihre Site sinnvoll finden, haben Sie eine wichtige Frage beantwortet, nämlich die nach der Platzierung von personalisierten Elementen bzw. der Werbung dafür: bei dem Neunutzer auf Start- und Übersichtsseiten, bei zögernden Noch-nicht-Kunden auf Produkt- und Infoseiten, bei Bestandskunden auf der Danke-Seite, die er nach dem ersten Kauf erreicht.

3.4.3   Rollenspiele

James Kalbach, ehemaliger Interfacedesigner bei I-D Media und Razorfish, unterwirft nicht nur die Personalisierung, sondern das gesamte Webdesign der Strategie des Clusterings nach Personas. Er definiert fünf bis sieben »Benutzertypen« und skizziert deren dringendste Fragen an ein Online-Angebot. An diesen Fragen wird die Personalisierung ausgerichtet. So könnte zum Beispiel Amazon auf die Idee kommen, den Schenkenden als Archetyp eines Benutzers zu definieren. Diese Zielgruppe würde sich vermutlich über eine Inspirationshilfe freuen, benötigt dann aber auch sehr handfeste Informationen zum Liefertermin. Vielleicht spielt der konkrete Preis dann keine große Rolle mehr.

Der große Vorteil des Clusterings ist die starke Vereinfachung der gesamten Analyse- und Optimierungsprozesse. Statt zu versuchen, den Nutzer als Individuum zu erkennen, wird er einer passenden Gruppe zugeordnet. Fühlt er sich in dieser Gruppe nicht wohl, benötigt er zwei Hilfen: Er muss die Website auch personalisierungsfrei navigieren können und die Möglichkeit erhalten, die Gruppenzuordnung zu wechseln. Ist das System transparent genug, kann der Site-Betreiber hier das größte Problem der Personalisierung lösen, nämlich das der Veränderung des Site-Besuchkontextes innerhalb einer Session.

Der archetypische Fall hierfür ist die Geschenksituation. Wenn Sie als technisch interessierter Leser dieses Buches auf Alternate.de eine neue 2,5-Zoll-Festplatte kaufen und gleichzeitig den billigsten Tintenstrahldrucker, was soll ein Profilierungssystem dann von Ihnen halten? Sind Sie der Technikfreak, der in der Lage ist, seine Notebook-Festplatte selbst zu wechseln, oder sind Sie die Freundin, die einen neuen Drucker braucht, sich aber sonst um Technik nicht kümmern möchte. Hauptsache, es funktioniert. Ein Klischee, ich weiß. Aber genau darum geht es: Denken Sie in Schubladen.

Natürlich werden Kritiker jetzt einwenden, dass der häufigere Fall der ist, in dem der technisch Versiertere online einkauft, speziell auf einer Plattform wie Alternate.de. Das mag stimmen, doch die Zeiten ändern sich schnell. Aktuelle Studien zeigen, dass Frauen wesentlich mehr im Web einkaufen als Männer. Das wird sich früher oder später auch auf den technischen Plattformen abbilden. Der Einkauf auf Alternate.de ist ja keineswegs komplizierter als bei Quelle, Neckermann oder Otto.

Achten Sie auf die Profilbezeichnungen: »Domestic Diva« statt Hausfrau

Nachdem Sie jetzt Potential für personalisierte Inhalte identifiziert haben, geht es nun an das Finden von Nutzer-Archetypen. Gehen Sie auf die Website www.istorez.com und klicken Sie auf den Link »Personalities« in der horizontalen Navigationsleiste im Seitenkopf. Hier sehen Sie zehn Typen, deren Präferenzen einem neuen Nutzer als Vorlage für die Einrichtung einer eigenen Online-Shopping-Mall dienen könnten. Jenseits der Typologie beachten Sie vor allem das Wording: Die Hausfrau ist nicht Hausfrau, sondern »Domestic Diva«.

Tipp:

Ein positiv aufgeladener Titel erleichtert auch Skeptikern die Selbsteinordnung in ansonsten eher abgelehnte Klischees.

James Kalbach führt ganztägige Workshops durch, die sich genau mit der Findung und Ausarbeitung solcher Zielgruppen-Cluster beschäftigen. Eine Übung zur Beschreibung der Personas, die Sie auch in Ihrem Umfeld/Unternehmen einsetzen können, ist die klassische Metaplan-Arbeit. Jeder Teilnehmer darf zunächst drei bis fünf typische Zielgruppen auf Kärtchen schreiben und an eine Pinnwand hängen. Dann werden die Dubletten aussortiert und die Begriffe gruppiert. Nun erfolgt der gleiche Prozess zu den einzelnen Zielgruppen. Die Fragestellung lautet: Was sind die Bedürfnisse und Präferenzen der Archetypen?

Welche Rolle spielt das nach Inspiration suchende Stöbern in einem Online-Buchshop?

Nach einer Kaffeepause könnten Sie mit folgender Übung fortfahren: Entwickeln Sie Rollenspiele zu den Personas. Wo entsteht die Kaufmotivation, wie ist das Rechercheverhalten, zu welchem Zeitpunkt kommt Google ins Spiel? Was wird gesucht? Wie kommt der Nutzer auf Ihre Website und welche Fragen hat er dann? Idealerweise ergänzen Sie derartige Übungen um eine Befragung echter oder potentieller Nutzer.

Der erfreuliche Nebeneffekt des Arbeitens in praktischen Übungen ist das hohe Engagement, das bei den Mitarbeitern erreicht werden kann. Das Einfühlen in Zielgruppen wird als Arbeitsgrundlage verfestigt und kann so auch über das Personalisierungsprojekt hinaus wirken. Tieferes Zielgruppenverständnis ist extrem wichtig bei der Gestaltung Conversion-starker Landeseiten oder bei der Formulierung klickstarker AdWords-Kampagnen.

Bereits im ersten Kapitel wurde der »Hausfrauen-Test« von SinnerSchrader-Mitarbeitern zur Kaffee-Website Sonntagmorgen.com erwähnt. Das Spannende an dem Ansatz ist ja keineswegs nur das Ergebnis. Bei drei befragten Probanden kann man an der statistischen Validität ja durchaus zweifeln. Aber lassen Sie doch einfach mal Ihren Chefdesigner mit der Website auf dem Notebook in einem Café sitzen und mit echten Nutzern daran arbeiten. Diese »Erdung« wirkt garantiert nachhaltig.

> **Tipp:**
>
> Tipps für den Hausfrauen-Kaffeehaus-Test finden Sie im letzten Kapitel.

3.4.4 Drei Strategien

Ausgehend von fünf möglichen aktuellen Benutzungsszenarien entwickeln die folgenden Zeilen drei mögliche Taktiken für die nächsten Schritte.

a. **Leichte, kostengünstige Personalisierung für Einsteiger**
   Wer bisher nicht personalisiert hat, hat seinen Grund dafür. Das Budget ist klein, die Zeit knapp oder die Besucherschar ist so heterogen, dass jede Zuspitzung der Inhalte auf eine Zielgruppe die Minderberücksichtigung einer anderen bedeuten würde. Sie suchen also Lösungen, die mehr oder weniger statisch arbeiten und doch die Relevanz der angebotenen Inhalte erhöhen können.

   1. Spezifische Landeseiten: Mit hoher Wahrscheinlichkeit wird bei geringem Budget Performance Marketing eingesetzt, also Google AdWords. Entwickeln Sie auch hierfür eine kleine Persona-Strategie. Wer sucht nach welchem Suchbegriff? Hieraus können Sie den spezifischen Suchkontext ableiten und sowohl AdWords-Anzeige als auch Landeseite genau darauf fokussieren.

2. Bestenlisten: Sie bieten die einfachste Methode des Collaborative Filtering. Nutzen Sie echte Kaufentscheidungen, Seitenaufrufe oder Downloadzahlen der User als Orientierungshilfe für den nächsten Kunden. Aber Achtung: Die Spiegel-Bestseller sind urheberrechtlich geschützt und müssen vor dem Einsatz lizenziert werden.

3. Komplementärprodukte: Halten Sie das System einfach und kombinieren Sie halbwegs »sichere« Bundles, also Batterien zur Digicam etc.

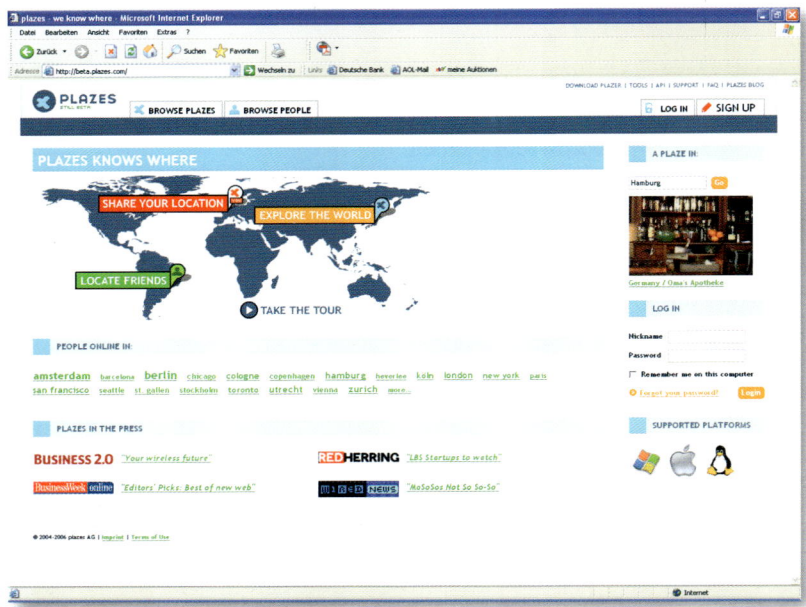

Plazes nutzt natürlich die Regionalität als Personalisierungskriterium, in das sich der Nutzer selbst einordnet.

Eine spannende Erweiterung des letzten Ansatzes ist die Warenkorbanalyse. Möglicherweise gibt es Produktkombinationen, die Kunden immer wieder gemeinsam erwerben, deren Zusammenhang aber nicht unmittelbar deutlich wird. Lassen Sie Ihre Technik mal die letzten 1000 Warenkörbe analysieren.

b. **Personalisierung für Einmalkäufer und anonyme Besucher**

Es wird Zeit für erste Kundenbindungsmaßnahmen, damit die Nutzer nicht zu anderen Shops oder Websites wechseln. Zu jedem guten Webshop gehört heute eine Kundenverwaltung. Selbst wenn diese nur die rudimentärsten Dinge beherrscht, so kann sie dem wiederkehrenden Kunden auf jeden Fall Zeit sparen, weil er seine Lieferadresse nicht mehr eingeben muss. Und sie genießt einen Sicherheitsbonus, weil der Kunde die Bezahldaten nicht erneut übers Netz zu schicken hat.

Der Merkzettel muss intensiv beworben werden und braucht eine gute Verbindung zum Warenkorb.

Für Kunden, die noch nicht gekauft haben, können Sie die Zwischenstände speichern. Aber Vorsicht, es gibt eine Reihe klassischer Fehler bei Merkzettel-Funktionen:

- Verstehen die Nutzer den Unterschied zwischen Merkzettel und Warenkorb?
- Merkzettel und Warenkorb können nicht miteinander kommunizieren und Daten austauschen.
- Merkzettel sind nicht gut druckbar oder als Wunschliste verschickbar.
- Merkzettel sind nicht Session-übergreifend.
- Merkzettel speichern unangekündigt komplette Warenkörbe.
- Merkzettel gehen verloren, weil der Kunde den Rechner wechselt oder seine Cookies löscht.

Letzteres ist nur auf den ersten Blick ein technisches Problem. Viel mehr geht es um die richtige Kommunikation. Wenn dem Nutzer angeboten wird, seine Auswahl für den nächsten Besuch zu speichern, dann ist nur technikaffinen Nutzern klar, dass dies bedeutet die Auswahl für den nächsten Besuch mit dem gleichen Rechner zu speichern.

Formulieren Sie also klar und deutlich, was der User erwarten darf. Klickt er bei Neckermann auf »Artikel merken«, teilt ihm das System deutlich mit, dass es den Merkzettel nur dauerhaft führen kann, wenn der Nutzer sich vorher registriert bzw. einloggt.

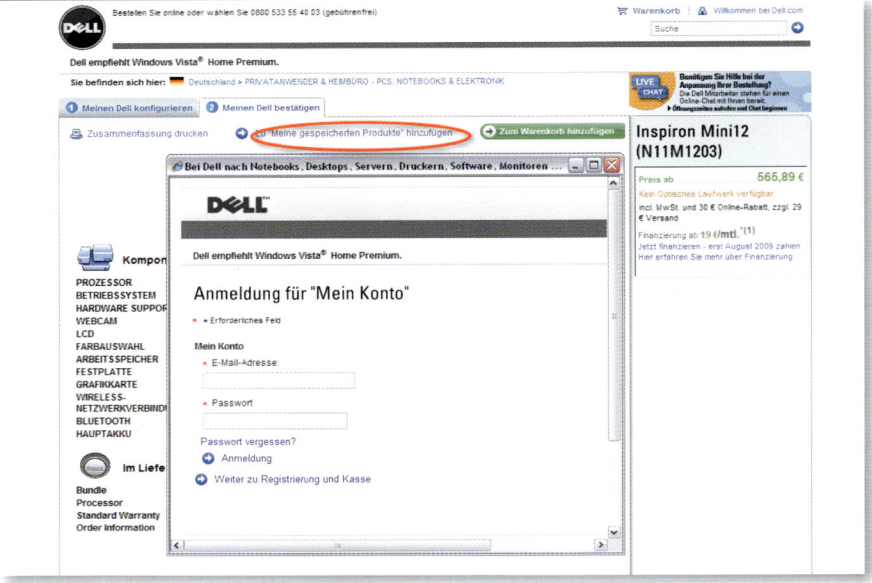

Dell gibt dem Nutzer keinen Grund dafür, sich zu registrieren.

Die adäquate Lösung für dauerhafte Kundenbindung ist also der Übergang in die explizite serverseitige Personalisierung über eine Kundendatenbank – die MemberArea oder MyArea eben. Wichtige Inhalte könnten sein:

- Bestellhistorie: Ein Klick sollte genügen, um eine alte Bestellung zu wiederholen!
- Rechnungsarchiv: für den Steuerberater und den Garantiefall
- Newsletter mit einstellbaren Themenpräferenzen
- Lieferadressen-Verwaltung
- Persönliche Recherchehilfen wie eine Bookmark-Liste sowie ein Keyword-Alarmsystem (siehe Immobilienportale/Jobbörsen), das immer dann aktiv wird, wenn zu einem Keyword/Profil neue Inhalte im Angebot erscheinen
- … und vieles mehr

Auch hier kann der budgetäre Aufwand gering gehalten werden, wenn der Site-Betreiber (als Erkenntnis aus seinen Rollenspielen) nur die Dienste anbietet, die einen deutlichen Mehrwert erzeugen. Schicke Gimmicks, wie etwa die im neuen Bahn.de-Layout vorgesehene Möglichkeit des Editierens der persönlichen Startseite, sind im Vergleich zur angebotenen Funktionalität absolut sekundär.

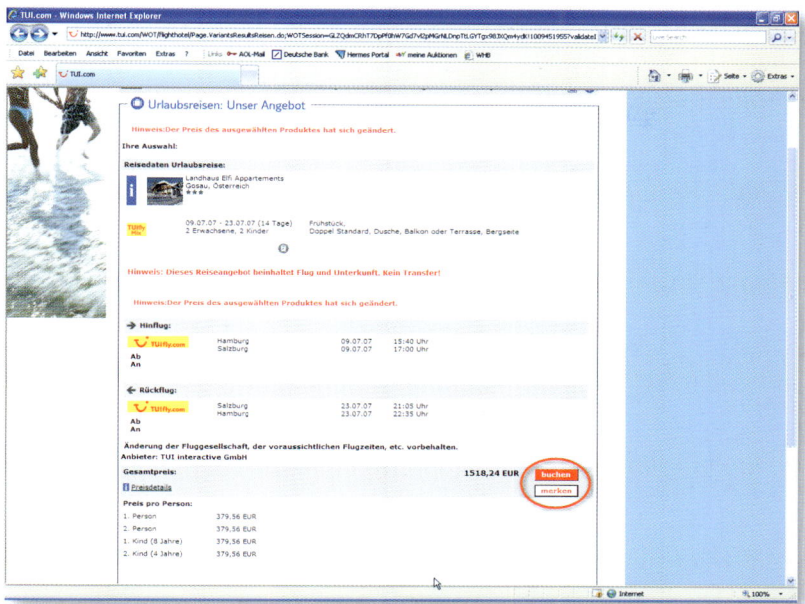

Vorsicht vor einem Aktivierungskonflikt: Vielleicht sollte »buchen« prominenter
zu sehen sein als »merken«.

Oberste Priorität hat aber die Bewerbung dieser persönlichen Lösung und des
damit verbundenen Mehrwerts. Neckermann macht das sehr gut, aber an einer
problematischen Stelle im Kaufprozess. Die Funktion »merken« erscheint erst prominent, wenn der Nutzer in die Warenkorbansicht gewechselt hat. Freilich musste
er dazu vorher etwas »In den Warenkorb legen« – und das ist vermutlich das, was
der »Merkzettel-Benutzer« eben noch nicht tun will. Hier kommt es zum klassischen Conversion-Konflikt zwischen Personalisierung und Direktkauf. Auf TUI.
de kämpfen zwei grafisch bedeutungsgleiche Buttons um die Vorherrschaft zwischen »merken« und »buchen«.

Hier kommen erneut die vermuteten Szenarien ins Spiel. Bei Kaufentscheidungen, die längere Recherche erfordern, empfindet der Nutzer es möglicherweise als
Hilfe, über eine Merkfunktion zu verfügen. So erlaubt Dell beispielsweise die Zwischenspeicherung kompletter Rechnerkonfigurationen, was allerdings nirgends
beworben wird und aus Nutzersicht wenig intuitiv gelöst ist. Bei schnell drehenden
und niedrigpreisigen Produkten hingegen tritt »Merken« in Konkurrenz zu »Kaufen«. Daher ist hier die Bewerbung der MemberArea auf der Homepage, auf der
Danke-Seite nach dem Kauf oder im Falle eines Abbruchs als Exit-Selling spannend. Hierbei erkennt der Server das Schließen der aktuellen Seite und versucht
mit einem spannenden Angebot die Aufmerksamkeit des Nutzers wieder aufzubauen. Zum Beispiel erscheint beim Verlassen der Seite ein Pop-up mit der Frage,
ob man die aktuellen Rechercheergebnisse zur späteren Benutzung speichern will.

c. Der Live-Personalisierer

Unter der Voraussetzung, dass die vorstehend genannten, kostengünstigen Methoden der Personalisierung bereits ausgeschöpft wurden, ergibt sich ein potentielles Einsatzszenario für Live-Empfehlungen durch ein entsprechendes Recommender-System. In den »Links« finden Sie eine Reihe von Anbietern, die in der Regel alle unterschiedliche Datenquellen anzapfen, um erfolgreiche Empfehlungen auszusprechen: generische Profile, Referrer und Google-Suchbegriffe, Surfverhalten und Warenkorb.

HLX steuerte die Preise minutengenau nicht nur auf der eigenen Website, sondern auch in den AdWords-Kampagnen auf Google.

Um den Erfolg eines solchen Systems bewerten zu können, müssen Sie die Empfehlungen deutlich sichtbar präsentieren. Informieren Sie den Nutzer über den Grund der Empfehlung und geben Sie ihm die Chance, daran mitzuarbeiten. Dadurch können Sie ihn eventuell in die MemberArea überführen. Und denken Sie daran: Kurzfristige Einbrüche in der Conversion Rate können sowohl einer schlechten Empfehlung als auch einer schlechten Präsentation derselben geschuldet sein.

Nutzen Sie die Möglichkeit, die von den meisten Anbietern heute offeriert wird, und testen Sie ein neues System auf Basis eines befristeten Lizenzvertrags (Software as Service) oder eventuell sogar mit einem Provisionsmodell.

3.4.5   Ausblick

Abgesehen von den aktuell verfügbaren technischen Lösungen zeigt sich derzeit auch eine Reihe von neuen Alternativen, die auf dem Prinzip des Social Shopping basieren. Rückgrat einer solchen Lösung ist ein Bewertungssystem, aus dessen Daten Sie natürlich erneut Bestenlisten extrahieren können. Als Präsentationsform eignet sich dann zum Beispiel ein Kasten, in dem der Auszug einer User-Bewertung gezeigt wird. Focus Online zeigt zum Beispiel den User-Kommentar des Tages in einer Randspalte (s. Seite 73). Auf der Site Productclash.com werden Nutzer explizit aufgefordert, Produkte für andere zu vergleichen. Das System wird allerdings bislang kaum angenommen.

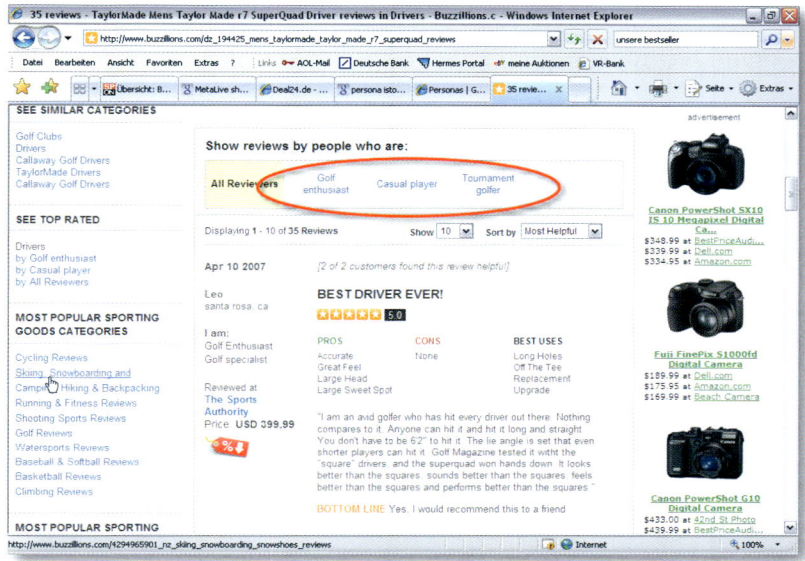

Das Bewertungsportal Buzillions nutzt Archetypen (Personas), um die Bewertungen relevanter zu sortieren.

Ganz nebenbei wird hier noch ein weiteres Grundprinzip der Personalisierung deutlich: User Generated Content gibt es nur gegen Mehrwert. Dieser Mehrwert kann auch schlicht und ergreifend in einem Einkaufsgutschein für die nächste Bestellung bestehen.

Zehn Tipps zur besseren Personalisierung:

1. Klare Trennung zwischen dynamischem und personalisiertem Content
Wenn Benutzer merken, dass sich eine Seite ändert, auf der Personalisierung möglich ist, erwarten sie, dass die Änderung auch ihren Präferenzen entspricht.

2. Erhobene Daten tatsächlich nutzen
Beim Erheben persönlicher Daten gibt die Site dem User das implizite Versprechen, diese Daten sinnvoll für ihn einzusetzen.

3. Klar erkennbarer Mitgliederbereich
Die optische Trennung zwischen personalisiertem und neutralem Content gibt dem Benutzer das Gefühl von Kontrolle. Dazu gehört auch eine klare Log-out-Option, mit der der User zum Jedermann-Content zurückkehren kann.

4. Anonym heißt nicht Neuling
Nutzen Sie so viele Personalisierungstechniken wie möglich ohne Registrierung. →

5. Trennen Sie Session-Personalisierung von der Registrierung.

Systeme, die behaupten, sie könnten sich Präferenzen bis zum »nächsten Besuch« merken, werden negativ bewertet, wenn sie das nicht leisten können, weil der Benutzer die Cookies gelöscht hat.

6. Unpersönliche Personalisierung

Funktionen wie »Käufer, die dieses Produkt gekauft haben, haben auch …« verengen den Aktionsradius auf eine persönliche, aber nicht personalisierte Basis. Nutzen Sie animierende Formulierungen wie bei Lancome.com: »Kaufen Sie das … um Ihre Bestellung zu komplettieren!«, wobei dem Nutzer klar sein muss, dass es sich um Zusatzangebote und nicht um zwingend notwendige Ergänzungen handelt.

7. Belohnen Sie die Registrierung.

Die direkte Belohnung besteht im Mehrwert, den die Personalisierung liefert. Die indirekte Belohnung ist subtiler. Sie lockt den Benutzer in das Kundenbindungsprogramm, indem sie z. B. beim nächsten Kauf Rabatte verspricht.

8. Speichern Sie Zwischenstände.

Der Button »Warenkorb speichern« muss überall zu sehen sein. Die automatische Speicherung von Warenkorbinhalten ist ein Spiel mit dem Feuer. Besser wandeln Sie einen derartigen Zwischenstand wieder zurück in »Artikel, die Sie zuletzt angesehen haben«.

9. Nutzen Sie Metadaten.

Hier sind übergeordnete Produktmerkmale wie der Autor eines Buches, die Auflösung einer Digitalkamera oder das beschriebene Land in einem Reiseführer spannende Navigationsalternativen zur klassischen Rubrizierung. Sie können perfekt auf Suchergebnisseiten oder Produktseiten eingebunden werden.

10. Benutzen Sie die Danke-Seite.

Bewerben Sie die MyArea direkt nach einer Transaktion mit der Funktion, die dazu am besten passt. Jack Aaronson bemängelt häufig das Fehlen von gezieltem Marketing, um anonyme Benutzer zu Mitgliedern zu machen: »Es gibt viele sehr gute Personalisierungstools da draußen, von denen die Kunden der Sites gar nichts wissen.«

Links:

Abbruchrate durch Cross-Selling
http://www.ecommerceoptimization.com/articles/what-is-the-average-shopping-
    cart-abandonment-rate-and-how-is-it-lowered/

Weitere Recherche
http://www.getelastic.com/?s=personalization
http://www.mybuys.com/news_events/index.php

Hintergründe und Ideen zur Bildung von Personas
http://www.getelastic.com/tag/personas/   →

Personalisierung ohne Budget
http://www.clickz.com/showPage.html?page=958101

Kritik verschiedener Empfehlungssysteme auf großen Sites
http://www.getelastic.com/what-do-you-recommend-a-guide-to-
    ecommerce-cross-sells/

Erlebnisbericht und Kritik
http://www.heise.de/tr/Im-Netz-der-Empfehlungen--/artikel/108472

Anbieter von Empfehlungssystemen
http://www.sitebrand.com/index.php
http://www.choicestream.com/
http://www.prudsys.de/
http://avail.net/de/

Jack Aaronson über die bessere Personalisierung
http://www.clickz.com/experts/crm/traffic/article.php/3570986

Zahlreiche Fachartikel zum Thema Personalisierung
http://www.aaronsongroup.com

3.5   Keiner will nur den Ausschnitt sehen

**Ein Interview mit Jack Aaron-
son, Inhaber der US-Agentur
Aaronson Group und Spezia-
list für Personalisierung und
One-to-One-Marketing auf
Webseiten.**

**In der Dot-Com-Ära war Perso-
nalisierung ein überstrapazier-
tes Modethema. Kommt das
jetzt wieder?**

Ja, Personalisierung kommt zu-
rück. Während der Jahrhundertwende wurde das Thema sehr stark in den Vordergrund gehoben, ohne dass die Unternehmen die Bedürfnisse der Nutzer erfüllen konnten, weil die Technik noch nicht gut genug war.

Was hat sich seitdem geändert?
Ich weiß nicht, ob die Personalisierungsmethoden heute schon gut genug sind.
Aber Fakt ist, dass viele Unternehmen das Thema nicht mehr als »nice to have«

ansehen, sondern es als ihre Pflicht verstehen. Sie sehen außerdem, dass es unterschiedliche Techniken der Personalisierung gibt, von denen einige technisch betrachtet nicht besonders aufwändig sind. Eine einfache MyPage muss nicht in komplexen Prozessen das Benutzerverhalten analysieren. Viel besser ist, sie lässt dem Benutzer den Raum zu erzählen, was er gerne mag.

Was machen die meisten Unternehmen falsch bei der Einrichtung personalisierbarer Bereiche?

Der häufigste Fehler ist, dass Unternehmen dort unbedingt das abbilden wollen, was gerade cool ist, und nicht das, womit sie Geld verdienen. Eine gute Personalisierungsstrategie fokussiert auch hier darauf, dass der Kunde mehr Geld ausgibt.

Außerdem konzentrieren sich viele Firmen im ersten Schritt darauf, eine Technologie zu wählen, die sie einsetzen wollen, und machen sich erst dann Gedenken darüber, wie diese implementiert wird. Das ist genau falsch herum. Zuerst müssen die Firmen die Bedürfnisse der Benutzer verstehen, dann die Methode auswählen und schließlich die Technik, die das leistet.

Sollten Websites versuchen, Personalisierung zu betreiben, ohne dass sich der Benutzer einloggen muss?

Personalisierung ist ein sehr gutes Akquise-Werkzeug. Insofern sollte man die Eintrittsschwellen möglichst niedrig halten. Nehmen Sie das Beispiel Amazon. Der Vorschlag »Benutzer, die dieses Buch gekauft haben, haben auch diese CD gekauft!« ist Personalisierung auf einem niedrigen, aber sehr effektiven Niveau.

Gibt es das Phänomen der »Überpersonalisierung«?

Die Menschen wollen sich darüber im Klaren sein, dass ihr Webbrowsing umfassend ist und selbstbestimmt abläuft. Keiner will nur einen Ausschnitt von einer Site sehen, sonst hat er Angst, etwas Wichtiges zu verpassen. Hier gilt es, eine Balance zwischen personalisierten und generischen Inhalten zu schaffen, damit die Benutzer das Gefühl bekommen, umfassend informiert zu werden.

Was sind derzeit die spannendsten Personalisierungsfeatures auf E-Commerce-Websites oder bei redaktionellen Portalen?

E-Commerce-Sites sollten mit den Grundfunktionen beginnen: Bestellstatus, Tracking sowie ein robustes User-Konto. Erst danach geht es um Cross-Selling und Upselling. Bei redaktionellen Angeboten sollte man sich darauf konzentrieren, den Benutzer Präferenzen eingeben zu lassen, nach denen der Inhalt sortiert wird. Sehr wichtig hierbei ist, dass einzelne Artikel per Hyperlink Bezug nehmen auf naheliegende Themen, damit die Benutzer »dranbleiben«.

Wann darf eine Website nicht personalisieren?

Wenn die Inhalte oder Produkte das nicht hergeben. Kleine Läden mit 100 oder weniger Produkten müssen nicht personalisieren. Was wäre der Sinn? Außerdem sollten Sites nie Informationen abfragen, die sie nicht auch wirklich benutzen, um dem Benutzer das Leben leichter zu machen. Wenn Sie einen Shop für Haustierbedarf betreiben und mich fragen, welches Haustier ich habe, dann verlange ich, dass ich nur Informationen bekomme, die dazu auch passen, und nicht universelle Ladeninformationen für alle Tiergruppen. Wenn das nicht geleistet werden kann, dann sollte ein Shop solche Daten auch nicht abfragen, denn es weckt beim Benutzer falsche Vorstellungen und mündet in Enttäuschung.

> *Link:*
>
> Amüsanter Aaronson-Artikel zu Personalisierungsfehlern
> http://www.clickz.com/3574086

3.6   Der bessere Inhalt

Während die Bildauswahl und die grafische Gestaltung gerne im Mittelpunkt der Webdesign-Strategie stehen, laufen »Texte« häufig nebenher mit. Dabei gibt es kaum ein Gestaltungselement, das sich leichter und preisgünstiger vom Site-Betreiber verändern und somit optimieren lässt. Sobald Sie Grundlayout und Navigation im Griff haben, fahren Sie mit der konkreten Inhaltsoptimierung fort, und zwar mit dem Text.

Fast jeder Webtrainer hat eine Handvoll Folien von Jakob Nielsen im Gepäck, wenn es um den besseren Text für die Website geht. Ausgehend von einer Poynter-Eye-Tracking-Studie aus dem Jahr 1997 entwickelte der Usability-Guru einen klaren Leitfaden zur Verbesserung von Webseiten-Texten und illustrierte deren Leistungsfähigkeit mit stark steigenden Erinnerungswerten und flankierender Zeitersparnis, die das Surfen für den Nutzer komfortabler macht.

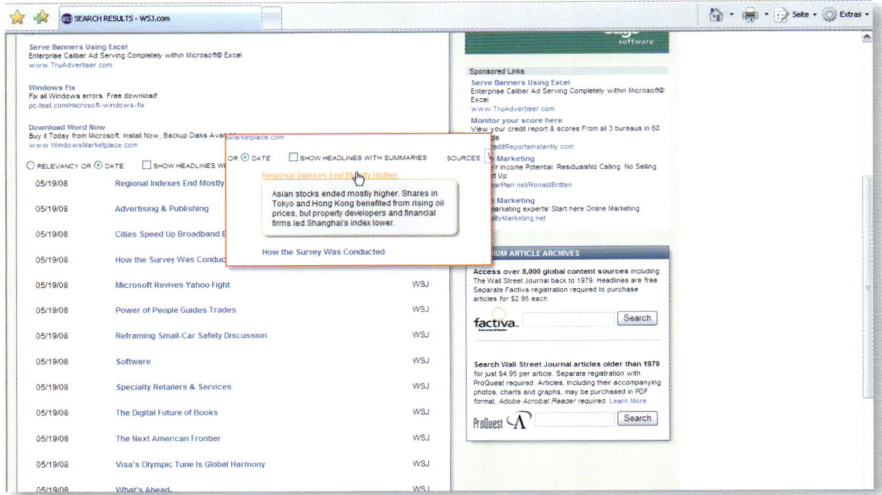

Keine Hilfe: Der wichtige Text ist beim Wall Street Journal erst nach Mausberührung sichtbar.

Im Endergebnis kommt Nielsen zur Idealform des Webtextes, der aus einer kurzen knackigen Einleitung und einer Aufzählung von Fakten in Form einer Liste besteht. Da der Nutzer die Seite nicht konzentriert liest, sondern überfliegt, liefert ihm die Liste die Informationen schneller.

Was der Usability-Guru an dieser Stelle zu erwähnen vergisst, ist, dass sich die Poynter-Studie auf Nachrichten-Websites bezog. Solche Sites haben aber einen ganz spezifischen Kontext und der Nutzer geht mit einer konkreten Erwartungshaltung auf die Suche nach Informationen. Eine erste Erwartung kann sein, die Informationen, wie bei Nielsen beschrieben, möglichst schnell aufnehmen zu wollen. Zu einem späteren Zeitpunkt des Besuchs oder im Wiederholungsfall kann sich das aber ändern, wenn der Nutzer tiefer gehende Informationen sucht.

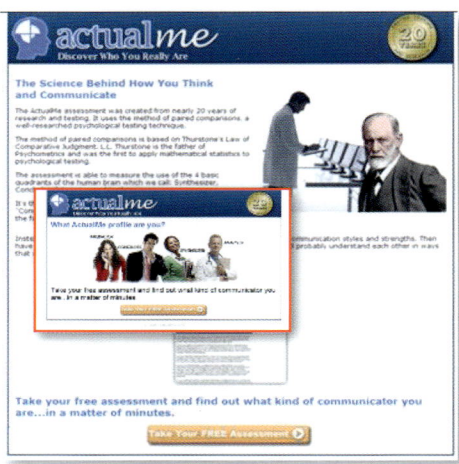

Der kurze Text im kleinen Kasten liefert den Nutzern zu wenige Informationen, die Abbruchrate steigt.

In einer Kolumne aus dem Frühjahr 2009 widerspricht Nielsen bis zu einem gewissen Grad seiner eigenen These. Er verlangt von Bloggern, sie sollten lieber längere, inhaltstiefe Artikel schreiben als kurze, oberflächliche Blog-Postings.

3.6.1   Eine Frage des Kontexts

Wie wichtig der Kontext für die passende Formatierung und Textlänge sein kann, zeigen zwei Beispiele aus der Praxis. Der Kontext der Website www.census.gov ist ein ganz seriöser. Es handelt sich um die offizielle Site der US-Behörden zur Veröffentlichung von Daten, Zahlen und Fakten zur amerikanischen Bevölkerungsstruktur und deren Entwicklung – ein bierernstes Thema also.

In einem recht aktuellen Eye-Tracking-Test wollten Usability-Forscher herausfinden, wie lange die Nutzer brauchen, um die aktuelle Größe der US-Bevölkerung zu erfahren. Im Grunde dürfte das nur Sekunden dauern, denn die Zahl steht in dicken roten Zahlen rechts oben auf der Homepage. Das Ergebnis zeigte genau das Gegenteil: Nur 14 Prozent der Probanden konnten das richtige Ergebnis nennen. Zwei Drittel nahmen den Bereich der Seite zwar wahr, ignorierte aber die Information. Der Grund: Durch die auffallende Formatierung, die sich so stark vom Rest der Seite unterschied, vermuteten die Nutzer an dieser Stelle irrelevante Werbung.

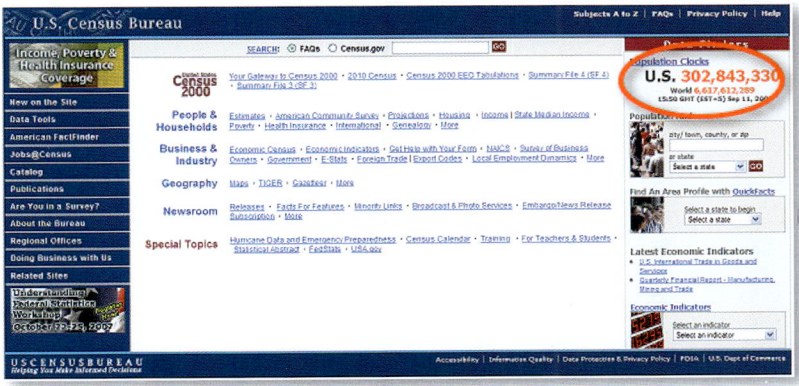

Die User sehen die roten Zahlen zwar, halten sie aber für Werbung.

Der Testleiter dieses Versuchs war kein anderer als Nielsen persönlich. Und wieder treten zwei seiner Usability-Richtlinien miteinander in Konflikt: zum einen die Notwendigkeit, optische Prioritäten zu schaffen, um dem Nutzerauge Halt zu geben, zum anderen der Anspruch, eine grafisch konsistente Umgebung zu erzeugen, die dem Nutzer Vertrauen in die Informationen einflößt.

Vor genau diesem Dilemma stehen auch die Marketer. Die Landeseiten, auf die eine Werbekampagne zielt, sollen schnell und prägnant informieren, den wichtigsten Mehrwert herausstellen und einen prominenten Bestellbutton zeigen. Sie sollen aber ebenfalls Vertrauen schaffen und so tief informieren, dass alle Fragen des Nutzers beantwortet werden.

Die US-Marktforscher von MarketingExperiments haben die Suche nach der richtigen Textlänge für die eigenen Landeseiten analysiert. Zum Einsatz kamen unterschiedlich lange Texte, seriöse und verspielte Layouts sowie eine Landeseite mit und eine ohne Formular zur Kontaktaufnahme.

Die Ergebnisse:

- Die Abbruchquote auf der mittellangen Seite war geringfügig niedriger als auf der ganz langen Seite (zwei Bildschirme).
- Eine noch weiter verkürzte Variante mit nur wenigen Stichpunkten schaffte erneut eine deutliche Reduktion der Abbruchquote.
- Dann aber war Schluss. Die extreme Kurzfassung mit Bild und zwei Zeilen Text konvertierte deutlich schlechter.
- Die Abbruchrate beim langen Formular ist deutlich höher, als wenn nur die E-Mail-Adresse verlangt wird.
- Im Zusammenspiel beider Maßnahmen konnte die Abbruchquote um die Hälfte gesenkt werden.

Das Beispiel zeigt, dass es einen kontextabhängigen Grundinformationsbedarf der Nutzer gibt. Unterläuft der Seitentext diesen Bedarf hinsichtlich Textlänge oder Formatierung, bricht die Conversion Rate ein. Die Ermittlung der optimalen Textlänge muss mit Hilfe von Tests vorgenommen werden.

3.7   Design für mehr Glaubwürdigkeit

eBay-Händler können ein Lied davon singen: Ohne eine stattliche Anzahl von positiven Bewertungen vorweisen zu können, wird es schwierig mit dem Online-Versandhandel, vor allem wenn man per Vorkasse kassieren möchte.

Doch nicht nur der Versandhändler muss mit der Herausforderung eines gewissen Grundmisstrauens seitens der Nutzer umgehen. Auch der Initiator eines Wettbewerbs muss Glaubwürdigkeit darstellen und den Nutzern dahingehend Vertrauen einflößen, dass zum Beispiel die eingereichten Designvorschläge nicht ohne Vergütung verwendet werden. Versicherungen müssen zeigen, dass Sie verantwortlich mit Nutzerdaten umgehen.

Ist Vertrauen erst einmal geschaffen, dankt der Nutzer, indem er nicht mehr jede Transaktion hinterfragt. Wenn Amazon ein Spiel oder eine CD verkauft, dann bestellen viele – der Autor eingeschlossen –, ohne noch einen Preisvergleich anzustellen. Nicht weil Amazon der günstigste Anbieter wäre, sondern weil aus der ganz persönlichen Bestellgeschichte und aus dem, was man von Bekannten weiß, der Anbieter in der Regel gut, schnell und zuverlässig arbeitet. Und der Preis ist in der Regel nur geringfügig höher als bei den Siegern in den Preissuchmaschinen. Ähnlich unkritisch würde man vermutlich mit einer technischen Information auf Heise.de umgehen.

Links:

Der Testbericht von MarketingExperiments
http://tinyurl.com/2utwef

Die alte Textkolumne von Nielsen
http://www.useit.com/alertbox/9710a.html

Zu auffällige Texte funktionieren nicht
http://www.useit.com/alertbox/fancy-formatting.html

Poynter-Studie 2007
http://www.poynter.org/content/content_view.asp?id=105035

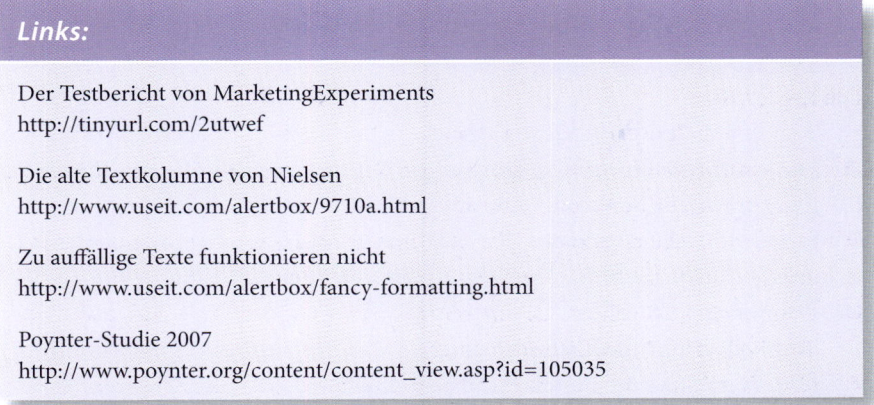

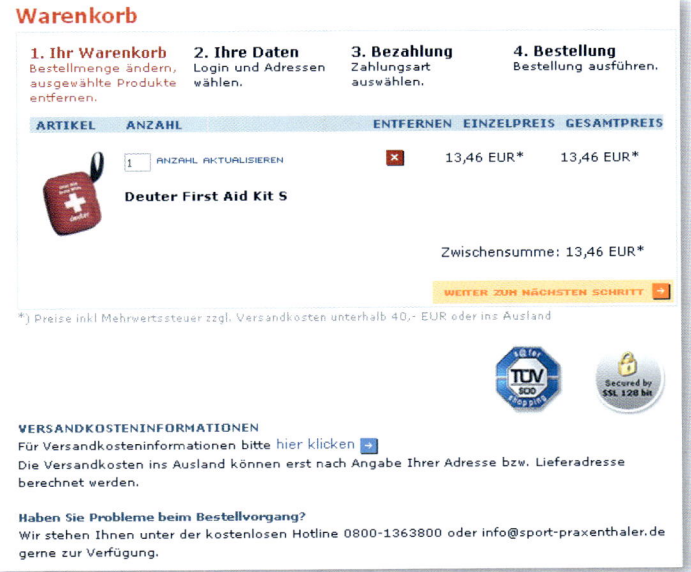

Durch das Einblenden der Zertifikate rechts konnte Sport Praxenthaler die Abbruchquote auf dieser Seite von 10 auf 6,6 Prozent reduzieren.

Je einfacher es wird, Inhalte im Netz zu publizieren oder über das Netz zu verkaufen, umso wichtiger wird Vertrauen. Schließlich entfällt die Gatekeeper-Funktion, die zum Beispiel Betrüger davon abhält, Läden in der Fußgängerzone zu eröffnen. Da die Startkosten für die Eröffnung eines Ladengeschäfts sehr hoch sind, reduziert das die Wahrscheinlichkeit, einem plumpen Betrugsversuch zu erliegen. Ganz anders dagegen im Web. Hier gibt es virtuell keine Startkosten bei der Ladeneröffnung.

Wer also Vertrauen aufbaut, dem gelingt es leichter, den Benutzer vom Kauf zu überzeugen oder zur Wiederholung zu bewegen. Als Anbieter ist er für den Kunden besser »usable«.

3.7.1   Formen des Vertrauens

Der Kampf um das Vertrauen von Besuchern und Kunden findet im Netz auf drei Ebenen statt. Zum einen zählt die erlernte Glaubwürdigkeit, die der Nutzer aus früheren Kontakten mit dem Unternehmen mitbringt. Keine noch so gute Website kann Vorurteile ausmerzen, die aufgrund von falschen oder verspäteten Lieferungen, schlecht ausgeführten Dienstleistungen oder mangelhafter Information gebildet wurden.

Die zweite Säule im Glaubwürdigkeitsgebäude ist die Qualität der online publizierten Informationen. Diverse Studien belegen, dass die User vor allem Transparenz und Vollständigkeit erwarten. Das journalistische Paradigma verlangt eine deutliche Trennung von Werbung und Content. Rechtschreibung, Quellenverweise und Referenzen gehören ebenfalls dazu.

	Presumed Credibility	Reputed Credibility	Surface Credibility	Earned Credibility
Web Site Provider	The provider is a nonprofit organization.	The provider is recognized as an expert by others.	Users are familiar with the provider outside of the Web context.	Users with questions receive quick and helpful answers.
Web Site Content ·information ·functionality	The site has ads from reputable companies.	The content has been approved by an outside agency.	The site appears to have lots of relevant information.	The site's content has always been accurate and unbiased.
Web Site Design ·aesthetic ·information ·technical ·interaction	The site was created by an outside design firm.	The site won an award for technical achievement.	The site has a pleasing visual design.	The site is easy to navigate.

*These are working hypotheses. To date, we've studied only some of these variables.

Das Zwölfer-Raster von B. J. Fogg gibt einen Überblick über die Facetten der Bildung von Vertrauen zu Websites.

Der dritte wesentliche Faktor ist die Gestaltung der Website. Gemäß einer Umfrage des Stanford Persuasive Technology Lab nach Glaubwürdigkeitsindizien bezogen sich 46 Prozent der Kommentare auf die gestalterische Qualität einer Site. Aus der Befragung von 5.500 Benutzern extrahierten die Stanford-Forscher einen Top-Ten-Katalog der Maßnahmenempfehlungen. Hier eine kurze Zusammenfassung:

1. **Professionelles Design**

   Websites, die sichtbar Zeit und Geld in die Gestaltung der Layouts investieren, sind vertrauenswürdiger. Der sinnvolle Einsatz aufwändiger Multimediatechniken wie Ajax oder Flash unterstützt diese Wirkung. Dabei gilt es die Gestaltung an das Unternehmensziel anzupassen. Stereotype Gestaltungsraster schüren Misstrauen.

2. **Nachprüfbarkeit**

   Die selbstbewusste und dadurch vertrauensbildende Darstellung von Informationen wird gefördert, wenn Sie dem Benutzer die Möglichkeit geben, Ihre Darstellung zu überprüfen. Zitieren Sie populäre Quellen, liefern Sie Hintergrundmaterial und lassen Sie Referenzen für sich sprechen.

3. **Die reale Organisation**

   Die einfache Möglichkeit, im Web virtuell aufgeblasene Unternehmen darzustellen, schürt Misstrauen. Wirken Sie dem entgegen, indem Sie Beweise für die reale Existenz Ihres Unternehmens liefern – angefangen bei der Postanschrift bis zur Abbildung des Firmengebäudes.

4. **Expertise**

   Haben Sie ausgewiesene Spezialisten in Ihren Reihen? Dann stellen Sie diese und deren Referenzen in den Vordergrund. Vermitteln Sie dem Benutzer, dass die Mitarbeiter über profunde Kenntnisse in ihrem jeweiligen Aufgabengebiet verfügen.

5. **Das menschliche Unternehmen**

   Menschen bilden Vertrauen zu Menschen. Präsentieren Sie Ihre Mitarbeiter. Zeigen Sie Gesichter, beschreiben Sie Lebensläufe und Hobbys.

6. **Leichte Kontaktaufnahme**

   Die E-Mail-Adresse ist hier nur zweite Wahl, da der Benutzer nicht antizipieren kann, wie schnell und genau Sie reagieren. Konkrete E-Mail-Adressen einzelner Mitarbeiter sind allemal besser als neutrale wie info@website.com. Noch stärker wirken aber Telefonnummer und Postanschrift. Auch sie unterstützen selbstbewusstes Auftreten und den konkreten Wunsch, mit Usern in Kontakt treten zu wollen.

7. **Einfach gewinnt**

   Das Jakob-Nielsen-Paradigma lautet: Online-Vertrauen bildet sich aus Erfahrungen, die Benutzer mit Ihrer Website sammeln. Achten Sie auf einfache Benutzerführung und wertvolle Inhalte.

8. **Regelmäßige Aktualisierung**

   Auch wenn Sie keinen neuen Content liefern, können Sie zum Beispiel die Funktionalität von Links prüfen und das aktuelle Prüfdatum kommunizieren. Die Site muss als integraler Bestandteil des lebendigen Unternehmens wahrgenommen werden.

9. **Vorsicht mit Werbung**

   Die Trennung von Inhalt und Werbung ist Pflicht. Nach einer WebWatch-Umfrage fordern 59 Prozent aller Benutzer, dass diese Trennung klar ersichtlich wird. Auch aus Sicht der Benutzerführung lenken offensiv gestaltete Werbeelemente (eigene oder fremde) von den wichtigen Content-Elementen ab und erschweren das Auffinden der gewünschten Information.

10. **Vermeiden Sie inhaltliche Fehler**

    Rechtschreibung, Zeichensetzung, schlechte Bildkompression oder nicht funktionierende Links mindern die Wertschätzung, die Sie Ihrer eigenen Site entgegenbringen – und somit auch das Vertrauen der Benutzer. Das gilt auch für einen so innovativen Kanal wie Twitter.

Auch technische Fehler, die nicht im Zugriff des Site-Betreibers liegen,
schädigen das Vertrauen in ein Online-System.

Studien-Autor B. J. Fogg unterscheidet hinsichtlich der Entstehung von Glaubwürdigkeit auf einer Website zwischen zwei Parametern: der Prominenz eines Elements und dessen Interpretation durch den Benutzer. Keiner der beiden Parameter ist zu vernachlässigen. Vertrauensbildende Maßnahmen müssen dem User deutlich entgegengebracht werden:

»*To increase the credibility impact of a website, find what elements your target audience interprets most favorably and make those elements most prominent.*«

Um herauszufinden, wie bei Ihrer konkreten Zielgruppe Glaubwürdigkeit entsteht und welches die favorisierten Merkmale sind, sollten Sie Methoden wie Kundenbefragungen, Usability-Tests oder A/B-Tests (direkter Vergleich zweier Alternativen bei ansonsten identischen Umgebungsvariablen) einsetzen. Fogg unterscheidet vier Phasen:

- die vermutete Glaubwürdigkeit (unterstützt zum Beispiel durch einen bekannten Markennamen)
- die berichtete Glaubwürdigkeit (unterstützt zum Beispiel durch ein Sicherheitszertifikat)
- die oberflächlich wahrgenommene Glaubwürdigkeit (unterstützt durch professionelles Design)
- die gelernte Glaubwürdigkeit (unterstützt durch gute Benutzerführung und schnelle Reaktion auf Anfragen)

Links:

Ausführliche Präsentation (PDF) von B. J. Fogg
http://www.lukew.com/resources/education/web_credibility_lecture.pdf

Glaubwürdigkeits-Guidelines der Stanford University
http://credibility.stanford.edu/guidelines/

Autorisierte Übersetzung ins Deutsche von Jens Meiert und Stefan Nitzsche
http://nitzsche.info/de.pub-7-uebersetzung-credibility-richtlinien.php

Auch auf Twitter schaden Schreibfehler der Vertrauensbildung
http://econsultancy.com/blog/3639-seriously-stupid-socialising-how-to-ruin-writing

4 Marketing-Usability

4.1   Die Performance von Marketing

Jahrzehntelang herrschte eine schöne, übersichtliche Trennung zwischen Werbung und Vertrieb. Erstere fand dort statt, wo die Kaufentscheidung vorbereitet wurde, Letztere dort, wo die Kasse steht. Bereits die grundlegende Idee der Disziplin Marketing warf diese schöne Trennung über Bord. Die werbliche Begleitung sollte möglichst lückenlos vom ersten Informationshäppchen bis zur gepackten Einkaufstüte andauern. Die klare Trennlinie zwischen Vertrieb und Werbung verwischte zusehends.

Und dann kam plötzlich die Idee des Performance Marketing ins Spiel. Werbung sollte plötzlich direkt zu Verkäufen führen. Erster großer Spieler war der Direktvertrieb, also Drückerkolonnen, die die Produkte schriftlich, fernmündlich oder an der Haustür zunächst bewarben, um sie im gleichen Atemzug auch zu verkaufen. Genau hier siedelte sich um das Jahr 2000 herum auch das Online-Marketing an. Die wunderbar enge Verzahnung zwischen Werben und Verkaufen brachte nur diejenigen in Schwierigkeiten, die mit gut ausdefinierten Filialnetzen aufgestellt waren, etwa die großen Modemarken. Die meisten anderen begannen sukzessive damit, Produkte mehr oder weniger direkt an den Endkunden zu verteilen.

Wenn Marketing auf das Verkaufen ausgerichtet ist, dann kann sich auch die dienstleistende Agentur ihre Arbeit per Umsatz- oder Gewinnprovision vergüten lassen – ein für den Auftraggeber charmanter Weg. Tatsächlich scheint die aktuell heraufdämmernde Wirtschaftskrise zu zeigen, dass Werbegelder, die im Performance Marketing gebunden sind, länger im Topf bleiben. Manch optimistischer US-Experte sieht darin einen wichtigen Durchbruch für das Online-Marketing. Klar ist in jedem Fall: Wenn Marketing an Performance gemessen werden soll, dann sind auch Usability-Kriterien anzulegen, denn Benutzbarkeit ist eine wichtige Grundlage für die Performance.

In der Praxis beobachten wir hier sehr häufig ein unternehmenspolitisches Problem. Stritten sich vorher zwei Parteien um die Budgets, Vertrieb und Werbung, so sind es jetzt schon drei. Die Technik oder kurz »IT« möchte auch gerne mitspielen, weil vor allem Arbeiten an der eigenen Website ja ein technischer Vorgang sind. Das führt leider dazu, dass in nicht gerade wenigen Unternehmen drei Personen für den Erfolg des Online-Marketings zuständig sind, die unterschiedlicher kaum denken könnten. Und alle werkeln an der derzeit spannendsten Schnittstelle zwischen Marketing und Vertrieb, der Landing Page oder Landeseite.

Marketing-Usability, also die Benutzbarkeit von Online-Werbemitteln und den durch diese ausgelösten Folgeprozessen, betrachtet im Wesentlichen Werbung, deren Landeseiten, die nach dem Klick aufs Werbemittel erreicht werden, und die Überführung in den Kaufprozess. Natürlich sind die betrachteten Werbemittel nicht nur AdWords-Anzeigen bei Google. Gedruckte Anzeigen gehören ebenso dazu wie Maßnahmen im E-Mail-Marketing.

Freilich ist Usability auch bei Online-Werbung wichtig, die nicht geklickt, sondern nur betrachtet werden soll. Doch hier gelten die gleichen Grundregeln, die auch für Websites allgemein anzulegen sind.

4.2   Die bessere Landeseite

Kennen Sie das perfekte Online-Produkt? Es hat eine voll digitale Wertschöpfungskette, spart dem veräußernden Unternehmen reale Vertriebsressourcen und hat obendrein keine Konkurrenz. Das gibt es nicht? Gibt es schon. Das Unternehmen im Besitz des perfekten Netzprodukts ist die Deutsche Bahn – nur leider hat man ihr das noch nicht gesagt.

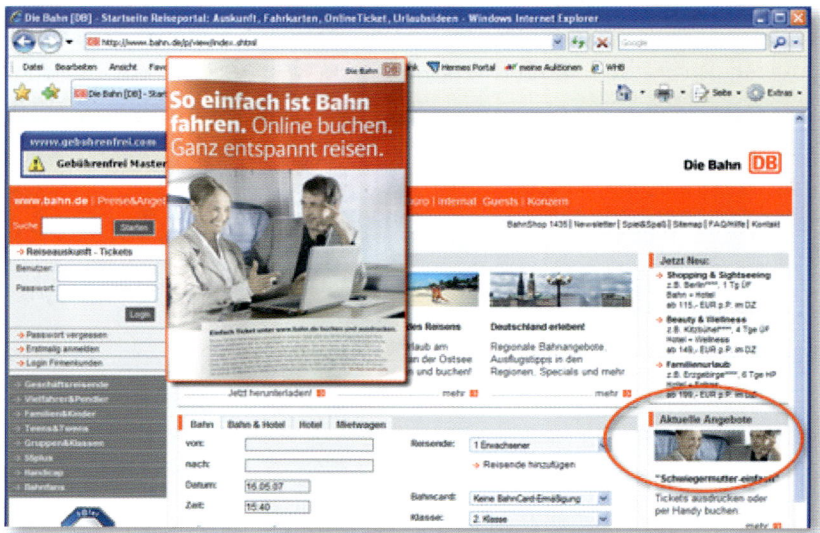

Die Suche nach dem korrespondierenden Angebot ist alles andere als »Schwiegermutter-einfach« ...

»Schwiegermutter-einfach« sei das Buchen eines Online-Tickets. In einer groß angelegten crossmedialen Kampagne bewarb die Bahn so die Vorzüge ihres einzigartigen Produkts. Für Bahnfahrer, die einen Rechner mit Internetzugang besitzen, gibt es kaum einen Grund, diesen nicht auch zum Buchen der Zugreise zu verwenden. Im Gegenteil: Es gibt Vergünstigungen, die sogar nur dem Onliner zugänglich sind. Dazu allerdings schweigt die Werbung.

Insofern könnte die Kampagne, die offensichtlich auf ein sehr breites Zielpublikum ausgelegt ist, durchaus Anziehungskraft entfalten. Doch diese Attraktion wird im Keim erstickt. Die Zieladresse, die von den Kommunikationsmitteln beworben wird, heißt nicht »www.bahn.de/schwiegermutter« oder »www.bahn.de/onlinebuchung.html«. Nein, sie heißt einfach nur »www.bahn.de«. Und wer dort nach dem Schwiegermuttermotiv fahndet, um die Details zu erfahren, der muss verdammt genau hingucken. Ganz klein, in der rechten Randspalte, befindet sich das grafisch verkleinerte Motiv der Schwiegermutter. Ohne es empirisch bewiesen zu haben: Die Kampagne donnert mit ICE-Tempo ins Leere. Hoffentlich bleibt wenigstens etwas Markenbekanntheit beim Anzeigenleser hängen.

4.2.1 Die spezifische Bedeutung der Landeseite

Die Landeseite ist der Schlüssel zum Erfolg der Werbung, und zwar jeder Werbung, die eine URL kommuniziert: egal ob im Radio, Fernsehen, auf Papier, in Bannern oder als Suchmaschinen-Textwerbung – Branding-Kampagnen einmal ausgenommen, denn hier sollte das Werbemittel für sich selbst wirken. In Verbindung mit dem Vorwissen der Werbungsrezipienten und dem Platzierungsmedium schafft die Anzeige einen spezifischen Kontext. Dieser Kontext wirft Fragen auf. Gelingt es der Landeseite, diese Fragen zu beantworten, ist ein Kaufabschluss schon recht wahrscheinlich.

Und die Anforderungen gehen noch weiter. Praktisch jede Seite eines Angebots kann eine Landeseite sein. Eine aktuelle Studie von Jupiter Research besagt, dass 67 Prozent der Suchanfragen auf Suchmaschinen von Offline-Kommunikation angetrieben werden. Ein Drittel aller Suchanfragen ist das Ergebnis von Fernsehwerbung oder Mundpropaganda. Und die Nutzer suchen alles: Firmennamen, Produktnamen, Schlüsselbegriffe oder Slogans und Claims.

Die grafische Integration von Anzeigen und Landeseite wird bei der 1er-Kampagne von BMW auf die Spitze getrieben.

Insofern macht BMW einen guten Job, wenn das »Prinzip Freude« nicht nur durch eine passende URL gestützt wird, sondern auch als Schlüsselbegriff bei den Suchmaschinen korrekt arbeitet und den Weg zur Website der 1er-Serie abkürzt. Die grafische Aufmachung ist ein hervorragendes Beispiel für eine gelungene optische Integration über alle Kanäle hinweg. Der Nutzer, der eine Werbung für den »1er« gesehen hat, wird sich schnell heimisch fühlen.

4.2.2   Von Suchmaschinen und URLs

Groß angelegte Werbekampagnen operieren aufgrund der sehr unspezifischen Zielgruppe gerne mit ganz einfachen, plakativen Statements. Ein griffiger Markenname und ein Claim oder Slogan werden in den Vordergrund gehoben mit dem Ziel, genau diese in den Köpfen der Leser und Hörer zu verankern.

Und das gelingt. Auch ohne dass Sie einen solchen Spot aus der breit gestreuten Kampagne von 2006 vor Augen haben, wissen Sie vermutlich, wie die Selbstbedienungs-Cafés von McDonald's heißen, mit denen man der Marke ein edleres Image verleihen und auf der aktuellen Coffeshop-Welle mitschwimmen will.

Unter der Adresse MacCafé wird die McDonald's-Rösterei nach wie vor nicht erreicht
(ist ja auch falsch geschrieben …)

Richtig: McCoffee, so heißt doch das amerikanische Original. Ach nein: MacCafe.
Oder in Deutschland dann doch MacKaffee? Sollte Ihnen das Thema wichtig sein,
werden Sie die Verwirung rasch mit Hilfe von Google lösen können. Sollte Ihr
Herz weniger intensiv daran hängen, ein McDonald's-Café zu finden, werden Sie
womöglich nach nach der Eingabe von drei URLs den Versuch abbrechen und das
Thema aus den Augen verlieren. Gut für Ihre Gesundheit, schlecht für McDonald's.
Der Burger-Riese hat genau eine Domain gekauft, die auf die richtige Seite führt,
nämlich McCafe.de. Schon bei McCafe.com landet der Nutzer im Internet-Nirva-
na, ganz zu schweigen von allen anderen potentiellen Möglichkeiten – mit einer
Ausnahme: www.ichliebees.de führt zumindest zu einer übergeordneten Startseite, die zu McDonald's und zu McCafe verzweigt (aber www.ich-liebe-es.de dann
auch schon wieder nicht).

Ein anderes interessantes Beispiel dieser Verfehlung zeigte Philips bei einer
Kampagne mit dem wortspielerischen Slogan »Sense and Simplicity«. Tatsächlich
verwies die deutschsprachig getextete Anzeige auf die englische Webadresse www.
philips.com/simplicity. Und dort waren dann auch nur englische Inhalte abrufbar.
Was jedoch die ganze Tragweite des Problems illustriert, war die Tatsache, dass

der bissige Zyniker, der www.philips.de/einfachheit in einen Browser tippte, tatsächlich auf einer Seite landete, die das Kernthema der Kampagne mit schön aufgemachten Flash-Animationen und vor allem deutschen Texten erläuterte. Da lag wohl definitiv ein abteilungsübergreifendes Kommunikationsproblem bei Philips oder der zuständigen Agentur vor.

Innnovativ: eine englische Zieladresse für die deutsche Kampagne

Doch der Fall Philips zeigt auch etwas sehr Positives. Wenige Wochen nach Erscheinen der ersten Anzeige gab es tatsächlich eine zweite mit der richtigen URL. Irgendjemand hat den Fehler bemerkt und reagiert. Und das führt zum transzendenten Mantra der Usability-Branche:

> »Die Veröffentlichung einer Website markiert nicht das Ende des Herstellungsprozesses, sondern den Anfang.«

4.2.3   Warum spezifische Landeseiten?

Natürlich kann ein Ein-Produkt-Unternehmen auch auf der Homepage landen. Wenn die kaufentscheidenden Vorteile eines Produktes kompakt darstellbar sind, lassen sich diese auch auf der begrenzten Layoutfläche der Startseite unterbringen. Das Problem ist nur: Wie will der Site-Betreiber dann unterscheiden, welche seiner Kommunikationsmaßnahmen welchen Erfolg hatte? War es die Suchmaschinenoptimierung, die Bannerkampagne, der verschickte Flyer oder gar ein meinungsbildender Referenzkunde, der den wertvollen, neuen Traffic gebracht hat? Spezifische Landeseiten für einzelne Kampagnen machen eine solche Zuordnung möglich.

Wenn jede Seite eine Landeseite sein kann, dann bleibt aus gestalterischer Sicht natürlich nur der kleinste gemeinsame Nenner übrig. Und der heißt: Kommunizieren Sie Ihre Marke auf jeder Seite mit sanfter und nicht zu aufdringlicher Aufmachung. Ist Ihre Marke weniger bekannt, gehört unbedingt ein so genanntes Mission Statement dazu, also eine Erklärung, was Sie und Ihr Unternehmen eigentlich tun. Diese Erklärung enthält am besten auch die wichtigsten branchenüblichen Stichwörter – und schon arbeiten Sie suchmaschinenoptimiert. Haben Sie einen Bestseller? Dann kann es nicht schaden, diesen von möglichst vielen Stellen Ihrer Website zu adressieren.

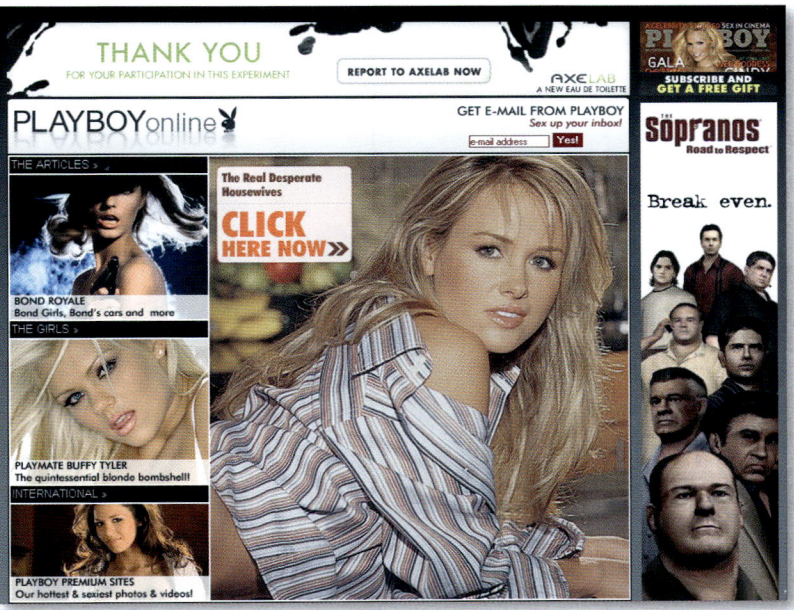

Der Online-Playboy testete intensiv, welcher Klickaufruf (»Click here now«) die meisten Abos generierte, und fand nebenbei heraus, dass eine Preissenkung nicht einen Abonnenten mehr brachte.

Freilich ist ein solch undifferenziertes Vorgehen eher unbefriedigend. Wenn Sie Geld und Arbeit in Kommunikationsmaßnahmen investieren, dann betrachten Sie die Landeseiten als integrale Bestandteile derselben. Überprüfen Sie diese Landeseiten auf folgende Anforderungen.

d. Landen Sie nicht auf der Homepage

Die Startseite ist meist so überladen, dass es dem Nutzer nur selten gelingt, zum konkreten Thema der Werbung durchzudringen. Bereits der Abdruck einer generischen Domain wirkt auf erfahrene Nutzer abschreckend, weil banal.

Eine gängig Praxis der dynamischen Verlinkung sieht vor, dass ein Google-Suchbegriff per Parameter auch an die Site-interne Suche übergeben wird. Dadurch soll die angezeigte Landeseite so relevant wie möglich gemacht werden. Freilich funktioniert dieser Ansatz nur, wenn die interne Suche auch in der Lage ist, gute und relevante Ergebnisse zu produzieren. Diese Landeseite von Buch.de leistet das nicht.

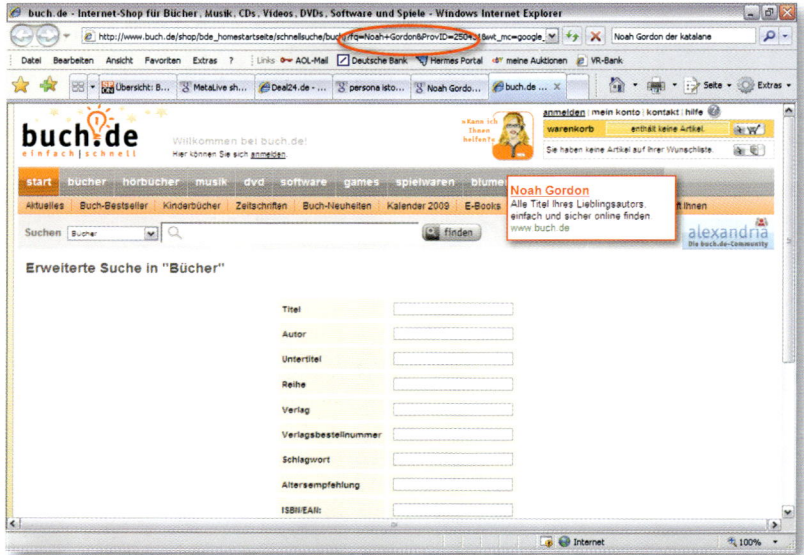

Trotz konkreter Suchanfrage bei Google und Übergabe der Daten (roter Kreis) löst die Buch.de-Suche nicht aus.

e. Schaffen Sie Integration zum Werbemittel, aber wenig Redundanz

Der METRO-Konzern warb 2008 mit einer Kampagne zum gesünderen Lebenswandel. Fußballbundestrainer Jogi Löw ist optischer Anker sowohl der Anzeige als auch der Website. Auf der textlichen und optischen Ebene benötigt der User wichtige Schlüsselbegriffe zur Orientierung. Das prominente Antlitz des Fußballtrainers verbindet Anzeige und Landeseite. Der User weiß damit, dass er noch auf dem richtigen Weg zur gesuchten Information ist.

Joachim Löw gibt der METRO-Kampagne die optische Klammer
und schafft auf der Website eine schnelle Wiedererkennung.

f.   Schaffen Sie vorsichtig grafische Integration zur Website

Die Landeseite muss ihre Herkunft »beweisen«. Sie nutzt die Marke als Vertrauensanker und stellt klar, dass das beworbene Angebot keine »Eintagsfliege« ist. »Die emotionale Aufladung einer Marke kann Misstrauen gegenüber Werbung überwinden«, meint Dan Hill in seinem aktuellen Buch »Emotionomics: Winning Hearts and Minds«. Eine Marke, der das immer wieder gelingt, ist das Telekommunikationsunternehmen O_2 mit der Unterwasseroptik und den Luftblasen.

Unbekannte Marken und Unternehmen müssen sich dieses Vertrauen erst erarbeiten. Professionelles Design ist hier eine wichtige Grundlage, ebenso wie andere Mittel zur Erleichterung des Spontankaufs, etwa eine Geld-zurück-Garantie, der Verweis auf Tausende zufriedener Kunden (und deren eBay-Bewertungen) oder die Abbildung des modernen Hochregallagers, das zeigen kann, dass hier ein echtes Unternehmen hinter dem Produkt steht und nicht ein Garagenverkauf.

g. **Fokussieren Sie die Seite klar auf die Folgeaktion**

Die Onlinebank 1822direkt.de bewirbt in AdWords-Anzeigen ihr gebühren-
freies Girokonto. Die Landeseite ist sehenswert. Sie listet in übersichtlicher
Form die wichtigsten Merkmale des Kontos auf und hat zwei optisch dominan-
te Elemente: den Button zur Lead-Generierung (Lead: qualifizierter Interessent) für weitere Informationen (hier: Preisverzeichnis) und den zur Eröffnung
eines Kontos.

Der deutlich erkennbare Button im Fuß der Seite fordert zur Handlung auf, die anderen Elemente
ordnen sich unter – mit Ausnahme der Grafik links.

h. **Lenken Sie den Benutzer nicht ab**

Denken Sie darüber nach, auch wichtige Standardelemente wie die Hauptnavigation zu kürzen oder weniger prominent zu machen. Im unten abgebilde-
ten Beispiel von maxxcount lenken die umfangreiche Hauptnavigation links,
der grafisch opulente Kopfbereich und die iPod-Werbung rechts unten vom
zentralen Inhalt ab. Das ist gerade bei dem erklärungsbedürftigen maxxcount-
Produkt besonders schädlich.

maxxcount muss ein komplexes Produkt (einen DVD-Adapter für Navis) erklären.
Das gelingt nur in einer fokussierten Umgebung.

i. Informieren Sie so tief, wie es der Kontext verlangt

Als Faustregel gilt: Je allgemeiner (generischer) der Suchbegriff, bei dem die Anzeige erscheint, umso mehr grundlegender Informationsbedarf existiert. Je spezifischer die Suchanfrage, umso mehr erwartet der Nutzer wenige, aber ganz konkrete Antworten auf seine dringendsten Fragen.

In Kapitel 3 hatten wir bereits einen Test von MarketingExperiments illustriert, der nach der optimalen Textlänge sucht. Der kürzeste Text hatte eine schlechtere Verkaufsleistung als die etwas längere Fassung. Das bedeutet: Es gibt zu diesem Thema eine Art informatorisches Grundbedürfnis seitens der Nutzer.

Das Ergebnis ist nicht verallgemeinerbar, aber die Methode ist natürlich wegweisend. Ein interessantes Fallbeispiel liefert Macy's, ein großer US-Online-Händler. Der zuständige E-Commerce-Leiter stellte fest, dass es signifikante Unterschiede in den Abbruchraten gab, je nachdem, von welcher Suchmaschine die Nutzer kamen. Außerdem wiesen vor allem Erstbesucher eine enorm hohe Abbruchquote auf. Macy's schuf daraufhin Kombinationen aus spezifischen Anzeigen mit spezifischen Landeseiten und allgemeineren (generischen) Pärchen. Außerdem hob man die Hauptnavigation über den virtuellen Seitenfalz, so dass die Nutzer sofort die ganze Vielfalt des Macy's-Angebots wahrnehmen konnten. An dieser Stelle wurde also nicht ganz auf die Navigation verzichtet, aber sie wurde gekürzt, um für den Nutzer entweder schneller erfassbar oder weniger ablenkend zu wirken. Ergebnis: Die Abbruchquote auf den Landeseiten verringerte sich um 40 Prozent.

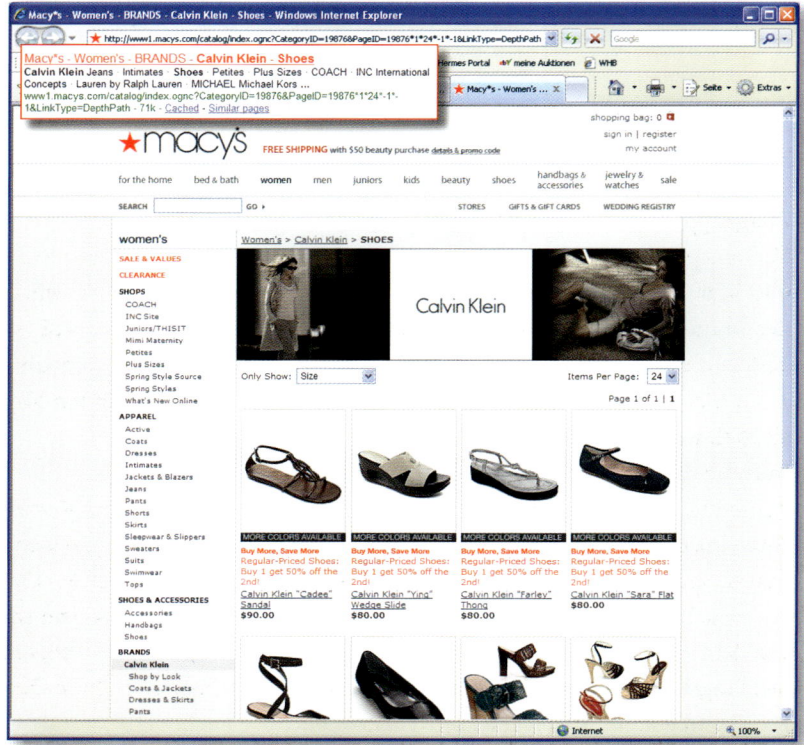

Konkrete Markenanfragen landen bei Macy's auf Markenseiten, generische Anfragen auf Produktübersichten.

Erneut bietet die Direktbank 1822direkt hier ein gutes Beispiel. Man blendet auf der Landeseite bewusst vertrauensbildende Prüfsiegel ein, da man weiß, dass manche Nutzer Direktbanken gegenüber skeptisch sind. Auch ein solches Prüfsiegel kann ein informatorisches Grundbedürfnis stillen, denken Sie nur in Ihre eigene Skepsis gegenüber windigen eBay-Verkäufern.

j. Benutzen Sie Zusatzfenster für Zusatzinformationen

Es gibt eine wunderbare Webdesign-Technik, die es Ihnen erlaubt, klare, deutlich fokussierte Seiten zu gestalten, die dennoch viel Informationen enthalten: unsichtbare Layer. Die Zusatzinfos werden eingeblendet, sobald ein Nutzer mit der Maus den jeweiligen Schlüsselbegriff überfährt oder klickt. Natürlich muss der Nutzer dafür einen Hinweis erhalten. Hier könnte man zum Beispiel bewährte Roll-over-Icons nutzen, wie die kleinen Pinnwandnadeln von Google Maps, oder natürlich Klassiker wie Fragezeichen- und Lupensymbole.

4.3   Zehn Schritte zur besseren Landeseite

Nutzen Sie die folgende Checkliste für die ersten Schritte zur Optimierung von Kampagne, Landeseite, deren Usability und schließlich Umsatz.

1.   **Zielgruppenanalyse und Clustering**
     Verwenden Sie demografische Faktoren ebenso wie Vorwissen über Produkt und Marke, emotionales Involvement und grundlegende Parameter wie etwa die Online-Affinität, um einen Satz von fünf bis zehn Zielgruppenprofilen zu bilden, die sich spezifischer Anzeigen-Landeseiten-Kombinationen bedienen. Auch hier könnte man den »Persona-Ansatz« wählen, der im letzten Kapitel als Webdesign-Grundlage beschrieben wurde.

2.   **Individuelle, präzise Werbemittel**
     Achten Sie vor allem auf die Option »weitgehend passend« bei der Keyword-Auswahl. Google schaltet dann Ihre Anzeigen eventuell auch bei gänzlich unpassenden Begriffen. Binden Sie Ausschlusskriterien, zum Beispiel den Ort eines lokal begrenzten Angebots, in die Überschrift ein, damit der Nutzer schon vor dem Klick erahnen kann, ob die Anzeige zu ihm passt. Aber bedenken Sie: Eingeblendete, aber nicht geklickte Anzeigen verschlechtern Ihren Quality Score und machen damit Ihre Kampagnen teurer.

3.   **Aufnahme von CI, Sprache und Inhalt aus dem Werbemittel**
     Eine Studie von Bloofusion Germany hat ergeben, dass nur die Hälfte aller Online-Händler ihre AdWords-Anzeigen mit konkret zur Suchanfrage passenden Produktseiten verknüpft. Bei kleineren Händlern ist es sogar nur ein Viertel.

4.   **Aufnahme von Web-CI in Grundzügen**
     Sie müssen eine Integration zur Site aufbauen, die dem Nutzer hilft, die Orientierung zu behalten, wenn er Sie zwar für den richtigen Anbieter hält, das gezeigte Produkt aber nicht passt. Konzentrieren Sie sich einfach auf den Seitenkopf mit der Suche und auf die Standardnavigation.

5.   **Klare Darstellung der transaktionsrelevanten Vorteile**
     »Wenn Du acht Leute im Test siehst, die sagen, ich lese den Quatsch nicht, ich will eine Liste, dann ändert das deine Einstellung zur Unternehmenskommunikation,« erläutert Margret Schmidt ihre Erfahrungen aus den jüngsten Usability-Tests. Schmidt ist verantwortlich für die User Experience auf *www. tivo.com*, der Online-Plattform eines US-Anbieters von Set-Top-Boxen.
     Schaffen Sie Prioritäten. Das wichtigste Kaufargument ist groß und fett geschrieben. Nehmen Sie sich ein Beispiel an guut.de (siehe unter Punkt 8).

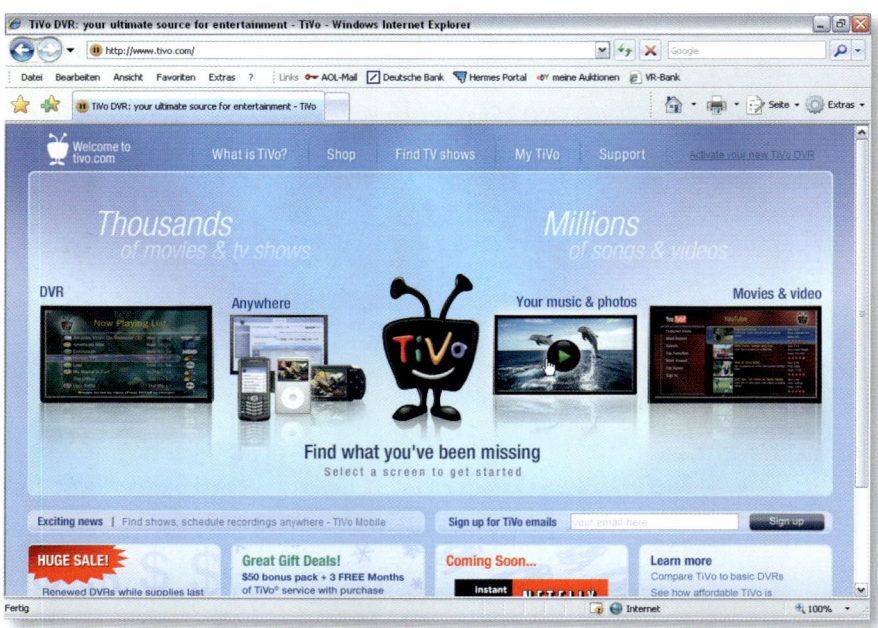

TiVo setzt in der Hauptnavigation inzwischen auf vier Benutzungsszenarien.

6.   Klare Darstellung des geforderten Aktionsprozedere

Im Onlineshop ist das sicher kein Problem, anders aber bei der Lead-Generierung. Was muss der Nutzer zum Beispiel tun, um sich zur Probefahrt anzumelden? Und vor allem: Welche Wirkung hat die Anmeldung sonst noch? Bekommt er von nun an regelmäßig Werbe-E-Mails?

Im ersten Kapitel wurde bereits der Usability Monitor 2007 zum Thema Reisen zitiert. Abgesehen von der konkreten Buchung gelang es den Senioren auf einigen der getesteten Sites nicht einmal, einen Newsletter zu abonnieren.

Ganz besonders spannend wird dieses Thema im Zusammenhang mit User Generated Content, also zum Beispiel in Bewertungssystemen. Diese funktionieren erst richtig, wenn möglichst viele Nutzer teilnehmen. So bewirbt edelight das Keyword »persönliche Wunschliste« mit einer AdWords-Anzeige. Die dezidierte Landeseite versäumt es allerdings, klare Prioritäten zu setzen. Dass hinter »Susis Erklärung« ein Video steckt, dass die Geschenkeauswahl erst relevant wird, wenn man angemeldet ist, und dass die drei Registerkarten im Kopf der Seite von der Landeseite wegführen, ist nur zu erahnen.

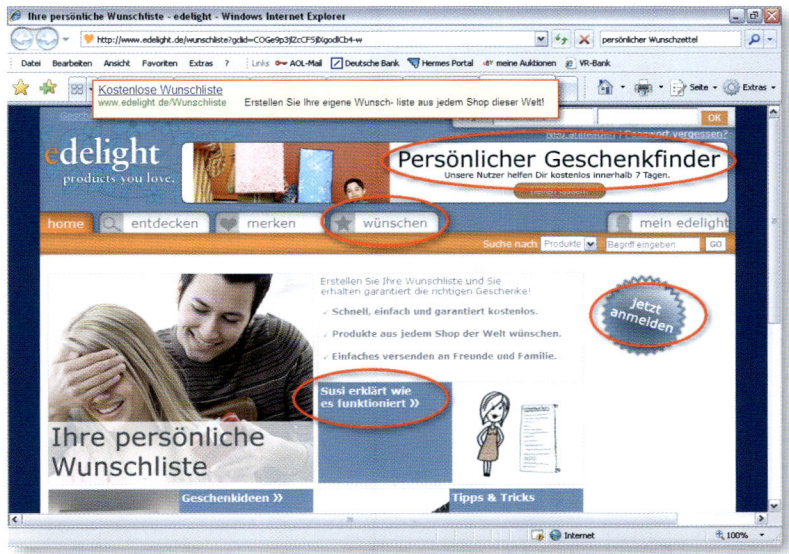

Buttons wie »Wünschen« treten klar in Konkurrenz zu »jetzt anmelden«, was die direkte Conversion wäre.

7. **Bildung einer Vertrauensbasis**

   Gütesiegel schaffen Vertrauen, bereits auf eBay gesammelte Bewertungen schaffen Vertrauen, die Abbildung eines realen Unternehmenssitzes differenziert vom Garagenverkäufer, die eingeblendete Telefonnummer demonstriert Selbstbewusstsein, die dargestellte persönliche E-Mail-Adresse zeigt den Kommunikationswillen und nicht zuletzt dürfen auch hinter einem Unternehmen menschliche Gesichter zu sehen sein – die eigenen oder die von zufriedenen Kunden.

8. **Deutliche Call to Action**

   Ein gelungenes Vorbild sind die Produktseiten des Live-Shopping-Anbieters guut.de. Betrachten Sie die Seite kurz und schließen Sie die Augen. Sie werden sich an zwei Dinge erinnern: an das Produktfoto in der Mitte und den Bestellknopf rechts.

Übrigens:

Die Macher des bereits mehrfach zitierten Online-Dienstes MarketingExperiments haben herausgefunden, dass kleine Formulierungen mitunter einen großen Unterschied machen. Der Begriff »Continue here«, der ursprünglich als Conversion-Element im E-Mail-Newsletter verwendet wurde, schnitt fast zehn Prozent schlechter ab als die Formulierung »Click to continue«. Inwieweit das für deutschsprachige Newsletter gilt, ist zu hinterfragen. Mit einem kleinen eigenen Experiment finden Sie heraus, was für Ihre Zielgruppe gilt.

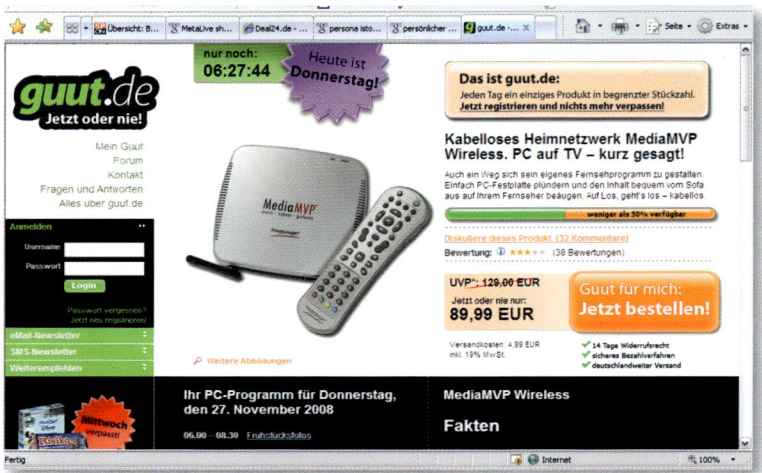

Deutliche Kaufaufforderung, Versandkosteninformation, Preisvorteil, gutes Produktbild und User-Bewertungen: Von der guut-Produktseite kann man lernen.

9. Conversion-Optimierung

Identifizieren Sie die wichtigsten Conversion-Elemente und experimentieren Sie mit Alternativen. Bleiben Sie dabei nicht zu kleinteilig: Vielleicht würden sich gerade Ihre User über mehr Flash, Video oder Ajax freuen. Häufig aber wird es die Reduktion der Komplexität sein, die mehr Conversion bringt. Und natürlich erneut vertrauensbildende Maßnahmen: Die Tester von Marketing-Experiments stellten einen 50-prozentigen Einbruch fest, als sie versuchten, die Abfrage der E-Mail-Adresse bei der Bestellung zum Pflichtfeld zu machen.

Ein Beispielexperiment bei einem amerikanischen IT-Reseller erbrachte 31,5 Prozent Steigerung der Conversion Rate durch folgende Maßnahmen:

- Navigation als Textlinks, um weniger abzulenken
- Navigation nach rechts verschoben
- Testimonials (Kundenreferenzen) prominenter platziert
- Vertrauenslabel direkt neben dem Bestellbutton
- Neue Überschrift: Kompatibilität garantiert!
- Kostenlose Lieferung als Hauptverkaufsargument
- Mehr Weißfläche in der Seite (Seite atmen lassen!)
- Grafische Elemente fokussieren das Layout auf den Mehrwert.

10. Regelmäßiges Testen

TiVo.com testete drei Monate in Folge wöchentlich: die ersten acht Wochen mit Hilfe eines Online-Panels und dann vier Mal im eigenen Labor. Entwickeln Sie eine eigene Testkultur in Ihrer Online- und Marketing-Abteilung, schließlich ist die Performance-Messung der große strategische Vorteil des Mediums Internet gegenüber anderen.

Links:

Beispiel für Conversion-Rate-Optimierung von MarketingExperiments
http://www.marketingexperiments.com/improving-website-conversion/increasing-
conversion.html

Wie viel kostet ein zusätzliches Formularfeld auf der Landeseite?
http://searchengineland.com/080206-073946.php

Gestalten Sie so, wie es die Nutzer erwarten
http://www.marketingexperiments.com/improving-website-conversion/conversion-
value-proposition-page-design.html

Landing Pages haben nur acht Sekunden Zeit. Studie von Silverpop:
http://www.silverpop.com/practices/studies/landig_page/index.html

4.4 Landing Pages sind virtuelle Verkäufer

Interview mit Jürgen Wiest, Managing Director von Relevant Traffic Deutschland

»Häufig wird der Suchende mit allgemeinen Angeboten abgespeist«, sagt Jürgen Wiest, Managing Director von Relevant Traffic Deutschland.

Herr Wiest, Relevant Traffic hat sich explizit dem Thema Landing Pages verschrieben. Warum ist das so wichtig?
Die Landing Page schlägt eine emotionale Brücke vom ersten Klick bis zum Kauf oder einem anderen definierten Kampagnenziel. Die Landing Page fungiert als eine Art »digitaler Verkäufer«, der den Suchenden an die Hand nimmt und ihn bei seiner Suche unterstützt. Genau hier hapert es aber bei vielen Onlineshops. Häufig werden dem Suchenden eben keine Angebote auf seine spezifische Suchanfrage unterbreitet, sondern er wird mit allgemeinen Angeboten abgespeist.

Macht es einen Unterschied, ob ich über eine Landing Page ein Produkt verkaufen oder eine Anmeldung zum Newsletter bekommen will?
Auf jeden Fall. Ein Produkt kann ich sehr gezielt bewerben. Ganz anders kann dies bei Anmeldungen zu Newslettern sein. Nehmen wir den Newsletter einer Mütter-Community als Beispiel. Hier sind die Themenbereiche viel breiter als

bei einem Produkt. Bei einer Mutter oder einer werdenden Mutter können dies Themen sein, die von Problemen bei der Schwangerschaft über Umstandskleidung bis hin zu allen Fragen der Geburt reichen. Dieses Themenumfeld ist viel komplexer. Landing Pages müssen hier Antworten auf die vielschichtigen Suchanfragen geben können und relevanten Content bereitstellen.

Sind URLs, die ich in Zeitungsanzeigen oder im Fernsehen bewerbe, auch Landing Pages? Was gilt es hier zu beachten?

Ja, teilweise sind dies Landing Pages, zum Teil aber auch schlichter aufgebaute Micro-Sites. Eine Landing Page zeichnet sich eben dadurch aus, dass sie wesentlich mehr Inhalte und Elemente zur Unterstützung der Navigation des Besuchers beinhaltet. Eine Landing Page hat im Gegensatz zu einer Micro-Site die Aufgabe, den User bei seiner Suche abzuholen und ihn an die Hand zu nehmen, wie ein Einkaufsberater. Bei URLs in Print- oder TV-Werbung ist das nicht zwingend notwendig, weil hier der Rezipient bereits abgeholt wurde. Die emotionale Brücke wurde so bereits geschlagen. Hier reichen oft auch Micro-Sites mit weniger Inhalten aus, um den User beispielsweise zum Kauf zu bewegen.

Die Landeseiten von Auto Europe übernehmen den Suchbegriff in die Auswahl des Formulars.

Können Sie uns aus dem Stegreif eine gute Landing Page nennen und kurz erklären, was daran gut ist?

Eine Landing Page, die wirklich gut funktioniert, ist mietwagen.autoeurope.de. Diese Landing Page geht auf die Suchanfrage des Users genau ein und macht ihm konkrete Angebote. Genauso soll es auch sein. Es macht keinen Sinn, einem Suchenden allgemeine Angebote zu machen, wenn er einen konkreten Wunsch geäußert hat. Gibt der Suchende in einer Suchmaske beispielsweise »Mietwagen Wien« ein, dann sollten eben keine Angebote für Mietwagen auf Mallorca bzw. allgemeine Angebote in Österreich erscheinen. Landing Pages haben die Aufgabe zuzuhören und wie ein Verkäufer auf die Wünsche des Kunden einzugehen.

Was sind die häufigsten Fehler, die Ihnen bei Landing-Page-Design begegnen?

Oftmals sind Landing Pages mit zu vielen, teils auch irrelevanten Navigationspunkten und Farben überladen und lenken deshalb auch zu stark vom Thema ab.

Viele Experten setzen auf A/B-Testing, um herauszufinden, welche Landing Page besser funktioniert. Greift das nicht zu kurz?

Natürlich. Mittel- und langfristig auf jeden Fall. Mit A/B-Tests können in den ersten vier bis acht Wochen grundsätzliche Parameter geprüft werden. Diese Tests liefern zu diesem Zeitpunkt auch wertvolle Erkenntnisse, zum Beispiel ob Elemente wie Kaufbuttons in Rot oder Grün besser ankommen oder wie eine Angebotsbox mit Top-3-Angeboten funktioniert. Dann muss aber das Multivariate Testing beginnen. Inhalte müssen dynamisiert werden, damit keine Landing Page einer anderen gleicht und eine Personalisierung greift. Je spezifischer die Suchanfragen, desto spezifischer muss auch die Landing Page ausgestaltet sein. Besonders bei Massenprodukten, die im Web angeboten werden, reicht dann A/B-Testing nicht mehr aus. Hier muss breit getestet werden, da viele Parameter wie Uhrzeiten, Farben, Hintergründe, Größen, Inhalte, Action-Items zu berücksichtigen sind.

4.5   Unverträgliche Verträge

Es wird allmählich zur amüsanten Gewohnheit. Zum dritten Mal bereits veröffentlichte die Bad Homburger Agentur Syzygy Ende 2008 ihren Usability Monitor, einen Feldtest mit realen Online-Angeboten, echten Nutzern und grausam ernüchternden Ergebnissen. 2007 standen die Reiseanbieter am Pranger, weil deren Angebote von den Best Agern und Silver Surfern nicht verstanden wurden. Nun gilt die Kritik den DSL-Verkäufern.

Mehr offene Fragen als vor der Suche hat der Nutzer auf der Landeseite von 1&1.

Kritiker mögen die kleine Testgröße mit insgesamt 16 Probanden monieren und an der Aussagekraft der Ergebnisse zweifeln. Tatsächlich erreicht Telefon.de eine Aufgabenerfüllung von 100 Prozent, weil nur ein einziger Proband das Angebot nutzte und dabei erfolgreich war. Doch wer die Präsentation von Syzygy-Chef Henseler auf dem Internet World-Kongress 2008 erlebt und die Screenshots der Landing Pages gesehen hat, zweifelt keine Sekunde daran, dass die Usability der Angebote einer Überarbeitung bedarf.

4.5.1   Das F-Schema

Die Tests begannen allesamt mit einer realen Google-Suche. Bestellt werden sollte ein DSL-Anschluss mit Telefon-Flatrate und einer 6-Mbit-Datenleitung. Außerdem wurden die Probanden angehalten, grundsätzliche Informationen zum Thema Breitbandanschluss zu recherchieren.

Im Eye-Tracking-Verfahren beobachteten die Tester ein F-förmiges Aufmerksamkeitsmuster in der linken oberen Seite der Suchergebnisse. Das ist ein ähnliches Schema, wie es Jakob Nielsen bereits für redaktionelle Webseiten festgestellt hat. Für das Suchmaschinen-Marketing (SEM) bedeutet dies, dass die Plätze oberhalb der organischen Suchergebnisse signifikant besser sind als die in der rechten Randspalte. Dort klicken die Nutzer nur hin, wenn die Anzeige einen sehr hohen Relevanzgrad besitzt, also zum Beispiel den Suchbegriff im Titel zeigt.

Die Aufmerksamkeit auf Google-Ergebnisseiten ähnelt der F-Form, die Jakob Nielsen auch für Homepages festgestellt hat.

Klickverstärkend wirkten laut Syzygy auch große, bekannte Markennamen und die direkte Angabe von Preisen. Irgendwelche Vorbehalte gegenüber den bezahlten Einträgen auf der Ergebnisseite konnten die Tester nicht feststellen. Überraschend war allerdings, dass fast ein Drittel aller Probanden angab, nicht zu wissen, dass die obersten und rechts angesiedelten Einträge bezahlte Werbung sind.

4.5.2   Hemmschuh Landeseite

Bereits nach dem ersten Klick auf der Landeseite verabschiedeten sich elf Prozent aller Probanden und wechselten zu einem anderen Anbieter. Das lag nicht am mangelnden Angebot, sondern an dessen Präsentation. Die meisten Anbieter versuchen auf der Landeseite ein möglichst breites Produktportfolio aufzufächern und verlieren damit sämtliche Fokussierung, die ein Nutzer mit einer eher konkreten Suchanfrage mitbringt.

Exemplarisch zeigt die Landeseite von 1&1 eine endlose Feature-Liste für vier unterschiedliche Pakete. Bei Tele2 ging ein Anzeigenlink direkt ins 404-Nirvana und bei Alice überlagerte ein Flash-Layer mit Mobile-Werbung die Zielseite. Bei O_2 verschwanden die wichtigen Produktinformationen im unsichtbaren Seitenbereich unter dem »Bildschirmfalz«.

Selbst wenn ein passendes Produkt gefunden wurde, erkannten viele Probanden gar nicht, wie es anschließend weitergeht. Bei 1&1 zieht ein grafisch aufgemachter Kopf mit Preisstörern die Aufmerksamkeit auf sich, der Bestellbutton ist dagegen »Kilometer« weiter unten am Fuß der Tabelle zu finden. Überhaupt entdeckten die Syzygy-Tester eine ganze Reihe von Fehlern in der Kommunikation zwischen Website und Nutzer. Schlecht ausformulierte Fehlermeldungen und System-Feedback an Stellen, an denen es die Nutzer nicht erwarteten, war eher die Regel als die Ausnahme.

4.5.3   Nichtlinearer Fortschritt

Eine der wichtigsten Lehren aus der Syzygy-Analyse ist die Erkenntnis, dass komplexe Vertragsprodukte so viele Fragen während des Bestellprozesses aufwerfen, dass ein idealtypisches lineares Durchschreiten des Bestelltrichters eher selten vorkommt. An dieser Stelle könnte man zwei Strategien wählen. Entweder verzichtet der Anbieter auf Cross- und Upselling, um die Produkte zu vereinfachen und den Informationsbedarf zu schmälern, oder er begleitet den Nutzer mit effizienten Hilfesystemen, etwa in Form einer intelligenten Suchfunktion. Wichtig dabei: Das System muss in der Lage sein, bereits getätigte Auswahlen zu behalten, auch wenn der Nutzer einen Umweg oder sogar den Weg »Back« wählt.

Das gilt besonders für die Verfügbarkeitsprüfung, die beim DSL-Angebot der technischen Infrastruktur geschuldet ist und auf jeden Fall einen Zusatzschritt vom Nutzer erfordert. Hier lobten die Tester explizit das System von Vodafone, das den »Leidensweg« mit einer aufmunternden Bestätigung versüßte. Diese Verfügbarkeitsabfrage erfolgte bei Vodafone auch nur einmal, anders als zum Beispiel bei Alice, wo die Probanden mehrfach über die Abfrage stolperten.

Herzlichen Glückwunsch!

An Ihrer Adresse Rödingsmarkt 14, 20459 Hamburg können Sie mit Vodafone DSL-Surfen!

Von den Teilnehmern gelobt: Das Vodafone-Feedback signalisiert die erfolgreiche Prüfung und motiviert zum Weitermachen.

Auch die Variante von Versatel wurde kritisiert, allerdings in einem anderen Punkt. Der Anbieter begrüßte Nutzer, die die Verfügbarkeitsabfrage mit Erfolg absolviert hatten, bereits als Kunden. Das ging manchen Probanden dann doch zu schnell.

4.5.4   Gefährliches Upselling

Eine der größten Hürden, die die Tester von Syzygy ermittelten, waren angebotene Zusatzleistungen. In vielen Fällen wurden sie den Nutzern so nachdrücklich aufgedrängt, dass sie nur mit viel Mühe wieder aus dem Warenkorb zu entfernen waren. Die Nutzer fühlten sich von den Systemen bevormundet und beklagten den Krontrollverlust.

Im Fall 1&1 führte das Upselling sogar zu einem massiven Usability-Fehler im Bestellprozess. So bot man die Option »Handy-Flat«, die nun mal gar nichts mit dem Kernprodukt zu tun hat, auf einer Seite des Bestellprozesses als gesonderten Bestellschritt an. Dabei erschien das Angebot für die Handy-Flatrate mitten im Seitenfenster oberhalb des virtuellen Bildschirmfalzes und war mit einem aufmerksamkeitsstarken »Weiter«-Button versehen. Die Option, einfach mit dem bereits gewählten Produkt fortzufahren, erschien sehr viel weiter unten auf der Bestellseite mit den fragwürdigen Worten »nein danke, ohne Auswahl weiter«.

1&1 hat auf den Usability Monitor reagiert und bietet jetzt auch die Option »keine« zur Handy-Flatrate an.

Die Nutzer, die bereits im oberen Bildschirmbereich nach einem Ausweg aus dem Handy-Flatrate-Dilemma suchten, richteten Ihre Aufmerksamkeit auf ein Dropdown-Menü, mit dem die Anzahl der zu bestellenden Handy-Flatrate-Karten reguliert werden kann. Die Anzahl »0« war aber nicht vorgesehen.

Als problematisch erwiesen sich auch versteckte Optionen, die weniger aufdringlich angeboten wurden. So aktiviert freenet in der Grundeinstellung bereits das Zusatzangebot »Firewall«. Dadurch erhöht sich der Bestellpreis für den Warenkorb um knapp fünf Euro. User, die das erst beim Checkout bemerken, sind potentielle Abbrecher.

4.5.5   Warum eigentlich Warenkorb?

Eine weitere sehr interessante Erkenntnis der Tester von Syzygy liegt in der berechtigten Frage nach der Sinnhaftigkeit der Warenkorb-Metapher und des gesamten Webshop-Designs. Anders als bei einem Kaufhaus oder Warenkorb lassen sich im Falle einer Vertragsverhandlung eben nicht alle einzelnen Komponenten beliebig aus dem Warenkorb entfernen oder selektiv verändern. Die meisten Vertragsbestandteile hängen voneinander ab.

Hier versagen die Standarddesigns der Warenkörbe. Häufig beobachteten die Tester, dass die Warenkorb-Ansicht nichts anderes leistete, als die getroffene Auswahl zu bestätigen. Das tut freilich die letzte Seite vor dem Abschicken der Bestellung ebenso. Möglicherweise wäre die Metapher eines Konfigurators mit abschließendem Bestellknopf wesentlich passender.

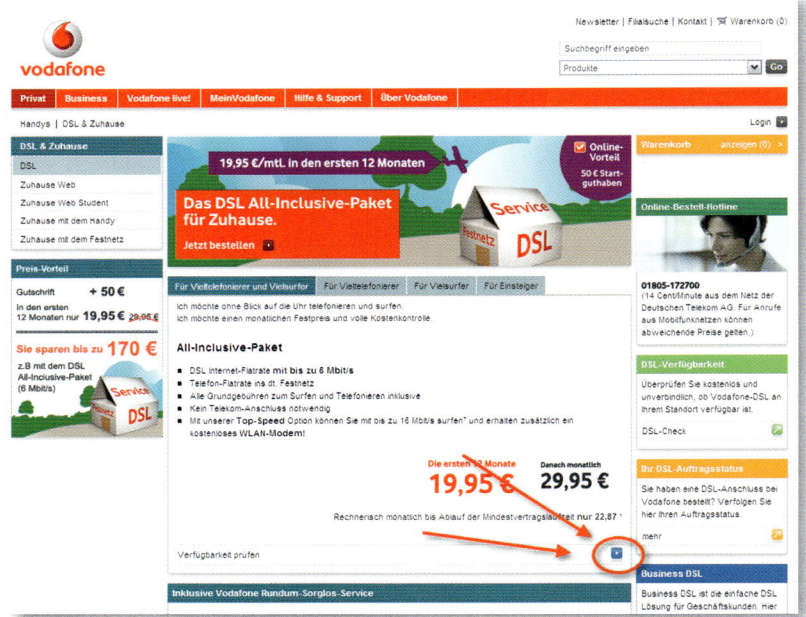

Die Call to Action von Vodafone ist bestenfalls als »zurückhaltend« zu bezeichnen.

Egel welcher Ansatz verwendet wird, er sollte keinesfalls so langsam arbeiten wie bei T-Home. Gleich mehrere Testkandidaten gerieten ins Straucheln, als der T-Home-Shop per Formular-Feedback anzeigte, die Produkte würden nun vom System in den Warenkorb gelegt. Da der Prozess sichtbar Wartezeit beanspruchte, vermuteten die Probanden, dass erneut eine Verfügbarkeitsprüfung erfolgte. Doch Auskunft gab das System darüber nicht.

4.5.6   Testfazit

Die Studie von Syzygy taugt natürlich wunderbar dazu, auf die großen Netzdienst-leister einzuprügeln. Mitunter zu Recht. Wer die Ergebnisse des Usability Monitor so liest, versäumt es allerdings, den tieferen Nutzen daraus zu ziehen. Und der lautet: Neben allen berechtigten Bemühungen, sich an etablierte Standards im On-lineshopping zu halten, hat jede Produktgattung eigene Spezifika, die unter Um-ständen das Abweichen vom Standard erforderlich machen. Ein 24 Monate wäh-render Vertrag über eine Telekom-Dienstleistung ist eben nicht vergleichbar mit dem Kauf eines ausdruckbaren Bahntickets.

Daneben ist die »Drückerkolonnen-Mentalität« beim Upselling zu beanstan-den. Zumindest im Syzygy-Test stand sie einigen Bestellungen im Weg. Hier gibt es klügere Ansätze, zum Beispiel Zusatzangebote auf der Danke-Seite, die nach erfolgter Conversion erreicht wird. In jedem Fall sollte es dem Nutzer leichter ge-macht werden, exakt das Produkt zu bestellen, mit dem er zur Recherche aufbrach.

Links:

Wer tieferes Interesse an den Ergebnissen hat, kann die Studie hier kostenlos beziehen: http://www.syzygy.de/downloads/de/Usability_Monitor_2008.pdf

5 E-Commerce-Usability

5.1 Bessere Seiten machen mehr Umsatz

Am schlimmsten wirkt sich mangelnde Benutzerfreundlichkeit in Bereichen aus, wo es dem User ans Geld gehen soll. Usability-Guru Jakob Nielsen spricht hier vom »Transaction Web«, also jenem Teil des Netzes, wo der Nutzer nicht mehr ziellos von Seite zu Seite surft oder sich treiben lässt, sondern sehr zielgerichtet mit limitiertem Zeitbudget eine Aufgabe zu erfüllen hat.

Interessanterweise gibt es einen Unterschied zwischen der gefühlten Arbeitszeit und der tatsächlich messbaren. Das Kölner Institut phaydon fand zum Beispiel heraus, dass die User meinten, sie hätten innerhalb des Bestellprozesses bei Otto und bei MediaOnline, dem früheren Onlineshop von Media Markt, gleich viel Zeit verbracht, dabei wies der Otto-Prozess deutlich mehr Stufen auf und dauerte faktisch länger. Der Schluss, den die Kölner daraus zogen: Interessant gestaltete Ablaufprozesse können für die Nutzer eine bessere Performance suggerieren und damit deren Zufriedenheit steigern.

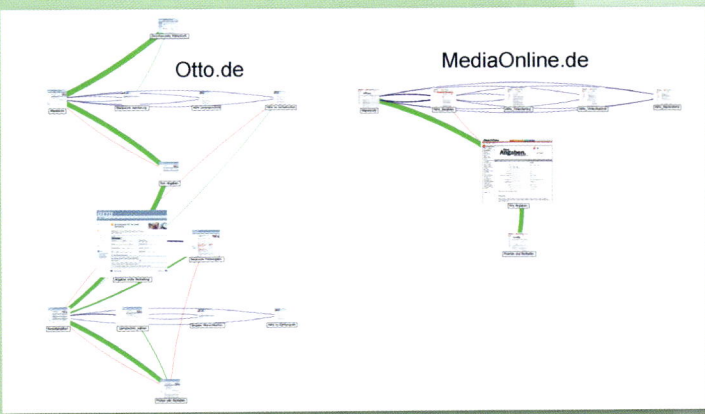

Subjektiv fanden die Nutzer den Otto-Checkout angenehmer.

Und nicht nur das Zeitbudget des Käufers ist begrenzt, auch sein Vertrauen in einen Händler oder dessen Online-Anwendung. Der Aufbau einer Vertrauensbasis ist einer der wichtigsten »weichen« Faktoren der Usability-Optimierung. Dabei können einfachste Maßnahmen helfen, wie das Abbilden eines Fotos des Unternehmenssitzes, oder subtilere Methoden wie die Einbindung der Ergebnisse aus Bewertungssystemen à la eBay, Ciao oder dooyou. Auch das Einblenden von Gütesiegeln von Verbänden und Testinstitutionen erfüllt diesen Zweck.

Der Vertrauensaufbau verändert den Kontext der Wahrnehmung eines Angebots.

Doch neben den weichen Faktoren beklagen Testprobanden regelmäßig ganz handfeste Mängel im Online-System. Die Probanden, die bei Syzygy am Usability Monitor 2008 teilnahmen (siehe vorheriges Kapitel), beschwerten sich über zu kleine Texte, zu lange Ladezeiten oder unklare Formulierungen. Jakob Nielsen stellt zu Recht die Frage nach der Notwendigkeit des Reset-Buttons, der standardmäßig und daher viel zu häufig unnötig am Ende eines Formulars neben dem Knopf zum Abschicken zu finden ist. Nicht selten werden die Knöpfe verwechselt und schon war die Dateneingabe vergebens. Dabei ist das Löschen aller Daten im Formular ein eher unwahrscheinliches Szenario. »Wer bei seinen Eingaben etwas ändern will, kann das ja jederzeit im jeweiligen Formularfeld tun«, so Nielsen.

Technisch anspruchsvoller und in der Wirkung subtiler ist die Unterstützung des Back-Buttons im Browser, dem wichtigsten Navigationsinstrument des Nutzers. Gute Systeme sind in der Lage, den letzten Zustand wiederherzustellen, natürlich auch inklusive der Daten in einem Formular. Noch einen Schritt weiter gingen die Testteilnehmer im Usability Monitor. Sie forderten die Möglichkeit zum planmäßigen Abbruch einer Surf-Session, also vor allem das Zwischenspeichern von Warenkörben und getroffenen Auswahlen – exakt das Gegenteil von dem, was E-Plus in seinem schicken Handyshop anbietet. Wer dort mit den Schiebereglern die Auswahl einschränkt, sollte sich keine Details zu einem Handy anzeigen lassen, sonst ist die soeben vorgenommene Konfiguration verloren.

5.2   Fallbeispiel Orvis.com – die Umsatz-Brechstange

Grundlage für die Bewertung jedweder Optimierungsmaßnahme ist ein gutes System zur Traffic-Messung, ein Werkzeug zur Webanalyse. Damit lassen sich Usability-Fehler schnell erkennen und im Onlineshop auch sehr kurzfristig in Mehrumsatz verwandeln, wie das Beispiel Orvis zeigt.

Orvis.com ist ein Online-Gemischtwarenladen, vergleichbar hierzulande mit Neckermann oder Otto: eine riesige Site mit unendlich vielen Kategorien und Produkten, von der Haustiernahrung bis zu Designer-Mode. Ein perfektes Spielfeld also für Webanalytics. Nur ausgereifte Analysesysteme sind in der Lage, umsatzstarke von umsatzschwachen Produkten zu unterscheiden und herauszufinden, welche Wege welcher Benutzer nimmt, um Produkte zu kaufen.

Über den Mehrumsatz wollte Projektleiter Wolensky begründen, warum er mehr in die Webanalyse investieren muss.

Dass eine etablierte Lösung wie Coremetrics – die Orvis zu diesem Zeitpunkt einsetzte – diese Daten messen kann, stand außer Frage. Doch können die Mitarbeiter des Onlineshops mit den erhobenen Daten überhaupt arbeiten? Brad Wolensky, E-Commerce-Verantwortlicher bei Orvis, bezweifelte das: »Unsere Mitarbeiter hatten vorher schon so viel zu tun, dass sie die Extra-Aufgabe auf keinen Fall bewältigen konnten.«

Wolensky wollte daher zusätzliches Personal beschäftigen, um aus den gewonnenen Daten Designempfehlungen zu extrahieren und möglichst tagesaktuell reagieren zu können. Er versprach seinem Geschäftsführer nachvollziehbare Umsatzsteigerungen durch die Maßnahme. Der reagierte zurückhaltend: »Hört sich gut an, aber können Sie es beweisen?«

Wolensky bewies es. Innerhalb von nur sechs Wochen modifizierte er das Angebot so, dass es fünf Prozent mehr Umsatz generierte. Er beschäftigte freie Mitarbeiter, die die Daten auswerteten, und einen externen Designer, der die Website auf Tagesbasis veränderte. Das Ergebnis: Orvis stellte drei zusätzliche Mitarbeiter für die Webanalyse ein.

5.2.1   Kurzzeitoptimierung

Um in den verfügbaren sechs Wochen zu einem nachvollziehbaren Ergebnis zu kommen, formulierte das Orvis-Team eine Fünf-Punkte-Strategie, die mit konventionellen Optimierungsmethoden brach: Es wurden keine Usability-Tests durchgeführt, und selbst für Paralleltests (A/B-Testing) blieb keine Zeit. Hier die Taktik und die daraus gewonnenen Erkenntnisse:

a. **Keine Designregeln**

Um möglichst frei in der Optimierung zu sein, warf Wolensky alle bisher entwickelten Designrichtlinien über Bord. Die einzige Vorgabe, die Bestand hatte, war die Unantastbarkeit des Logos.

Dabei konnte der E-Commerce-Manager auf die Rückendeckung seiner Bosse zählen. Die Geschäftsleitung hatte explizit erklärt, dass optische Veränderungen und Experimente erwünscht seien, und räumte dem Optimierungsteam so potentielle Steine aus dem Weg. Verbesserungsvorschläge wurden nicht diskutiert, sondern ausprobiert und gegebenenfalls wieder verworfen.

b. **Schnelle Handlungsspielräume finden**

Veränderungen an Produktbeschreibungen, der Kategorisierung oder grundlegenden Navigationsmethoden sind viel zu aufwändig, um schnell umgesetzt zu werden. Solche Optimierungsmaßnahmen traten ins zweite Glied zurück.

Elemente mit schlechter Conversion Rate wurden von der Homepage sofort wieder entfernt.

Verbesserungen an den Content-Bereichen der Site lassen sich hingegen schnell umsetzen und in ihrem Erfolg oder Misserfolg bewerten. Das gilt gleichermaßen für die grafische Aufbereitung wie auch für das Wording und die Platzierung von Inhalten.

Die klassische Methode des Paralleltests, die für die Überprüfung der Schnellkonzepte zweifelsfrei ideal geeignet gewesen wäre, wurde verworfen. Für die Zukunft stehen solche Tests aber auf dem Wunschzettel bei Orvis.

c. Die Homepage im Visier

Die meisten Handlungsspielräume mit der größten Wirkung bietet die Startseite. Benutzer, die die Site durch die »Vordertür« betreten, sind größtenteils in ihrem Kaufwunsch noch nicht festgelegt und lassen sich von einer guten Site führen.

Die Homepage von Orvis verzeichnet täglich hohe fünfstellige Zugriffszahlen. Daher bringen Veränderungen auf der Startseite auch statistisch auswertbares Material mit verlässlichen Häufigkeiten. Websites mit wenig Traffic auf der Homepage verzeichnen hier unter Umständen statistische Ausreißer.

Drei Schwerpunkte setzte das Team bei der Analyse der Homepage. Zunächst wurden alle neuen Produktdarstellungen und Ankündigungen auf Tagesbasis bewertet. Solche mit einer Conversion Rate über zehn Prozent blieben stets oben auf der Homepage stehen, solche mit einer Conversion Rate unter drei Prozent wurden sofort entfernt. Und dazu muss man kein Versandhandelsriese sein. Jede Website mit passablem Traffic kann solche Daten erheben und umsetzen.

Ähnliches galt bei den Kategorien. Auch hier legte das Orvis-Team als einzigen Qualitätsmaßstab die Conversion Rate an. Produktbereiche mit wenig Traffic und vielen Käufen landeten ganz oben, solche mit viel Besuch und wenig Umsatz dagegen weiter unten. Die besten Kategorien werden im mittleren Inhaltsbereich zusätzlich hervorgehoben.

Drittens konzentrierte sich das Team auf das Navigationsverhalten der Benutzer. »Erstaunlich viele User verlassen sich auf die Standardnavigation links, obgleich wir noch drei Alternativen haben«, berichtete Wolensky. Die Orvis-Designer optimierten die linke Navigationsleiste mit drei zusätzlichen Einträgen, hielten sie ansonsten aber statisch. Sobald der Benutzer aber auf eine Unterseite navigiert, öffnet sich ein großes Kontextmenü mit bis zu 29 Menüpunkten, um alle potentiellen Bedürfnisse des Benutzers abzufangen.

Die Bedeutung der linken Navigationsleiste kann auch Usability-Forscher Thorsten Wilhelm vom Göttinger Institut eResult bestätigen. In einer Eye-Tracking-Studie ermittelte Wilhelm, dass selbst bei den ganz großen und von ihrem Inhaltsaufbau vermutlich bekannten Sites die Benutzer bei Problemen immer wieder Hilfe auf der linken Seite suchen.

Die Benutzer konzentrieren sich auf den linken Bereich, obwohl das gesuchte Element in der Mitte oben zu finden ist.

So konnten auf der Amazon-Site die meisten Probanden die Aufgabe nicht erfüllen, die lautete: Öffnen Sie mit einem Klick die Übersicht über alle Amazon-Kategorien. Der entsprechende Button residiert mittig am oberen Rand des Bildschirms, die User suchten ihn links. Über die gesamte Studie hinweg beobachtete Wilhelm einen signifikanten Anstieg der Bedeutung der linken Randspalte im Vergleich zu einem ähnlichen Test vor drei Jahren.

Wolensky entschied sich mit Erfolg dafür, in den tieferen Navigationsseiten jeweils die umsatzstärksten Kategorien nach oben zu nehmen.

d. Cross-Vermarktung fördern

Obwohl der Ansatz der kurzfristigen Umsatzsteigerung auch andere Ideen nahelegt, ergab das User-Tracking bei Orvis, dass Benutzer keineswegs das erste betrachtete Produkt kaufen. Insofern legte das Team gesteigerten Wert darauf, die Detailansicht nicht auf eine Produktgattung zu verengen, sondern stets auch Angebote aus ganz anderen Themenbereichen vorzuhalten. »Wenn der Fokus zu eng ist, brechen die User, die nicht direkt kaufen, den Vorgang ganz ab. Ziel muss es aber sein, sie in der Site zu halten und eventuell zu einem anderen Kauf zu verführen«, meint Wolensky.

e. Unterschiedliche Zielgruppen beachten

Essentiell waren für Orvis die Erkenntnisse zur Frage »Wer kauft was?«, die aus dem User-Tracking gewonnen werden konnte. »Gerade Gemischtwarenhändler müssen darauf achten, nicht einzelne Zielgruppen zu verprellen. Häufig sind Nischenzielgruppen zwar kleiner, machen aber mehr Umsatz.« Aus dieser Erkenntnis heraus formulierte das Team eine neue Designrichtlinie: Die jeweils drei umsatzstärksten Nutzergruppen müssen sowohl von der Homepage als auch von den unteren Navigationsseiten aus angesprochen werden. Auch hier gilt es tunlichst darauf zu achten, dass nicht einzelne Benutzergruppen das Gefühl bekommen, von der Site nicht bedient zu werden.

Eine der wichtigsten und überraschenden Erkenntnisse: Frauen nutzen überdurchschnittlich häufig die Suchfunktion. Die Implikation: Orvis arbeitet derzeit an einem Redesign der Suchergebnisseite, um gefundene Produkte attraktiver darzustellen.

5.3 Krisenherde in der Benutzerführung in Onlineshops

Gerade in Onlineshops ist die Fehlertoleranz der Nutzer gering und ihre Erwartung gleichzeitig hoch. Selbst der Bundesverband Digitale Wirtschaft (BVDW) postuliert: Usability geht vor Multimedia.

Das Orvis-Beispiel zeigt sehr schön, wie der Site-Betreiber auch mit begrenzten Ressourcen erfolgreich testen und verbessern kann. Die auch in diesem Buch gerne zitierten Beispiele von Neckermann, TUI oder Amazon lassen sich in der konkreten Umsetzung zwar nicht auf kleine Shops übertragen, wohl aber in Sachen Strategie, Testing und Implementierung.

Wolensky fokussiert klar auf die für ihn wichtigsten Site-Bereiche, wohl wissend, dass es vermutlich noch eine Reihe anderer Krisenherde gibt, in denen Optimierungen Erfolg versprechen. Gleichzeitig stellt er alles, was »nice to have« ist, ins zweite Glied zurück. Der Einsatz von 3D, Video, Animationen oder Flash-Anwendungen rangiert hinter der Optimierung einer Buttonfarbe oder eines Seitentexts.

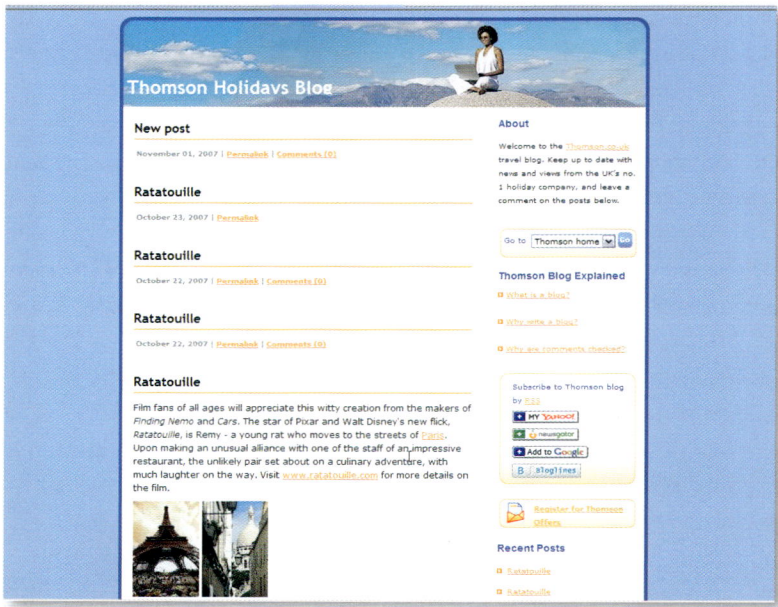

Wer mit Corporate Blogging beginnt, sollte vorher seine Hausaufgaben gemacht und die Usability des Shops optimiert haben.

Die Diskussion um die bessere und richtigere Benutzerführung reißt nicht ab. Seit 16 Jahren suchen Webdesigner die richtige Balance zwischen Gestaltung und Funktion – und liegen dabei nach wie vor häufig daneben. Dabei stehen uns im Jahr 2009 wesentlich präzisere Analysemechanismen zur Verfügung, um die Leistungsfähigkeit verschiedener Interface-Elemente zu testen. Sprich: Wer nicht testet, verliert.

Nielsen gibt gleichzeitig zu, dass die Gesamtqualität der Webshops gestiegen ist. Die Mehrzahl der Usability-Probleme spiele sich in Bereichen ab, die eher zu einer Irritation beim Nutzer führen, als ihn komplett vom Onlinekauf abzubringen. Summiert sich die Menge der Irritationen auf einer Seite, ist allerdings irgendwann eine Schmerzgrenze erreicht und der Nutzer wechselt zur Konkurrenz.

5.3.1   Hier sind Usability-Fehler »tödlich«

Systemkritisch sind Fehler dann, wenn Sie direkt im Shopping-Prozess auftreten.

a. Sollbruchstelle Shop-Zugang

Das gilt bereits für die Landeseite bei einer AdWords-Kampagne. Wer nach »Immobilien am Bodensee« sucht, erhält eine Anzeige der Volksbank Überlingen. Wer darauf klickt, landet auf einer brechend vollen Seite, die der Homepage der Volksbank ähnlich sieht. Den Hinweis auf die »Immobilien am See« hat man vorsichtshalber auf blassgrauem Fond versteckt. Vom Phänomen der

Banner-Blindheit, von der Call to Action oder der Priorisierung haben die Entwickler offensichtlich noch nie etwas gehört.

b. Fehlerquelle Shop-Navigation

Die nächste potentielle Bruchstelle liegt im Bereich der Shop-Navigation. Besonders gravierend wirken sich derzeit Versuche aus dem Bereich Ajax aus. Hier scheint Experimentierlaune zu herrschen, zu sehen zum Beispiel auf zwei TUI-Sites. Auf der brandneuen TUI-Vital.de darf der Nutzer mit Schiebereglern seine Präferenzen kundtun. Das Problem: Sobald die ersten beiden Regler auf »wichtig« stehen, findet das System keine Hotels mehr. Dafür darf sich der Suchende – der sich ja speziell über Wellness-Hotels informieren möchte – als »ganz besonderen Wunsch« ein Hotel mit »Spa« aussuchen.

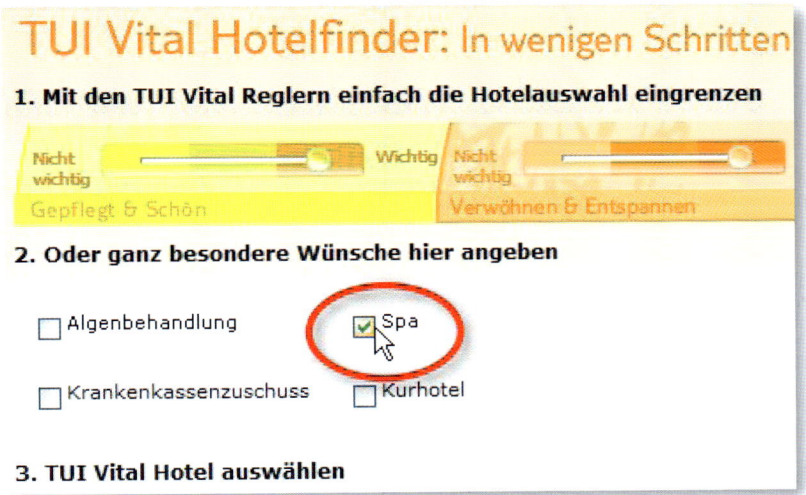

Ist das Vorhandensein eines Spa tatsächlich ein Auswahlkriterium beim Durchsuchen von Wellness-Angeboten?

Auch bei Robinson.de stand Multimedia ganz im Vordergrund. Auf einer Mod-Site, also einer moderierten Seite, wanderten immer wieder hübsche Animateure und Animateurinnen über die Website. Wandern? Nein. Aufgrund einer tragischen Begebenheit hatten sie alle keine Beine. Sie schwebten also über die Seiten. Und weil sich irgendwann einmal der Name einer Unterseite geändert und die Site-Moderatorin davon nichts erfahren hatte, landete ihr Demonstrationsklick auf einer leeren, weißen Seite. Immerhin: Es stand »Entschuldigung« darauf.

»Huch, wo sind meine Beine geblieben?«

c. Problemzone Suche

Über Schwächen bei der internen Suche haben wir bereits im Kapitel Website-Usability ausführlich diskutiert. Klar, dass schlechte Suchergebnisse ein echter Shop-Killer sein können. Notebook-Hersteller Lenovo zum Beispiel liefert Trefferlisten, die praktisch unlesbar sind. Auf der Suche nach einem nagelneuen ThinkPad Tablet PC spuckte die Suche als ersten Treffer eine englische technische Produktankündigung aus. Dann kamen zwei Notebooks, die eben keine Tablet PC waren. Das Kuriose: Die Zielseite hinter dem englischen Teaser ist eine deutsche Produktseite mit passenden Inhalten.

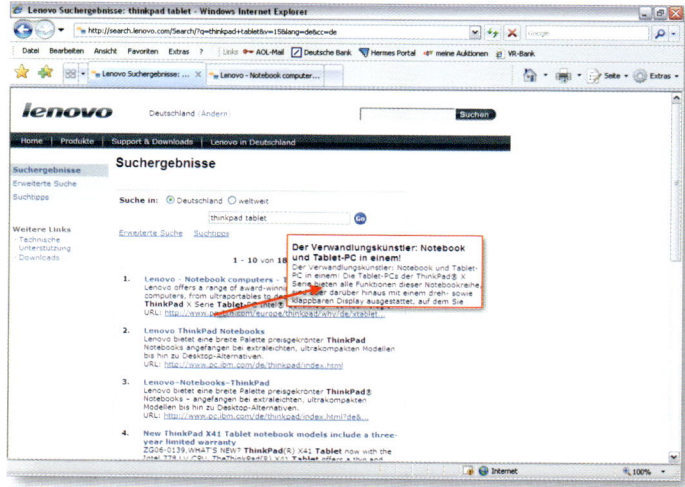

Die internationale Suche von Lenovo übersetzt live beim Mausklick!

5.3.2 Die Kunden erwarten mehr

Dass die kauffreudigen Nutzer im Internet keineswegs indifferent gegenüber solchen und anderen Fehlleistungen sind, beweist eine Ad-hoc-Studie der Stuttgarter Agentur DMC aus dem Frühjahr 2008: 36 Prozent der befragten Nutzer zeigten sich mit der Breite des dargestellten Sortiments unzufrieden. Jeder fünfte Nutzer wünschte sich Möglichkeiten, durch die Preisgabe eigener Präferenzen die dargestellte Produktauswahl relevanter zu machen. Und fast ein Drittel der User fand die Art der Produktpräsentation uninspirierend und fad.

Das Thema Vertrauen in Produkte und Lieferanten nimmt auch hierzulande eine immer wichtigere Stellung ein. Die Bedeutung der Bewertungssysteme steigt und die User erwarten heute von Onlineshops, dass so etwas existiert. Laut DMC-Studie lässt sich bereits über die Hälfte aller Shop-Kunden von Empfehlungen leiten. Und ein Drittel der Befragten ist bereit, komplett auf Social-Shopping-Sites wie smatch.com auszuweichen, wo die Produktbeschreibungen und Bewertungen von anderen Käufern beigesteuert werden – in der Regel inklusive günstigster Bezugsquelle.

Bereits in einer früheren Studie hatte DMC festgestellt, dass die Nutzer selbst sehr klare Vorstellungen davon haben, worin die Probleme von Onlineshops heute bestehen, die die Nutzer am digitalen Einkauf hindern.

Die wichtigsten Gründe:

- Die Mehrheit der Besucher bemängelt verwirrendes Shopdesign und fehlende Orientierung.
- Auch die Bedienung und Navigation wird in vielen Fällen als problematisch empfunden.
- Zu viele Inhalte und Funktionen stören beim Online-Einkauf.
- Der Bestellvorgang ist immer noch zu kompliziert.
- Viele Besucher wünschen sich eine Hilfestellung beim Online-Shopping.

Link zur Studie:

http://www.dmc.de/index.php?id=780&ltnr=2694&mb3_wersch

5.4   Die bessere Produktdarstellung

Nach so viel Grundlagen und Strategie also nun zur Praxis der Usability-Optimierung für Onlineshops. Den Zugang zum Shop, die Suche und die Navigation, also den Zugang zu den Produkten selbst, haben wir bereits behandelt. Nun geht es um die Produktdarstellung und den Aufruf zum Kauf, die so genannte Call to Action.

Ein Viertel aller Online-Käufer lässt sich direkt von der Produktdarstellung beeinflussen. Dies ist das Ergebnis einer Studie des US-Marktforschungsunternehmens Questus zum Kaufverhalten der Amerikaner im Vorfeld des Valentinstages 2008. Auch Usability-Forscher Jakob Nielsen hält die Produktdarstellung für »das Rückgrat jedes Onlineshops«. Purist Nielsen geht hier sogar von seinem streng rationalen Ansatz ab und verlangt großformatige Bilder: »Die Vergrößerung eines Bildes per Mausklick gehört inzwischen zum Standard im Onlineshop.«

Nielsen fasst seine Erfahrungen aus langjähriger beratender Tätigkeit und unzähligen Usability-Tests in zehn »goldenen« Regeln zusammen. Wir haben große deutsche Onlineshops auf deren Einhaltung überprüft und sie den Regeln als gute und schlechte Beispiele beigefügt.

1. **Die Ein-Produkt-Regel:** Viele Websites bieten dem potentiellen Käufer auch auf Produktseiten noch Alternativen an, um ihn zum Kauf zu bewegen, auch wenn die Entscheidung gegen das eigentlich gewählte Produkt fällt. Dieses Vorgehen ist kontraproduktiv. Alternativen gehören auf übergeordnete Navigationsseiten. Die Produktseite sollte sich mit ganzer Kraft dem Verkauf eines Produkts widmen.

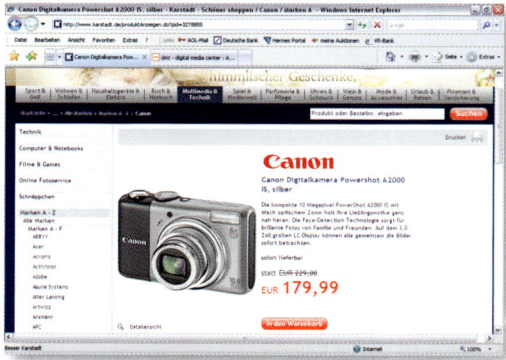

Karstadt verzichtet bei den Produktseiten auf ungefragtes Cross-Selling, also das Angebot alternativer Produkte.

2. **Kernfunktionen hervorheben:** Die wichtigsten Funktionen eines Angebots müssen sofort sichtbar sein. Sie genießen optische Priorität vor den weiteren Features. Ganz oben stehen Preis, Abbildung und die so genannte Unique Selling Proposition (USP), also der kaufentscheidende Vorteil.

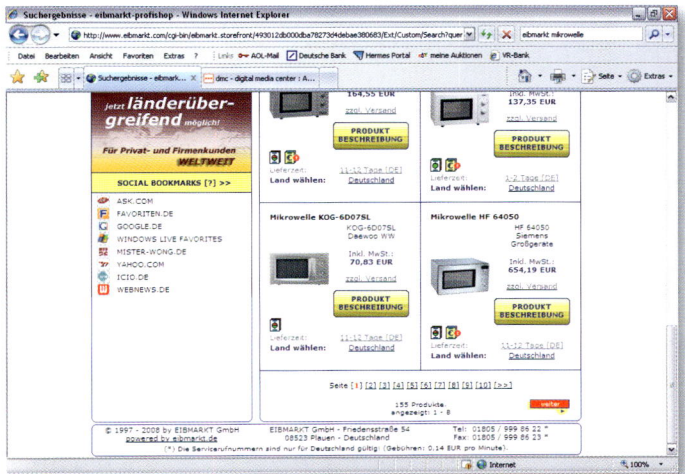

EIBMARKT verkauft Mikrowellenherde für bis zu 550 Euro und ist kaum in der Lage,
Unterschiede zu billigeren Geräten darzustellen.

3. **Die Feature-Navigation:** Aus dem gleichen Grund empfiehlt es sich, die
    Verknüpfung zu ähnlichen Produkten über Funktionselemente zu gestalten.
    Idealerweise kennt das System über die Datenbank ein Produkt, bei dem die
    meisten Features mit dem gewählten übereinstimmen, und bietet den direkten
    Link dorthin an.

basecap verwendet den Herstellernamen (KAPPA) als Link zu einem Produktfilter.
Vielleicht wäre aber das Motiv (Werder Bremen) hier der wesentlich passendere Ansatz.

4. **Das Schichtenmodell:** Der Benutzer benötigt vollständige Information über das Produkt. Das steht im Widerspruch zu einfachem, übersichtlichem Design. Die Lösung: Bauen Sie die Produktdarstellung als Schichtenmodell auf. Zunächst erscheinen die Kernfunktionen, dann weitere wichtige und schließlich der Rest.

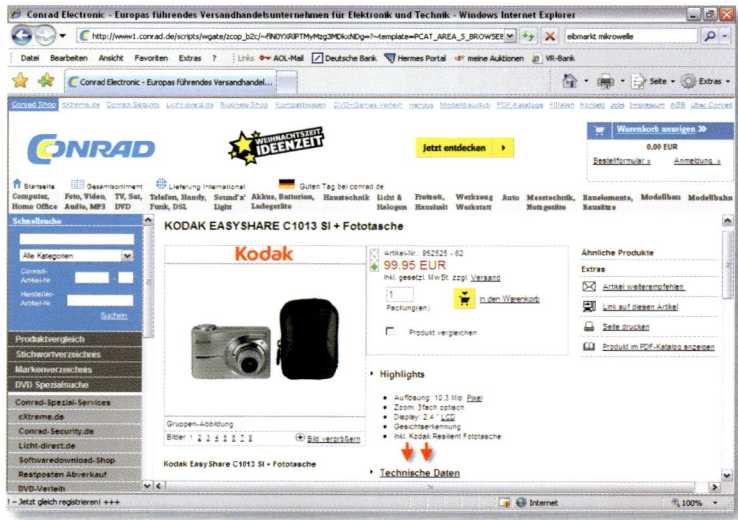

Gutes Beispiel: Conrad Electronics listet alle technischen Daten auf einer Seite, hat aber die wichtigsten Merkmale oben deutlich als »Highlights« abgesetzt.

5. **Vorsicht bei der Expertise:** Positive Beurteilungen von Experten können dem Abverkauf sehr helfen, wenn klargemacht werden kann, dass es sich um eine verlässliche Quelle handelt, die sonst nichts mit Ihrem Unternehmen zu tun hat. In anderen Fällen kann eine Expertise sogar abschreckend wirken.

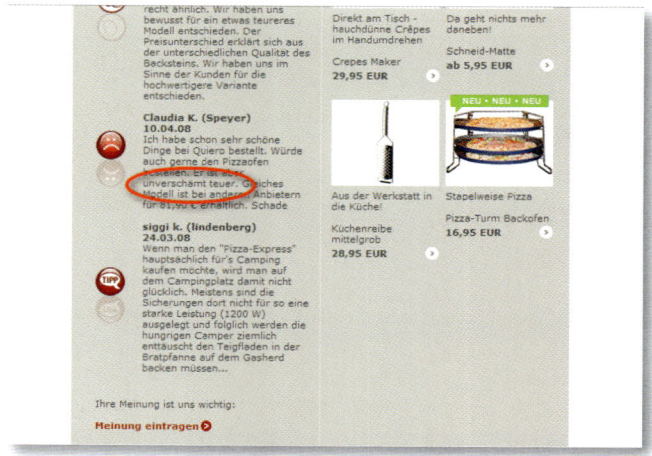

Gutes Beispiel: Qiéro! ist so selbstbewusst, auch schlechte Käufermeinungen zu den eigenen Produkten abzubilden. Das schafft Vertrauen.

6. **Abschließende Konfiguration:** Spätestens beim Drücken auf den »Kaufen«-Button sollte die Produktseite die möglichen Optionen abfragen. Das fertige Produkt wird im Einkaufswagen nicht mehr verändert, sonst drohen Probleme, etwa wenn der Benutzer den Back-Button des Browsers benutzt, um weiter einzukaufen.

Schlechtes Beispiel: basecap verlangt explizit die Auswahl »Keine Beflockung«, die Fehlermeldung spricht von »Ausführung«.

7. **Verfügbarkeit und Liefertermin:** Idealerweise zeigt schon die Produktseite an, wann das Produkt beim Kunden zu welchen Kosten eintrifft.

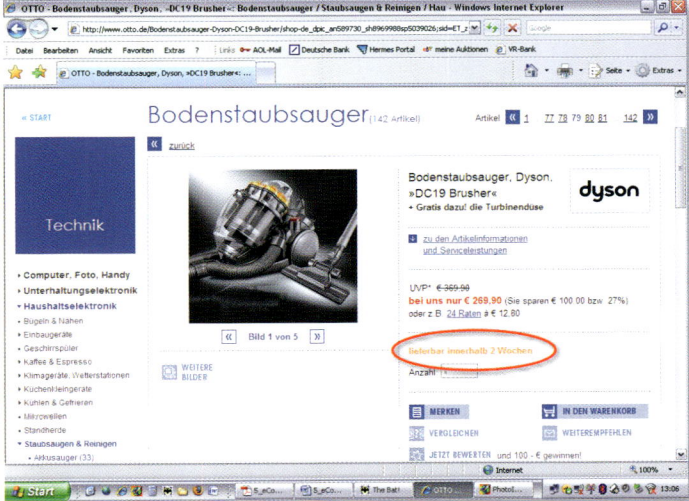

Sehr gutes Beispiel: Sowohl Otto als auch Quelle bieten einen Link direkt über dem Bestellbutton an, der die Verfügbarkeit prüft, ohne die Seite neu zu laden – oder sie zeigen die Verfügbarkeit direkt an.

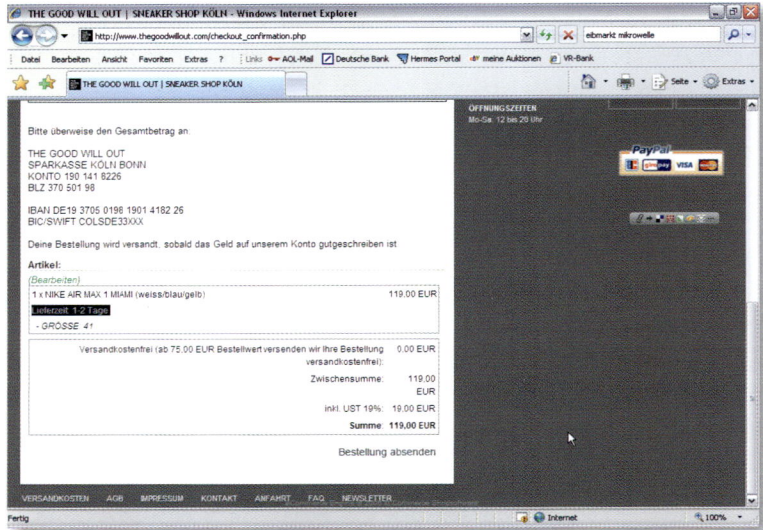

Schlechtes Beispiel: Sportschuh.com zeigt die Lieferbarkeit erst auf der letzten Seite nach Adresseingabe und Wahl der Zahlungsmethode.

8. **Die Abbildung:** Ein Produktbild muss per Mausklick vergrößerbar sein, und zwar deutlich. Der User darf auf das Bild selbst oder einen »Vergrößern«-Button klicken. Zeigen Sie im Pop-up-Fenster mindestens die gleichen Informationen an wie beim Originalbild und machen Sie nicht den Fehler, der den meisten unterläuft: Viele verzichten bei der vergrößerten Ansicht auf den Bestellknopf.

Sehr gut: Der Onlineshop von Otto bietet für fast alle Produkte zoombare Bilder an, bei denen der Benutzer die Bilder so lange vergrößern kann, bis er die Beschaffenheit der Produktoberfläche erkennt.

9. **Die Garantie:** Nutzen Sie das Kundenrecht auf kostenlose Rücknahme zu Ihrem Vorteil. Zeigen Sie mit einem deutlichen Hinweis oder Link auf Ihre Garantiebedingungen, dass der Kauf kein Risiko bedeutet.

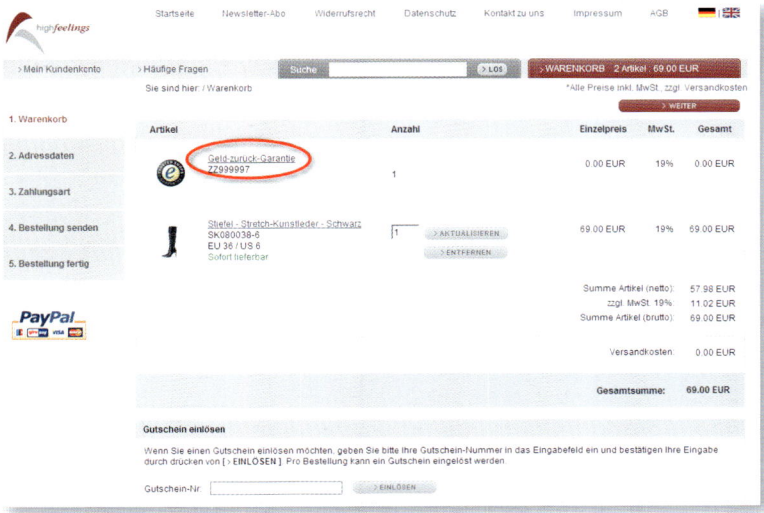

Pfiffige Idee: high feelings platziert die Vertrauen bildende Maßnahme direkt im Warenkorb.

high feelings platziert ein Gütesiegel als »kostenloses« Produkt im Warenkorb und sichert dem Element dadurch Aufmerksamkeit. ElectronicScout24 hingegen verliert an keiner Stelle auf der Produktseite ein Wort über die Garantiebedingungen und das Widerrufsrecht. Ein direkter Link fehlt ebenfalls.

10. **Ein großer Bestellknopf:** So trivial es klingt: »Im Durchschnitt brechen sechs Prozent der Benutzer den Kauf ab, weil sie den Weg zum Warenkorb nicht finden oder verstehen«, stellt Nielsen fest. Ein gutes Beispiel zeigt der Uhrenshop Watchoo.de. Dort setzt man auf ein dezent blaues Layout, der Bestellbutton hingegen wird in grellem Orange dargestellt und könnte prominenter nicht sein.

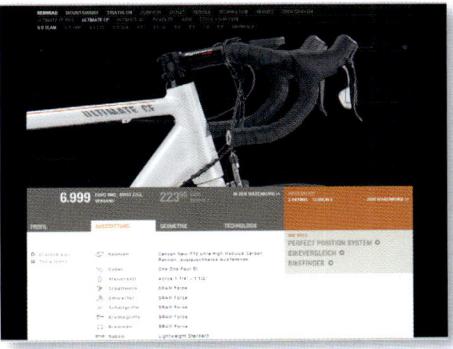

Der Shop von Canyon Bicycles versäumt es, dem Nutzer den direkten Weg
zum Produktkauf anzubieten.

Anders dagegen der toll gestaltete und preisgekrönte Shop von Canyon. Er zeigt nebeneinander die Texte »In den Warenkorb«, »Warenkorb« und dann den Link »Zum Warenkorb«. Ja was denn nun?

5.5   Multimedia-Shopping

Nur wenige deutsche Onlineshops wagen sich an innovative Techniken bei der Produktdarstellung. Dabei sind manche Technologien längst etabliert. Die Flash-Technologie bildet mit ihren interaktiven Möglichkeiten und der einfachen Einbindung von Video und Ton dafür einen gute Grundlage. Der Player verfügt über eine gute Verbreitung und funktioniert auf allen Systemplattformen sowie in allen Browsern praktisch gleich.

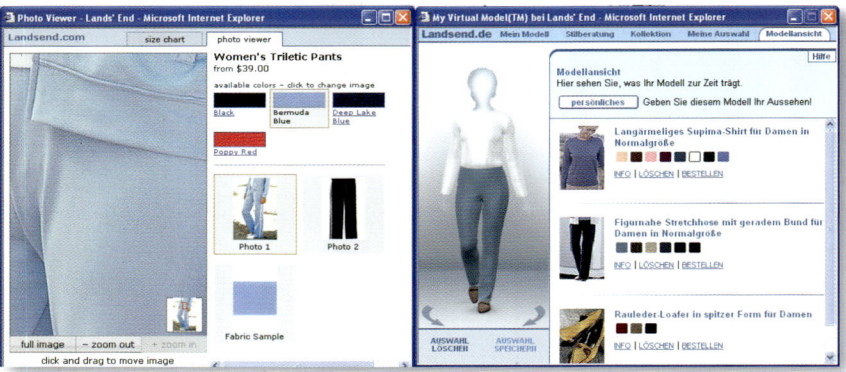

Der US-Shop von Lands' End mit Zoomtechnik und der deutsche Shop mit virtuellem Laufsteg

5.5.1   Zoom

Wer meint, der Einsatz moderner Methoden zum Zoomen von Produktbildern sei teuer und berge das Risiko, dass Benutzer mangels Plugin nicht damit umgehen können, täuscht sich. Flash-basierende Anwendungen benötigen nicht zwangsläufig einen Image-Server, von dem die Bilder geliefert werden. Die Berechnungslogik wird vom Client ausgeführt und der Flash-Film lädt die größeren Bilder vom normalen Webserver einfach als handelsübliche – und für alle Browser verträgliche – JPEG-Dateien nach.

Die weite Verbreitung des Flash-Plugins – getrieben durch die Werbebranche und YouTube – minimiert das Risiko, dass der Benutzer die Vergrößerung gar nicht sehen kann. Adobe selbst gibt eine Marktdurchdringung von 98,5 Prozent an und behauptet, in nur einem halben Jahr alle verfügbaren Player auf den neuesten Stand bringen zu können. Das bedeutet: Im Juni 2009 werden die Möglichkeiten des Flash Player 10 salonfähig.

Das wichtigste Grundprinzip für den Flash-Einsatz bleibt aber, dass er optional erfolgt. Wenn wichtige Kernfunktionen eines Angebots betroffen sind – etwa ein Hotelreservierungssystem –, dann muss es parallel auch eine Variante ohne Flash geben, sonst ist das Risiko des Kundenverlusts zu groß. Besser ist es, die Flash-Inhalte als kreative Highlights einer Seite herauszustellen. Die Website funktioniert auch ohne Flash, wird durch dessen Verwendung aber schöner. Das lässt sich natürlich auch in entsprechendes Marketing verpacken und dem Nutzer spannend anbieten.

Ein schönes Beispiel hierfür zeigt der bereits beschriebene Shop von Lands' End. Dessen Zoomtechnik wurde von der Agentur Concept Retail umgesetzt. Das Unternehmen bietet neben der Darstellungstechnik auch eine Autorenumgebung und einen Hostingservice für die Bilder an. Der Hostingservice sollte dann eingesetzt werden, wenn die Serverlast zu hoch ist.

Es geht aber auch anders. Das Hamburger Unternehmen ISA offeriert den ZoomoViewer mit ähnlicher Funktionalität. Das System besteht aus einem Image Server und dem Frontend, welches mit verschiedenen Oberflächen angepasst werden kann. Dieses System kommt derzeit bei Otto.de zum Einsatz und zuvor bereits bei der Tochtergesellschaft Bon Prix.

Das Angenehme an diesen beiden Techniken ist das standardisierte Interface. Sowohl ein Klick auf das Plus-Symbol als auch in das Bild wirkt vergrößernd. Der User kann den Ausschnitt im kleinen Vorschaufenster oder direkt im Hauptbild anklicken und verschieben.

5.5.2   3D

Der Einsatz von 3D-Simulationen findet in der deutschen Shop-Landschaft praktisch kaum statt. Einige Hersteller von exklusiven Produkten nutzen die Technik dennoch auf ihren Produktseiten. So präsentiert Grohe, der Anbieter von Badarmaturen, seit Kurzem ein Special zu den »Visions of Water«, bei dem sich innovative Badezimmerkonzepte virtuell begehen lassen.

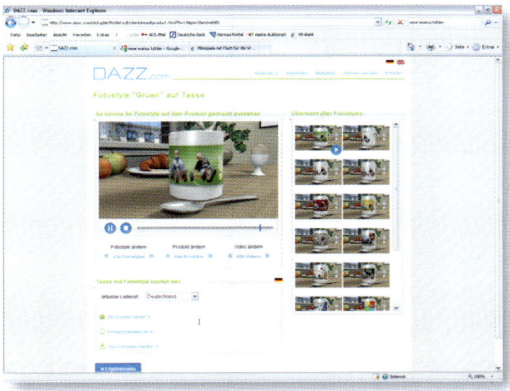

Dazz benutzt 3D-Videos, um selbst bei einfachen bedruckten Tassen eine realistischere Produktsimulation zu erreichen.

Umgesetzt wurde das Projekt von der Hallenser Agentur Moving Elements, die auch Industriekunden wie den Maschinenhersteller Metabo mit der Technik versorgt. Das Unternehmen setzt dabei sowohl Flash als auch die VR-Technik von QuickTime sowie die beiden 3D-Plugins Cult3d und Viewpoint ein. Das wirft freilich das klassische Plugin-Problem auf und ist nicht für eine breite Zielgruppe geeignet.

Dass es auch anders geht, zeigen Arbeiten der Aachener Agentur Powerflasher oder des renommierten US-Flasher Paul Holcomb (http://www.newpaul.com/). Dessen Website ist ein einziges 3D-Erlebnis in Flash-Technik.

Auch Maschinenhersteller Metabo setzt 3D-Technik zur Darstellung seiner Produkte ein.

Eine andere Variante aber findet derzeit wieder Eingang in die Onlineshops. Durch eine sehr schnelle Verbreitung ist die Benutzerschnittstelle inzwischen gelernt und wirft keine größeren Probleme auf. Die Rede ist von Produkt-Karussells, die auf einer eliptischen Pseudo-3D-Bahn rotieren. Allerdings muss der Gestalter hierbei Vorsicht walten lassen, damit sich die Drehbewegung, Roll-over-Effekte und der getätigte Klick des Nutzers nicht ins Gehege kommen.

Zur Navigation größerer Produktbestände ist diese Technik nicht geeignet. Einen interessanten Ausblick aber erlaubt Amazon Windowshop. Dort wird die Einheit Produktseite praktisch aufgelöst und in ein großes, bewegliches Interface integriert. Der Zoom wird durch das Mausrad ausgelöst.

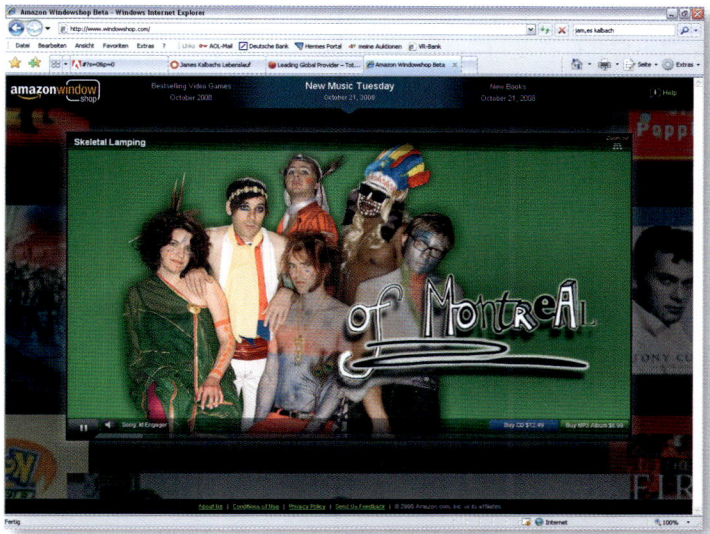

Unter www.windowshop.com experimentiert Amazon mit einem ganz anderen Interface.

Wichtig zu erwähnen ist, dass Amazon diese »Spielerei« auch als solche einordnet, sie also explizit den »stöbernden«, nach Inspiration suchenden potentiellen Kunden anbietet. Niemals würde Amazon mit einer solchen Idee die effizientere Navigationsmethode »Volltextsuche« gefährden oder gar ersetzen.

5.5.3 Konfiguratoren

Die Premium-Variante der ansprechenden Produktdarstellung ist zweifellos der Konfigurator. Er eignet sich freilich nur für Produkte, bei denen der Benutzer über die Zusammenstellung selbst entscheiden kann. Das ist allerdings bereits beim Kleidungsstück der Fall, das in unterschiedlichen Schnittvarianten oder Farben wählbar ist.

Die besten Konfiguratoren bietet hierzulande die Automobilindustrie. Sehenswert sind vor allem die Arbeiten der Hamburger Top-Agentur DDD für Bugatti oder DaimlerChrysler.

Einen Schritt weiter geht Toyota beim US-Modell Scion. Hier reicht die Konfigurierbarkeit bis zur Stoßstange. Sehenswert ist auch der »Custom-Reebok«, ein Turnschuh, den der Benutzer bezüglich Farbwahl, Sohlenbeschaffenheit und Bestickung selbst gestalten kann. Freilich fordert ein solches System die entsprechende Produktionslogistik im Unternehmen.

Dass man aber auch bei einem eindimensionalen, nicht vom Benutzer zu variierenden Produkt einen Konfigurator sinnvoll einsetzen kann, zeigt das Beispiel des Farbenherstellers Sherwin-Williams. Dieses Werkzeug bietet eine Auswahl von Räumen an, die sich mit den entsprechenden Farbtönen färben lassen. So bekommt der Benutzer ein gutes Gefühl für die spätere Wirkung des gekauften Produkts.

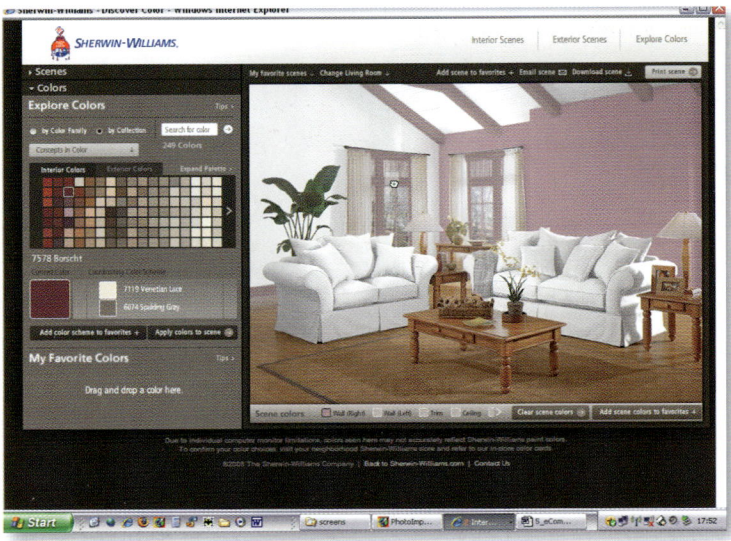

Sherwin-Williams: Konfigurator ohne konfigurierbares Produkt

Aus Usability-Sicht sind Konfiguratoren nichts anderes als jede andere Online-Anwendung, jedoch mit einem gravierenden Unterschied: Der User hat in der Regel keine sehr konkrete gedankliche Vorstellung von dem, was innerhalb des Konfigurators möglich ist und wie es funktioniert. Er weiß sehr wohl einzuschätzen, dass er nicht in jedes Detail des Produktionsprozesses eingreifen kann, weil die Herstellung der Produkte dann zu teuer würde.

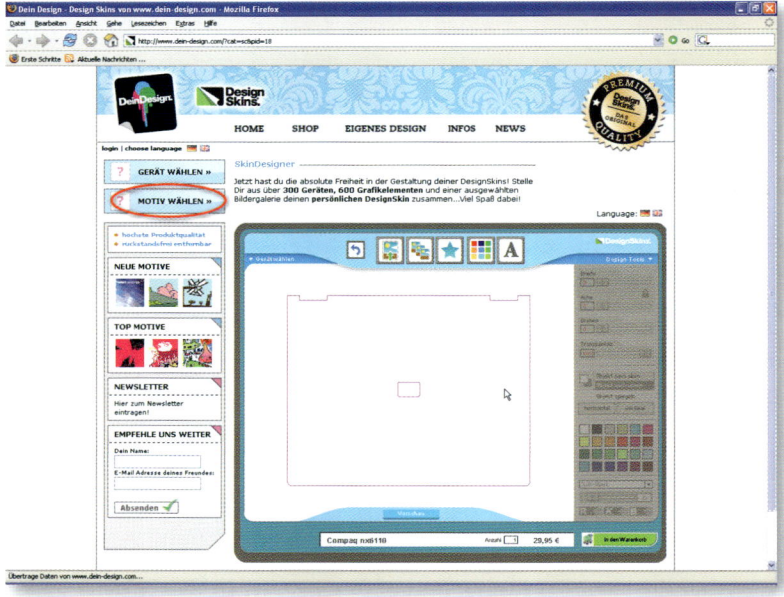

Während sich der Nutzer auf den zentralen Bereich konzentriert, wartet der Konfigurator auf eine Aktion links oben (der rote Kreis gehört nicht zum Original-Layout!).

Hier ist besondere Hilfestellung gefordert:

- Erklären Sie dem User beim Start, was er konfigurieren kann.
- Eröffnen Sie ihm eine Kommunikationsschnittstelle, wenn er erweiterte Wünsche hat. In der Regel ist er sich im Klaren darüber, dass das Produkt dadurch teurer werden kann.
- Nutzen Sie einen linearen Wizzard, also eine Schritt-für-Schritt-Technik, um die Spannbreite des Konfigurators zu erläutern.
- Erläutern Sie jeden Schritt mit einer klaren Call to Action.
- Machen Sie deutlich, welche Angaben seitens des Nutzers unbedingt nötig sind, damit der Auftrag abgeschickt werden kann.
- Arbeiten Sie mit Default-Werten in den Formularen, um einen schnellen Durchmarsch »zur Probe« zu ermöglichen.
- Geben Sie dem Nutzer die Möglichkeit, das Endergebnis zu speichern und später erneut darauf zurückzugreifen.
- Nutzen Sie alle Möglichkeiten des Social Web, um dem Konfigurator eine Eigendynamik zu geben. Designs können an Freunde verschickt und kommentiert werden. Es gibt Galerien, vielleicht das »Design des Tages« auf der Startseite und vielleicht kann der jeweilige Nutzer Designs von anderen weiterentwickeln.
- Denken Sie über eine erweiterte Nutzung des kreativen Inputs nach. Könnte man zum Beispiel dem Nutzer direkt ein PDF-Poster zum Ausdrucken generieren, vielleicht als Variante eines bestehenden Anzeigenmotivs?

Links:

Studie von Questus
http://www.ecommerce-guide.com/news/trends/article.php/3585106

ISA ZoomoViewer
http://www.isa-hamburg.com/

Amazon Windowshop
http://www.windowshop.com

Toyota Scion
http://www.scion.com

Sherwin-Williams Farbinspiration
http://www.sherwin-williams.com/do_it_yourself/

Reebok Custom
http://www.rbkcustom.com/

Erste zaghafte Schritte sind in deutschen Webshops bereits zu sehen, wenn es um größere und spannendere Produktdarstellung geht. Das ist aber noch weit von dem entfernt, was die verfügbaren Webtechnologien und das Breitband inzwischen möglich machen. Statt sich über Web 2.0 und Unternehmens-Blogs Gedanken zu machen, sollten sich manche Online-Verkäufer intensiver um ihr Kerngeschäft kümmern, den Verkauf von Produkten, und dazu sowohl Usability als auch User Experience auf den entsprechenden Seiten erhöhen.

5.6   Leistungsmerkmal Conversion Rate

Kennen Sie die Conversion Rate der wichtigsten Elemente in dem von Ihnen entworfenen Marketing- und Bestellprozess? Wie viele Nutzer haben die AdWords-Anzeige gesehen, aber nicht geklickt? Welcher Anteil der Besucher einer Landeseite entschließt sich dazu, den Bestellknopf zu drücken, und wie viel Prozent davon ziehen diesen Bestellvorgang bis zum Ende durch?

Durch das Einfügen des Amazon-Bestellbuttons konnte Al Carlton seine Produktverkäufe verdoppeln.

In Beratungsprojekten stellt sich immer wieder heraus, dass die erste Ebene der Conversion-Zahlen, also zum Beispiel die Relation zwischen den Besuchern einer Landeseite und denjenigen, die den Bestellknopf drücken, zwar verfügbar ist, weitergehende Zahlen fehlen jedoch häufig. Damit wird eine strategische Analyse der Leistung von Website und Onlineshop praktisch unmöglich.

Die Conversion Rate ist einer von mehreren Key Performance Indicators (KPI), die als zentrale Merkmale einer auf ökonomische Leistung ausgerichteten Website herangezogen werden können. Der schiere Traffic könnte ein anderer sein, daneben der Gesamtumsatz, der Gewinn pro Kunde etc.

Die meisten Shopdesigner, die die Conversion Rate – also die Relation zwischen Besuchern einer Seite und Käufern des dort dargestellten Produkts – optimieren wollen, achten nur auf den inneren Teil des so genannten Bestelltrichters, also auf Produktseite, Warenkorb und Checkout. Das ist richtig, aber nicht ausreichend. Genauso wichtig ist es, dass bereits die Werbung konvertiert, dass die URL gefunden wird und dass beides zur Landeseite passt. Und außerdem bietet eine erfolgreiche Conversion beste Voraussetzungen für die nächste, frei nach Sepp Herberger: Nach dem Kauf ist vor dem Kauf.

Quest testete auch Landeseiten mit nur einer Call to Action und registrierte dabei sehr hohe Absprungraten.

Aus der Vielzahl der verfügbaren Tipps habe ich die wichtigsten zehn für Sie extrahiert.

1. **Die Werbung muss passen**

   Gehen wir von Traffic aus, der durch eine Werbemaßnahme ausgelöst wird und nicht durch einen Blog, eine Rezension oder durch die direkte Eingabe einer URL durch den Nutzer. Sie als Werbungsschaltender können also jede Kommunikationsmaßnahme zum User direkt beeinflussen.

   Nutzt man die Conversion Rate als Maßstab für gute Usability, dreht sich fast alles um das Thema Relevanz. Die jeweilige Kommunikationsmaßnahme muss beim Nutzer auf »offene Ohren« stoßen. Sie muss in dessen spezifischen Kontext passen, nur dann hat sie die Chance, gehört zu werden.

   Das wichtigste Kriterium bei der Erhöhung der Relevanz ist das Ausschlussverfahren. Gibt es bei den von Ihnen gewählten Plattformen oder Google-Keywords Besucher, die mit Ihrem Produkt gar nichts anfangen können, dann machen Sie dieses Kriterium deutlich. Es fungiert nämlich gegenüber den anderen als Anziehungsmagnet.

Das typische Beispiel ist das Regionalangebot. Eine Kfz-Werkstatt in Leverkusen wird ihren Standort kommunizieren, weil Traffic aus Passau auch beim besten Angebot nicht erwünscht ist und nur Geld in Form von Klickprovisionen kostet. Der Leverkusener aber, der die Anzeige sieht, fühlt sich direkt angesprochen.

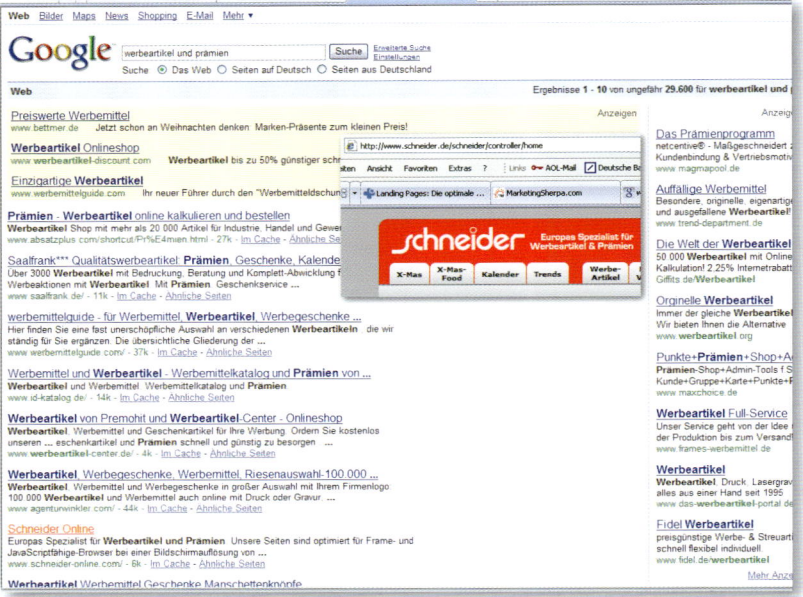

Obwohl der Suchbegriff der Claim des populären Schneider-Versands ist, taucht dessen Angebot nirgendwo auf der ersten Ergebnisseite auf.

Die Anpassung der Kommunikation an das gewählte Keyword ist ein weiteres wichtiges Kriterium. Unterscheiden Sie auf jeden Fall mindestens zwei Gruppen:
- Neulinge, die Ihr Angebot oder sogar das Angebotsgenre nur wenig kennen und denen die Vorzüge erst erläutert werden müssen
- Experten, die konkret nach dem Unterschied zur Konkurrenz fahnden

Ähnlich funktioniert das auch bei grafischen Werbemaßnahmen: je generischer die Seite (Portale, Homepages, Navigationsseiten), umso grundlegender der Informationsbedarf. Das gilt natürlich sowohl für die inhaltliche Aussage in der Anzeige als auch für die Wahl der Sprache und der grafischen Elemente.

Das betrifft übrigens nicht nur die Anzeige selbst, sondern natürlich auch die Landeseite. Beide Elemente sollten eine Informationseinheit bilden. Der Novize in Sachen MP3-Player mag dadurch geködert werden, dass ihm der mobile Musikgenuss als solcher schmackhaft gemacht wird. Der erfahrene Nutzer kann mit diesem Argument wenig anfangen. Für ihn zählen Details wie Speicherplatz, Funktionsumfang oder vielleicht ein cooles Design.

2. **Vertrauen ist ein emotionales Argument**

Natürlich gibt es noch eine tiefere Ebene der Relevanz. Irrelevant kann ein Angebot auch dadurch werden, dass der Nutzer bestimmte Verkäufer oder ganze Verkäuferschichten ausschließt. Das kann zum Beispiel für eBay-Verkäufer gelten, die Ihre Angebote mit AdWords bewerben. Es mag durchaus Nutzer geben, die einem eBay-Händler grundsätzlich misstrauen.

Egal zu welcher (sehr großen) Website der Screenshot gehört, er ist ein Bestellverhinderer.

Besonders deutlich wird dies im Bereich der Bezahlungssysteme. Das bei eBay verwendete und für den Händler so angenehme System Vorkasse könnte die Nutzer abschrecken. Die Marktforscher von ForeSee Results fanden für den amerikanischen Markt heraus, dass 49 Prozent der Online-Käufer bereit sind, mit Online-Zahlungsmethoden wie PayPal oder Google Checkout zu bezahlen. Der Verzicht auf die Übertragung sensibler Zahlungsdaten und der integrierte Treuhandservice sind starke Argumente im Vertrauensaufbau.

Rückgabegarantien machen den Kauf leichter, auch wenn Misstrauen besteht. Man unterstützt sozusagen den Kunden beim Aufbau von Vertrauen in die eigene Entscheidung. Da Sie als Händler gesetzlich ohnehin zur Rücknahme verpflichtet sind, nutzen Sie das doch als Marketing-Argument.

Naben den harten Fakten hat das Thema Vertrauen auch noch eine subtile, emotionale Ebene. Professionelles Webdesign ist ein Muss, um in den Augen der Nutzer nicht wie ein Schüler zu wirken, der aus Mamas Garage heraus einen Versandhandel betreibt. Ein offenes Bewertungssystem zeigt, dass Sie

Vertrauen in Ihr Angebot haben und die Meinungen der Nutzer nur wenig zensieren müssen. Auch der Verweis auf externe Bewertungssysteme wie zum Beispiel HolidayCheck für die Reisebranche und das eigene Standing dort kann es dem Nutzer leichter machen, direkt einen Kauf auszulösen, ohne sich rückversichern zu müssen.

3. **Versandkosten sind keine Margenträger**

    Auch wenn dieser Punkt im Grunde ähnlich zu handhaben ist wie die Rückgabegarantien, lohnt es sich dennoch, ihn in den Vordergrund zu stellen. In der bereits zitierten ForeSee-Studie wurden 10.500 Kaufprozesse in 30 Onlineshops analysiert. Dabei stellte sich heraus, dass das mit Abstand wichtigste Kriterium, das zum schnellen Bestellen führt, der Verzicht des Onlineshops auf Versandkosten ist. 34 Prozent der Nutzer benannten dies spontan als das Killer-Kriterium.

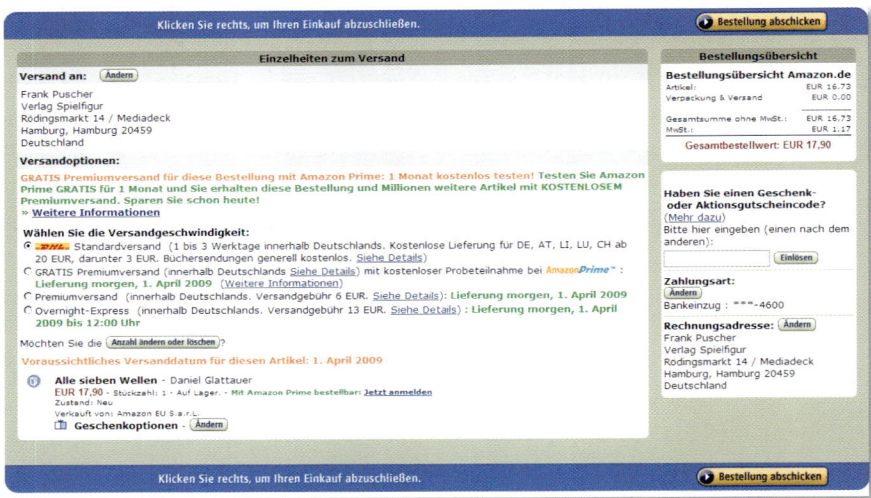

Ein Erfolgsgeheimnis von Amazon war der kundenfreundliche Umgang mit Versandkosten. Hier konnte der Onlineshop seinen Standortnachteil gegenüber lokalen Buchläden wettmachen.

Zwei Gründe sind ausschlaggebend. Zum einen kennt der Nutzer den zu erwartenden Endpreis ganz am Anfang seiner Recherche, vielleicht bereits durch das Werbemittel. So wird ihm ein wichtiger Ausstiegsgrund genommen. Zweitens fällt ein bedeutender Vergleichsparameter weg. Der potentielle Kunde wägt ab zwischen Offline-Kauf und den verschiedenen Methoden des Online-Kaufs. Der reale Kauf ist natürlich direkter und schneller. Diesen Vorteil kann der Verzicht auf Versandkosten kompensieren.

Freilich ist kalkulatorisch eine Reihe von Varianten denkbar, ein Mindestbestellwert etwa. Hier wäre ganz entscheidend, die Bestellung keinesfalls zu verhindern, solange der Wert nicht erreicht wird, sondern den Mindestbestellwert in einem solchen Fall über einen Zuschlag zu erreichen. Das muss deutlich und transparent kommuniziert werden, um dem Nutzer die Chance zu geben, darauf Einfluss zu nehmen: »Wenn Sie noch Produkte im Wert von 3,49 Euro bei uns kaufen, liefern wir versandkostenfrei.«

Eine andere Erfolg versprechende Variante ist der Verzicht auf Versandkosten bei der Erstbestellung oder innerhalb eines Zeitfensters nach Aussenden der Werbung. Letzteres kommt der Idee von Live-Shopping (siehe nächstes Kapitel oder www.guut.de) nahe, bei dem sich Produktpreis und Verfügbarkeit sehr schnell ändern können. Die Idee dabei ist, die Kaufzurückhaltung durch einen letzten »Kick« zu brechen.

Letztlich ist es nur ein betriebswirtschaftliches Rechenspiel, ob der Verzicht auf Versandkosten durch mehr Abverkäufe überkompensiert werden kann.

4. Professionelles Design bis ins Detail

Die Ähnlichkeit vieler Onlineshops suggeriert, dass die meisten Erkenntnisse in Sachen Webdesign für kommerzielle Anwendungen und damit auch deren Usability bereits gewonnen und von den Site-Entwicklern verinnerlicht wurden. Dem ist nicht so. Im ersten Schritt geht es natürlich um die Vermeidung gravierender Fehler in der Benutzerführung, und da liegt man selten falsch, wenn man sich an die großen Shops von Amazon, Quelle oder Neckermann anlehnt.

Direkt danach folgt die wesentlich komplexere Disziplin der Feinsteuerung, die versucht »den Unterschied« zu machen. Hierbei geht es darum, die ganz konkreten Bedürfnisse der Nutzer auf eben dieser Website oder gar Einzelseite zu antizipieren und entsprechende Lösungen einzuarbeiten.

Die Detailoptimierung funktioniert im rein grafischen Bereich in der Regel noch gut. Problematisch wird es bei interaktiven Grafiken, etwa in Formularen, deren Ausführung häufig Sache eines Programmierers ist. Das größte Optimierungspotential zeigt aber immer wieder das Thema Text bzw. Sprache. Nur ganz wenige Site-Betreiber widmen sich explizit dieser Disziplin – und das ist ein fataler Fehler. Gute Texte wirken auf drei Ebenen förderlich für die Conversion:

1. Sie fördern die Usability von Interface-Elementen, in dem sie Aufschluss über deren Wirkung geben.
2. Sie liefern inhaltliche Transparenz für die Seiten, und das wirkt sich auch positiv auf die Auffindbarkeit durch Suchmaschinen aus.
3. Sie sind in der Lage, eine emotionale Bindung zwischen Nutzer und Website zu schaffen.

Mit einer aufwändigen E-Mail-Kampagne konnte Cirque du Soleil den Vorverkauf
der Tickets stark beschleunigen.

Ein schönes Beispiel für die emotionale Vertiefung zeigt eine sehr detailliert
ausgearbeitete E-Mail-Kampagne des Weltzirkus Cirque du Soleil. Dort wählte
man verschiedene Charaktere für die direkte Ansprache der Nutzer und ord-
nete ihnen sozusagen ein Verbal-Branding zu. So unterschrieb »Madame« ihre
lasziv formulierten Schreiben mit einem Lippenstiftkuss. Andere Charaktere
hatten einen französischen »Akzent« in ihren englischen E-Mails.

Jenseits der Emotionalität lassen sich in den meisten Fällen Textoptimie-
rungen in einer einfachen Formel zusammenfassen: weniger Fachsprache.
Damit ist die unternehmensspezifische Fachsprache gemeint, die zum Beispiel
die Kenntnis von Abteilungskurzbezeichnungen aus den internen Prozessen
einfach auf die Website überträgt. So beschrieb der Fotodienstleister Fuji früher seine Filialen mit »Order.net« und den Onlineshop mit »Order.it«. Als

Buttonbeschreibungen sind beide Begriffe kaum zu unterscheiden und natürlich nicht in ihrer Wirkung antizipierbar.

Fachsprache bedeutet aber auch Branchensprache. Und das betrifft nicht nur Terminologien aus der Welt der Produkte, die ein Unternehmen anbietet, sondern auch Fachbegriffe aus der Onlinewelt, die dem einfachen Nutzer eventuell nicht geläufig sind. Solche Begriffe könnten sein: Drag and Drop, Tagging, Download, SSL-Verschlüsselung, Cookies und viele mehr.

So benutzt der ansonsten gelungene Onlineshop werbemittelguide die Beschriftung »Bestellen oder Anfragen« für einen einzigen Hyperlink, der nichts anderes tut, als das Produkt in den Warenkorb zu legen. Der Ansatz der Unterscheidung zwischen verbindlicher Bestellung und Anfrage ist für sich genommen gut. Doch muss der Nutzer misstrauisch werden, wenn beide Möglichkeiten mit der gleichen technischen Funktion verbunden sind.

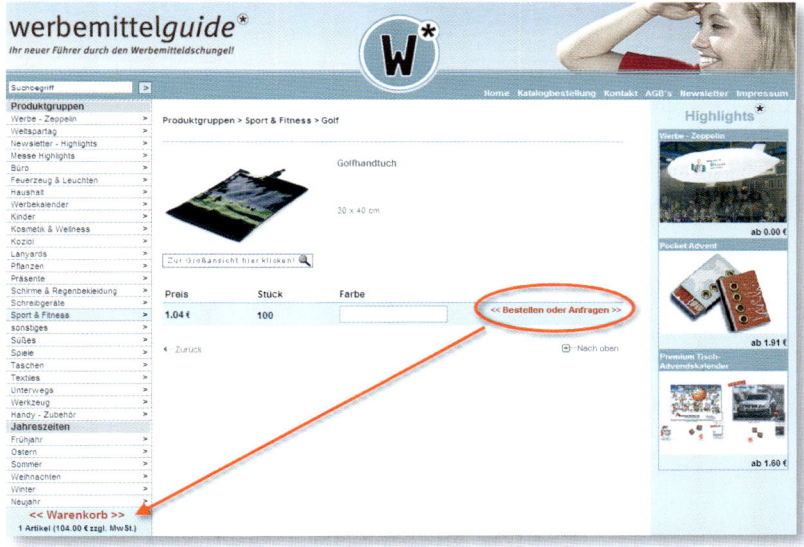

werbemittelguide könnte etwas mehr tun, um die Kunden zum schnellen Kauf zu überreden.

Übrigens füllt der entsprechende Mausklick einen Warenkorb, der entgegen jeder Konvention links unten erscheint.

5. Most Wanted Response

Wie verführt man Benutzer dazu, ein Produkt in den Warenkorb zu legen? Wie lautet die bessere Buttonbeschriftung: »Artikel hinzufügen«, »Produkt in den Warenkorb« oder »Das will ich«? Eines steht fest: Die profane Aufforderung »Jetzt bestellen« hätte vor fünf Jahren noch ein Naserümpfen bei Webdesignern ausgelöst, heute gilt das als »State of the Art«.

»Sag den Menschen klar, was Sie als Nächstes tun sollen«, empfiehlt auch der US-Shopexperte Peter Blackshaw. Das gilt nicht nur für den Kauf eines

Produktes, sondern auch für eine Kontaktaufnahme, den Download einer Broschüre oder jede andere Conversion. Wichtig auch hier: Links zu »Weiteren Informationen«, »Technischen Daten« oder »Ähnlichen Produkten« sind wichtig und hilfreich, aber sie sind weniger bedeutend als die direkte Bestellung und insofern werden sie kleiner und unscheinbarer auf der Seite untergebracht.

Freilich gilt dieses Paradigma nicht nur für Warenkörbe und Komerzseiten. Auch der Aufruf zur Spende, das Sammeln von Mail-Adressen (Leads) oder einfach nur der Download eines Whitepaper sind Handlungen, die nach einer Call to Action verlangen, also nach einer deutlichen Aufforderung. Sie muss optisch das wichtigste Element der Seite sein und ist gemäß der Konvention meistens im rechten Bereich zu finden, was einen Prozessablauf von links nach rechts illustrieren soll.

6. **Videos funktionieren auch bei Büchern**
    Neben der bildlichen Darstellung stehen derzeit Produktvideos ganz oben auf den Bestellzetteln der Online-Händler. Das ergab eine Umfrage des Branchenverbandes BVDW im Januar 2009. Klaus Driever, E-Commerce-Chef des Weltbild Verlags, setzt Videos inzwischen sogar bei Büchern ein: »Bei einem Buch von Katja Kessler erbrachte das Video eine Vervierfachung des Umsatzes.«

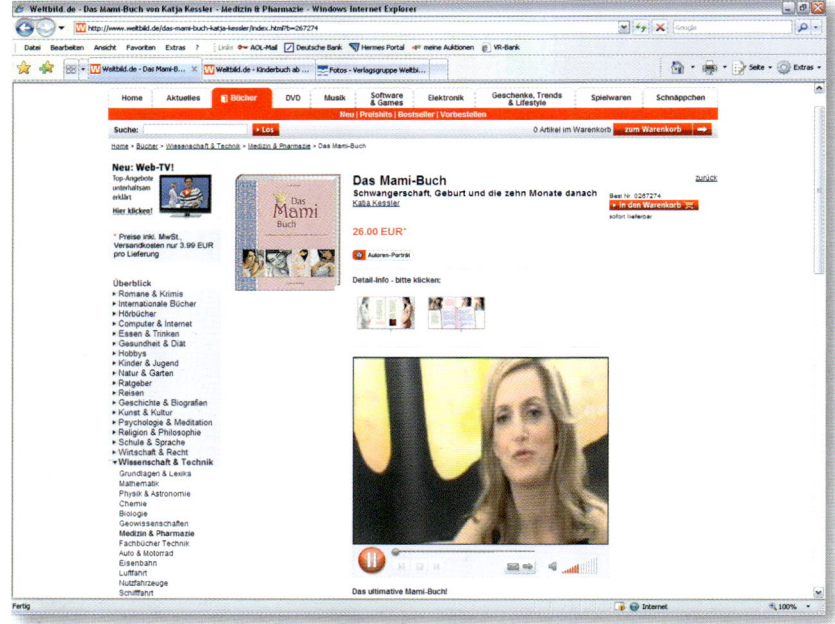

Weltbild-Chef Driever setzt immer stärker auf das lineare Format Video.

Eine ganze Reihe von Studien zeigt, dass Videos die Absatzzahlen auch in anderen Branchen erhöhen. Spannend ist dabei, dass es nicht mehr um die hochglanzpolierten Image-Filme geht, sondern dass auch ganz ehrliche Produktpräsentationen dem potentiellen Käufer das Produkt deutlich näherbringen. Neue Shops wie eBags.com bauen auf diesem Prinzip ganze Community-Sites auf. Die Nutzer können dann nicht nur das Produkt bewerten, sondern auch die Qualität des Fernsehsprechers.

Eine tolle Variante des Video-Selling hat Pleo gefunden. Dort haben die Marketer das Produkt – einen Plüsch-Roboter-Dino – einfach in die Fußgängerzone gebracht und gezeigt, wie die Menschen auf das Spielzeug reagieren. Authentischer geht's kaum mehr.

Video im Web ist übrigens weder teuer noch kompliziert. Das Videoformat der Wahl ist Flash und nichts anderes. Flash-Video erlaubt eine nahtlose Integration in die Website und kann mit guten Kompressionsraten aufwarten. Noch wichtiger ist aber, dass die Herstellung von Flash-Videos einfach ist. Bestehendes Videomaterial wird mit wenigen Mausklicks in das Flash-Videoformat konvertiert. Es geht also schnell und muss keineswegs teuer sein, obwohl letzteres gerne von Agenturen vorgegaukelt wird.

7. **Bewertungen zulassen oder outsourcen**
Bewertungen sind derzeit natürlich ein viel diskutiertes Thema. In der Reisebranche nutzen schon fast zwei Drittel aller Online-Käufer Bewertungssysteme, um ihre Destinationsauswahl zu treffen. Ähnlich hohe Werte sind sicher im Bereich der Elektronik zu finden. Alle anderen Branchen werden zumindest teilweise nachziehen.

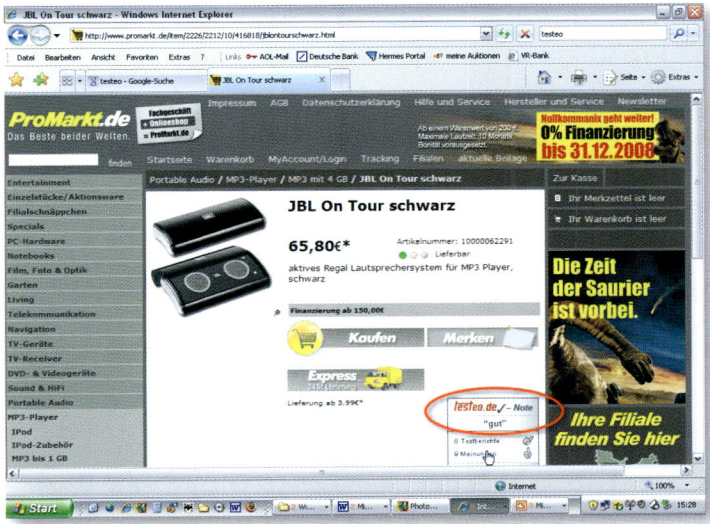

Das neutrale Bewertungssystem testeo umgeht das Problem der Glaubwürdigkeit von Nutzermeinungen in Onlineshops.

Es stellen sich zwei Fragen: Soll der Shop-Betreiber selbst ein solches System installieren und betreiben? Und wenn er das tut, wie geht er dann mit negativen Einträgen um?

Die erste Frage ist in den meisten Fällen recht leicht zu beantworten: nein. Bewertungssysteme sind teuer, denn sie müssen gepflegt werden. Der interne Aufwand ist nicht zu unterschätzen. Und der wird noch größer, wenn die zweite Frage ins Spiel kommt. Im internen System wird schnell der Ruf nach Zensur laut, sobald Kritik in den Bewertungen auftaucht – zumal die betroffenen Abteilungen und Mitarbeiter virtuell im Nebenraum sitzen. Viele Unternehmen lagern daher die Kommentare auf eigene Seiten aus (Feigenblatt: »Forum«).

Wenn aber der Site-Betreiber die positive Wirkung auf die Usability für Mehrumsätze nutzen möchte, muss er die Bewertung direkt bei den Produktinformationen einbinden. Noch besser wäre, wenn die Ergebnisse der internen Suche nach den Bewertungen organisierbar sind, wie das Thomas Cook betreibt.

Eine spannende Alternative können Systeme wie testeo sein. Hier werden Nutzermeinungen und Testberichte kombiniert und von einer neutralen Redaktion gepflegt. Da der Händler auf die Inhalte der Einblendung keinen Einfluss nimmt, baut er mit einem solchen System Vertrauen auf. Die eingepflegten Testberichte liefern bereits Informationen zu einem Zeitpunkt, wenn noch gar keine Nutzerbewertungen existieren.

Zum Umgang mit schlechten Kritiken gibt es natürlich den puristischen Ansatz: »Alles stehen lassen, was nicht rechtswidrig ist.« Das wird gerne von Experten propagiert, geht aber am realen Alltag des Miteinanders von Händler und Hersteller vorbei. Hier könnte ein Positiv-System Abhilfe schaffen. Der Nutzer darf nur Sternchen vergeben. Da schlechte Produkte keine Sternchen bekommen, werden Sie zum Beispiel bei einer Listendarstellung erst am Ende angezeigt.

8. **Personalisierung ohne »Big Brother«**
Bereits im Kapitel 3 wurde das Thema Personalisierung intensiv diskutiert. Eine gelungene Personalisierung wird stets einerseits die Relevanz des dargebotenen Angebots erhöhen und zweitens den Komfort der auszuführenden Transaktion. Beides sind Bestandteile der User Experience.

Vorschläge, basierend auf beobachtetem Nutzerverhalten, rangieren bei Amazon
unter den Bestsellerlisten

In speziellen Fällen ist die Personalisierung des Onlineshops sogar essentielle Voraussetzung für den späteren Kauf. Das gilt vor allem bei aufwändigen Konfigurationen wie Reisebuchungen, dem Autokauf oder auch der Bestückung eines Notebooks mit entsprechenden Komponenten.

Jenseits der bereits beschriebenen Funktionen zur expliziten Personalisierung in so genannten Mitgliederbereichen oder MemberAreas und dem Angebot vermeintlich passender Produkte mit Hilfe von Empfehlungssystemen gibt es einen weiteren wichtigen Aspekt, bei dem die Personalisierung dem Nutzer helfen kann. In vielen Fällen wird nämlich der Kauf in mehreren Sessions absolviert werden und das Wiederfinden der bereits recherchierten Information ist für das Gelingen dieses Vorhabens essentiell. Interface-Spezialist James Kalbach hat hierfür eine innovative Idee: Geben Sie dem Nutzer die Möglichkeit, den Produkten Stichworte (so genannte Tags) zuzuordnen. Entgegen der häufig üblichen Implementierung als »Wolke der meistvergebenen Stichworte« (Tagcloud) würde eine Suche in diesen Metadaten dem Nutzer ein schnelles Wiederauffinden des markierten Produkts ermöglichen. Gleichzeitig erzeugt ein solches Verfahren – wenn es von den Nutzern angenommen wird – eine Datenbank mit Metainformationen, die möglicherweise wertvolle Daten über die Präferenzen der Nutzer enthält.

Ein solcher Ansatz ist – ähnlich wie eine Bookmark-Funktion – nicht so invasiv wie der Versuch, dem User eine E-Mail-Adresse und ein Passwort für ein Log-in abzutrotzen. Darüber hinaus ist das Angebot, dem Nutzer beim Wiederauffinden zu helfen, möglicherweise ohnehin eine griffige Argumentation für die Registrierung.

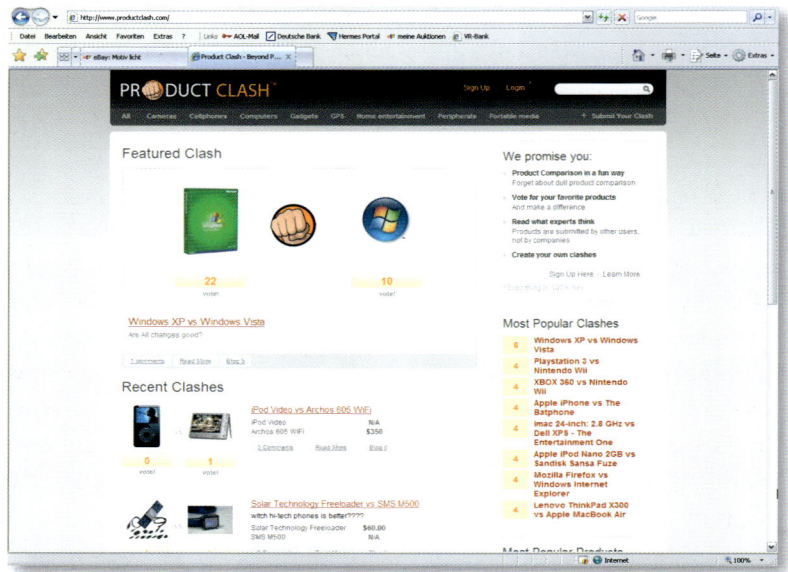

Die Produktvergleiche auf productclash.com lassen sich in einer Merkliste speichern.

9.   Die vernachlässigte Danke-Seite

Nach der Conversion ist vor der Conversion. In Abwandlung der alten Fußbal-
lerweisheit lässt sich feststellen, dass nach erfolgter Bestellung fast alle Voraussetzungen gegeben sind, um gleich eine weitere Conversion nachzuschieben.
Sie haben nämlich bereits die wichtigsten Daten des Nutzers und auch einen
gewissen Vertrauensvorschuss. Die Danke-Seite ist also der richtige Platz, um
zum Abonnement eines Newsletters aufzufordern. Auch ein weiteres Ver-
kaufsangebot kann hier spannend inszeniert werden, wenn man dem Kunden
zum Beispiel darstellt, dass er nur einmal Versandkosten bezahlen muss, wenn
seine zweite Bestellung in der nächsten Stunde eingeht.

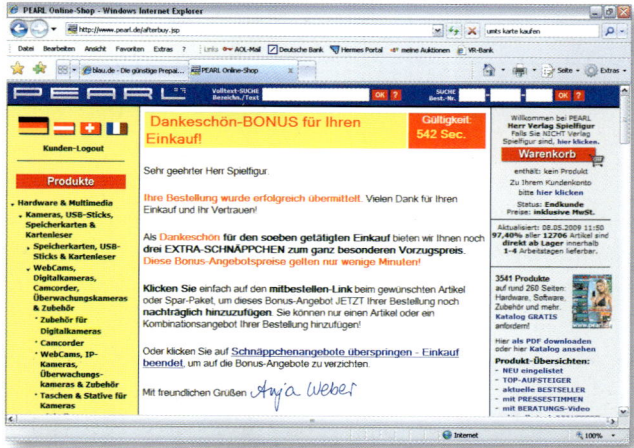

Versender Pearl baut mit einem Countdown auf der Danke-Seite Druck in Richtung Uspelling auf

Ein Gutscheincode als kleines Dankeschön für die Erstbestellung wirkt hier Wunder. Auch die Überführung ins hauseigene Bonusprogramm passt perfekt auf die Danke-Seite. Oder wie wäre es mit einer Vorschau auf spannende Produkte, die in der nächsten Woche angeboten werden?

10. **Gute Leistung spricht sich herum**

Natürlich müssen Sie gute Produkte zu einem wettbewerbsfähigen Preis anbieten, sonst nutzt die beste Shop-Optimierung nichts. Die meisten Online-Händler werden sich aber in dieser Disziplin nicht voneinander absetzen können. Hier entscheidet denn entweder die bessere Produktinszenierung oder das bessere Fulfillment. Und während Ersteres dem Produkt und der Marke zugesprochen wird, schlägt sich Letzteres nur auf den Ruf des Shops nieder. Das Phänomen heißt kognitive Entlastung. User sind ab einem gewissen Erfahrungshorizont froh, wenn sie nicht mehr wählen müssen, sondern überzeugt sind, einen der besten Shops gefunden zu haben.

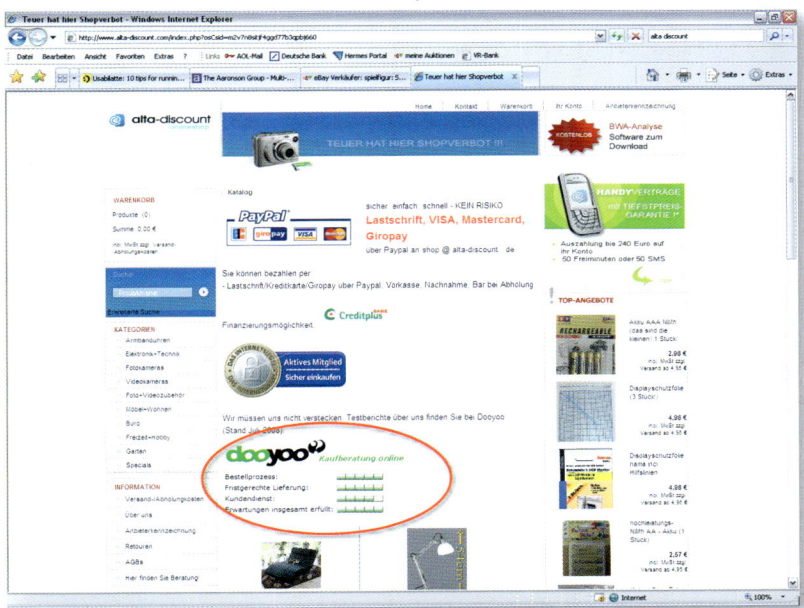

Immer mehr Onlineshops nutzen positive Bewertungen für Eigenwerbung.

Kommunizieren Sie jeden Schritt der Prozessierung einer Bestellung. Schätzen Sie die Auslieferungszeit. Bieten Sie den Nutzern Rückruf- und Reklamations-Telefonnummern an. Fordern Sie zum nachträglichen Feedback auf. Das können Sie – sofern es positiv ausfällt – auch direkt auf der Website als Testimonial verwenden. Inzwischen gehen immer mehr Händler dazu über, die sorgfältig betriebene Trennung zwischen eBay und Onlineshop aufzugeben und zum Beispiel die Bewertungen von eBay, dooyoo oder LinkedIn auch als Leumundsreferenz auf der Website einzublenden.

Links:

Shops verschlafen Trends – Ad-hoc-Studie des dmc Stuttgart
http://www.dmc.de/index.php?id=780&ltnr=2918&mb3_wersch=

BVDW-Händler wollen mehr Videos einsetzen
http://www.bvdw.org/index.php?id=98&tx_ttnews[ttnews]=2514&cHash=4324f00969

Kostenlose Lieferungen bauen Vertrauen auf
http://www.e-consultancy.com/news-blog/365025/free-shipping-lots-of-sales.html

Acht klassische Fehler in Onlineshops
http://www.internetworld.de/home/news-single/article/vorsicht-falle-8-fiese-fehler-
    in-online-shops-5591.html

Grundlagenpapier zu den Fähigkeiten der Webanalyse
http://blog.namics.com/2007//namics_Whitepaper_WebAnalytics_v1-0.pdf

MarketingExperiments widmet dem Thema Conversion ein ganzes Kapitel
http://www.marketingexperiments.com/improving-website-conversion/

6 Usability im zweiten Web

Web 2.0 – kein anderes Schlagwort hat uns in den letzten Jahren so intensiv begleitet. Fragt man Online-Experten, was der Begriff beschreibt, erhält man zweifellos
eine ganze Reihe unterschiedlicher Antworten. Die meisten Marketer werden auf
den sozialen Aspekt des neuen Web abheben, also die Möglichkeit der Nutzer, aktiv an der Herstellung und Veränderung von Internetseiten mitzuwirken.

Ein Wesenszug dieser Entwicklung hin zum Social Web ist, dass immer mehr
Anwendungen nicht nur auf der eigenen Seite, sondern auch zum Beispiel in Form
von Widgets auf fremden Seiten funktionieren müssen. Das ändert zwangsläufig
den Benutzungskontext, der dann kaum noch verhersehbar ist. Die Usability-An-
forderungen bleiben also inhaltlich gleich, gelten aber noch intensiver wegen des
variablen Kontexts.

Ein gutes Beispiel hierfür ist Twitter. Jenseits der Frage, welchen Sinn oder Un-
sinn das Microblogging-System hervorbringt, so gibt es unzählige Anzeigeformen
für die kleinen Textnachrichten, angefangen bei der jeweiligen Twitter-Profilseite
über Widgets, die in Fremdseiten eingebaut werden, bis hin zu Clients, die auf dem
iPhone oder BlackBerry laufen. Es gibt keinen Kontext mehr für das Rezipieren
von Twitter-Nachrichten.

Die Nachricht und die umgebenden Nachrichten bilden den Kontext. Das ver-
anlasst Jakob Nielsen dazu, für den Erfolg von Twitter-Nachrichten die gleichen
Kriterien anzulegen, die auch für die Popularität von Nachrichtenschlagzeilen gelten:

* Kurz: Gerade auf Twitter.com oder im jeweiligen Tweet-Client werden
  Schlagzeilen häufig nur überflogen.
* Umfassend: Sie unterstützen die »Informations-Witterung« der Nutzer und
  liefern damit Auskunft über die Relevanz.
* Keyword-geladen: Damit sind sie Google-freundlich und noch leichter im
  Überflug zu identifizieren.
* Auch ohne Kontext verständlich.
* Vorhersehbar, vor allem im Hinblick auf das, was hinter dem Link wartet.

Für eher technophil ausgerichtete Experten gibt es natürlich eine technische Dimension des zweiten Web. Die fast flächendeckende Unterstützung von Ajax und Flash sowie die Institutionalisierung des Metaformats XML, gepaart mit schnelleren Bandbreiten und leistungsfähigeren Nutzerrechnern, hat dazu geführt, dass Anwendungen heute viel schneller reagieren können als früher. Die Online-Anwendungen nähern sich der Anmutung einer Desktop-Software an.

Beide Ansätze erzeugen aus Usability-Sicht kein diametrales Bild, sondern eher ein Kontinuum. Der Nutzer kann heute eben mehr mit Seiten machen als in Formularfelder schreiben und klicken. Er kann Elemente in Seiten verschieben, Suchergebnisse schnell und dynamisch verändern oder Inhalte zur Website beitragen – von der Bewertung bis zum Online-Video. Diese neuen Inhalte verändern die User Experience der nächsten Nutzer und daher gilt ein Teil der Strategie zur Usability-Optimierung dem Aspekt, möglichst viel qualitativ hochwertige Nutzeraktivität auszulösen. Im Folgenden widmen wir uns zuerst dem technischen, dann dem sozialen Aspekt.

6.1   Was ist anders im zweiten Web?

Der User hat sich an gewisse Regeln im Web gewöhnt. Keiner wundert sich, wenn der Inhalt des Browsers für einen Sekundenbruchteil komplett weiß wird, nachdem man einen Link geklickt oder ein Formular abgeschickt hat. Die Art und Weise, wie das Internet funktioniert, hat unser Gedankenmodell geprägt: Nutzeraktion, Transfer der Daten zum Server, Transfer der Antwortdaten an den User, Aufbau der veränderten Darstellung im Browser. In der Zwischenzeit muss man eben kurz warten – immerhin in den Zeiten von DSL nicht mehr so lange wie früher.

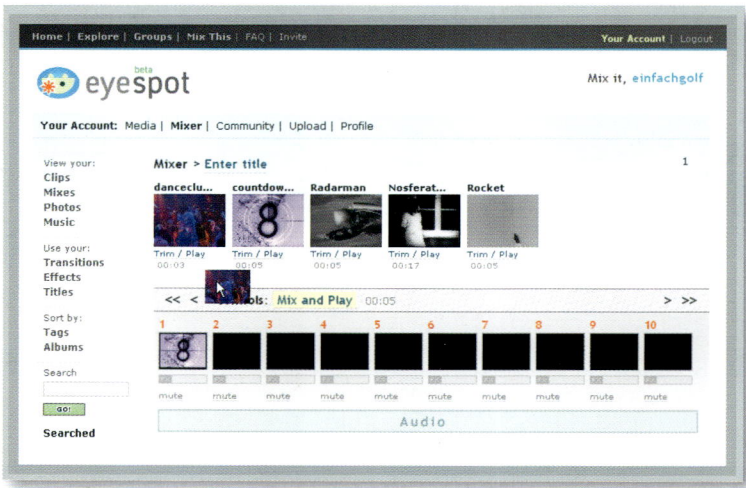

Ajax ermöglicht die Programmierung schnell reagierender Anwendungen im Netz,
z. B. das Videoschnittsystem eyespot.

Weil dieses Gedankenmodell erlernt ist, ist es mächtig und schwer zu ändern. Wir erwarten von einer Online-Applikation nicht, dass sie so schnell reagiert wie eine Desktop-Anwendung. Im Gegenteil: Zu schnelle Reaktionen werden von den Usern nicht selten mit Fehlern in der Anwendung in Verbindung gebracht, etwa wenn ein kleines Javascript moniert, der Benutzer habe ein Pflichtfeld im Kontaktformular leer gelassen.

Moderne Techniken für so genannte Rich Internet Applications (RIA) zeichnen sich aber vor allem durch eines aus: Sie sind viel schneller als ihre klassischen Netzkollegen. Das liegt daran, dass nur die neuen, notwendigen Bestandteile einer Seite vom Server übertragen werden und nicht gleich die komplette Seite – die Datenübertragung wird asynchron. Immer mehr Websites setzen dieses Prinzip mit Ajax (Asynchronous JavaScript and XML) um.

6.1.1 Eine Frage der Zielgruppe

Technologisch gesehen ist Ajax eine Mischung bekannter und etablierter Technologien wie JavaScript und XML. Das Herzstück von Ajax, das so genannte XMLHttpRequestObject, welches die asynchrone Datenübertragung ermöglicht, hat Microsoft schon 1998 bei seinem Outlook Web Client umgesetzt. Neu ist die enorme Popularität des Verfahrens im Zuge der großen Web-2.0-Welle – Nutzer werden heute immer häufiger mit Anwendungen konfrontiert, die sich teilweise grundlegend anders verhalten als gewohnt.

Die Asynchronität nimmt der Benutzer auf den ersten Blick nicht wahr. Die Anwendung lädt im Gegensatz zu früher alle oder einen Teil der relevanten Datensätze vom Server gleich mit. Innerhalb dieser Datensätze kann sich die Anwendung »bewegen«, ohne weiteren Kontakt zum Server aufnehmen zu müssen.

Auch Rich Internet Applications auf Flash-Basis sind nichts Neues. Bereits vor vier Jahren präsentierte das Broadmoor Hotel in Colorado Springs ein Online-Reservierungssystem auf Flash-Basis, das in der Lage war, ohne Seitenwechsel alle Facetten einer Online-Buchung abzudecken, inklusive Überprüfung der Verfügbarkeit der Zimmer zum gewählten Termin. Gerade diese Applikation initiierte eine intensive Diskussion um die Benutzerführung in Flash-Anwendungen. Eine der wesentlichen Fragestellungen damals ist auch in der aktuellen Web-2.0-Usability-Diskussion in aller Munde: Wie vermittelt man dem Nutzer den Wegfall des Seitenwechsels nach einer interaktiven Handlung?

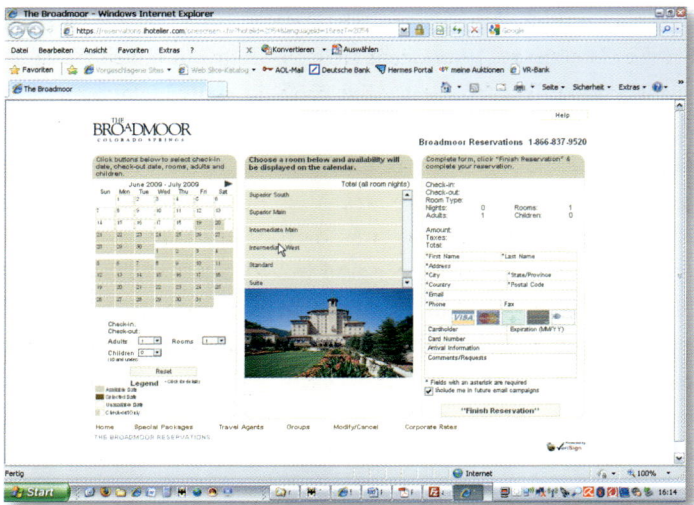

Flash-Technik als Interface für ein Buchungssystem ist auch 2009 noch ein gewagtes Unterfangen

Es geht um den Kernkonflikt im Webdesign: Die Verfügbarkeit von neuen Technologien auf Anbieterseite bringt nur dann Mehrwert, wenn der Benutzer mit den Inhalten umgehen kann – technisch und inhaltlich.

Die technische Seite ist bei Ajax und Flash einfach zu beleuchten. Nur Benutzer mit neueren Versionen des Flash Player (ab Version 6 aufwärts) sowie eingeschaltetem JavaScript und halbwegs modernem Browser können die neuen Anwendungen überhaupt laden. Da aktuelle Pop-up-Blocker gerne auch in die JavaScript-Implementierung eingreifen, bleibt dem Webdesigner keine andere Möglichkeit, als eine Browserweiche zu implementieren. Auf einer vorgeschalteten Seite muss getestet werden, ob die Konfiguration des User-Rechners überhaupt den Mindestvoraussetzungen entspricht. Wenn nicht, wird er zu einer »traditionellen« Anwendung umgeleitet oder von der Nutzung ausgeschlossen, falls es sich der Anbieter leisten kann.

RIAs sind also per Definition nicht barrierefrei und gehen als Flash-Applikation auch nicht konform mit W3C-Standards. Mit aufwändigen Ergänzungsmaßnahmen lassen sich zwar die meisten Probleme mit den Standards Barrierefreiheit und W3C umschiffen, doch in der Praxis werden sich das nur die wenigsten Site-Betreiber leisten. Es gilt eher: Der technische Einsatzbereich beschränkt sich auf modern ausgestattete, webaffine Zielgruppen.

6.1.2   Zu viel der Freiheit

Gravierender als technische Probleme wirken sich inhaltliche Fehler bezüglich der Benutzerführung aus. Die Tatsache, dass Benutzer eine Applikation laden können, bedeutet längst nicht, dass sie auch damit umgehen verstehen. Das vom Desktop bekannte Phänomen der »Featureritis« (etwa bei einer Anwendung wie Acrobat) kommt plötzlich auch online zum Tragen. Der User möchte eigentlich einfache Probleme lösen (PDFs erzeugen) und sieht sich plötzlich mit einer Vielzahl von ausgeklügelten Funktionen konfrontiert (Überprüfung eines Dokuments für die Druckvorstufe), die er meistens nicht benötigt.

Eine selbsterklärende, konsistente Benutzerführung ist für RIAs Pflicht, wird jedoch bei den aktuellen Beispielen im Netz häufig nicht erreicht. Während sich für die klassischen Website-Funktionen zum Beispiel eine Reihe von Icons als Standard durchgesetzt hat (Haus für Home oder Briefumschlag für Kontakt), fehlen diese Standards für die neuen Web-2.0-Funktionen. Selbst wenn sich eine Anwendung bewusst nur auf die Kernfunktionen beschränkt, verstehen die Benutzer die Interface-Elemente häufig nicht, die der Webdesigner dank Flash und Ajax frei definieren kann.

So kann Ajax extrem einfache Änderungen durch die Benutzer zulassen. Bei nutzergenerierten Inhalten, in Communitys etwa, ist das sehr nützlich. Eine Textzeile wird angeklickt, der Text erscheint in einer Eingabemaske, der User verändert den Text, speichert ihn ab – fertig. Und das alles auf einer Seite, ohne einen einzigen Reload. Bei Flickr kann man dieses Inline Editing-Verfahren zum Beispiel ausprobieren, wenn man dort als Nutzer registriert ist.

Die Risiken im Umgang mit Ajax und Flash liegen vor allem darin, dass die Gewohnheiten der Online-User durchbrochen werden. Es gibt noch keine etablierten Usability-Konventionen für all die neuen Möglichkeiten, die Rich Internet Applications bieten, es sei denn, man würde sich – und das ist sicherlich nicht die absurdeste Idee – an die Konventionen von Desktop-Software halten. Für Webseiten gilt derzeit: Man weiß heute, dass das Logo nach links oben gehört und auf die Homepage verlinkt. Aber wie zeigt man, dass man einen Text auf einer Seite überschreiben kann? Orientiert man sich an US-Vorbildern und wählt ein simples »Edit«, wird sich die Mehrzahl der Nutzer zu Recht fragen, was das soll und warum man das benutzen sollte.

6.1.3 Die Einheit »Seite«

Der User hat vor allem gelernt, dass das Browsen im Netz bedeutet, Seiten zu steuern. Eine wichtige Funktion hierbei erfüllt der Back-Button des Browsers. Er hilft dem User, wenn er eine Option gewählt hat, deren Inhalt ihm nicht gefällt. Außerdem nutzen die User die Favoriten-Funktion im Browser, um einzelne Seiten zu speichern, und sie versenden Links zu einzelnen Seiten per E-Mail. Genauso suchen sie Seiten auf Google und drucken einzelne Seiten aus. Und nicht zuletzt werden Erfolg und Performance von Websites in Page Impressions gemessen. Es dreht sich also im Internet alles um die Einheit »Seite« – und genau dieses Prinzip werfen Ajax und Flash erst einmal über den Haufen.

Die Analogie zu den heute so gescholtenen Frames ist dabei verblüffend: Ende 2005 veröffentlichte ein Spaßvogel eine alte Jakob-Nielsen-Kolumne aus den Neunzigern neu, in der der Usability-Guru unter dem Titel »Why Frames suck« die Nachteile dieser Technik geißelte. Das Wort »Frames« war lediglich im ganzen Text gegen »Ajax« ausgetauscht worden – und der Artikel traf den Nagel auf den Kopf (siehe Links).

Flickr-Seiten lassen sich ohne Reload ändern, aber bei einem Druck auf den Back-Button ist die Seite unwiderruflich verschwunden.

Der geneigte Webdesigner sollte sich also im Vorfeld genauestens Gedanken darüber machen, an welchen Stellen der User auf Funktionen des Browsers zurückgreifen würde, die sich auf die Einheit »Seite« beziehen. Möglicherweise müssen komplexe Applikationen in Teilschritte aufgebrochen werden, um zum Beispiel den Back-Button zu unterstützen. Eine sinnvolle Bookmarking-Funktion speichert nicht nur die Seite, sondern auch die variablen Einstellungen etwa in einem Interface mit Schiebereglern.

Die Amazon-Diamantensuche schaltet automatisch auf ein Standardformular um,
wenn JavaScript deaktiviert wurde, und funktioniert auch als klassische Web-1.0-Anwendung
mit klassischem, seitenbasiertem Konzept.

6.1.4 Langsamer kann besser sein

Neben den gelernten Browserfunktionen und dem Problem der Einheit »Seite«
kann auch die schiere Leistungsfähigkeit einer RIA-Anwendung den Benutzer
überfordern. Gibt es keinen Reload, dann fehlt dem Benutzer Zeit, sich auf die
Veränderung der Inhalte vorzubereiten. Im schlimmsten Fall registriert er die Veränderung nicht und unterstellt dem System eine Fehlfunktion.

Es gilt also die Aufmerksamkeit des Benutzers gezielt auf Veränderungen in
der Seite zu lenken. Professor Myriam Yom vom Usability-Dienstleister eResult
aus Göttingen spricht – wie bereits an früherer Stelle erwähnt – vom »Gesetz der
Nähe«. Veränderungen, die nahe der aktuellen Position des Cursors vorgenommen
werden, nimmt der User deutlicher wahr als solche an anderen Stellen der Seite.

Farbe und Bewegung sind weitere Möglichkeiten, den Fokus des Users zu lenken oder auch abzulenken. Erzeugt zum Beispiel ein Werbebanner genau in dem
Moment einen Bildwechsel, wenn der Benutzer mit einer RIA interagiert, kann
auch dadurch eine Veränderung im Content verpasst werden. Gelegentlich kann
es sinnvoll sein, eine veränderte Ergebnisanzeige bewusst zu verzögern und die
Verzögerung mit einer Sanduhr zu überbrücken, um dem Nutzer Zeit zu geben,
sich darauf zu konzentrieren.

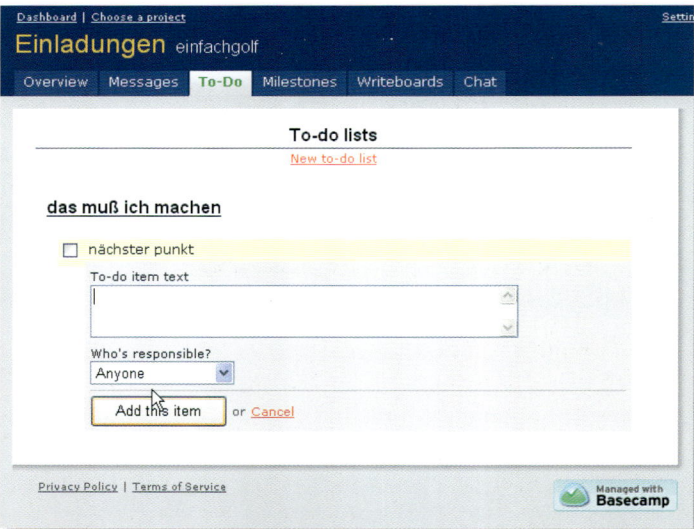

Bei Veränderungen in der Seite blendet Basecamp das Element gelb aus und dann wieder ein.

Web-2.0-Beispiele zum Selbsttesten:

Online-Videoschnitt
www.eyespot.com

Remember The Milk – Intelligente Formularprüfung bei der Registrierung
www.rememberthemilk.com

Google Suggest – Dynamisches Vorschlagssystem für Suchbegriffe
http://labs.google.com/suggest

Flickr – Inline Editing ohne Reload
www.flickr.com (Account erforderlich)

Amazon Diamantensuche – Dynamische Anpassung der Auswahl ohne Reload
http://www.amazon.com/gp/gsl/search

Windows Live – Drag and Drop ohne Reload
http://www.live.com

Google-RSS-Reader – Rubrikwechsel wird schlecht angezeigt
http://www.google.com/reader/view/

Nielsen-Kolumne über schlecht eingesetzte Frames
http://www.useit.com/alertbox/9612.html

Netzpersiflage der Nielsen-Kolumne bezogen auf Ajax
http://www.usabilityviews.com/ajaxsucks.html

Experteer – Dynamische Filterung der Jobangebote
http://www.experteer.de

Links zu Web-2.0-Usability:

Usability für Rich Internet Applications
http://www.digital-web.com/articles/usability_for_rich_internet_applications/

Blogs und Usability
http://www.useit.com/alertbox/weblogs.html

Abschied vom Seitenparadigma: Wie misst man Ajax-Traffic?
http://www.clickz.com/showPage.html?page=3607111

Ajax Usability Guidelines
http://www.baekdal.com/articles/Usability/XMLHttpRequest-guidelines

Adobe Developer Center: Flash-Usability
http://www.adobe.com/devnet/flash/testing_usability.html

Web-2.0-Funktionen können das Kerngeschäft einer Site zerstören
http://www.useit.com/alertbox/web-2.html

6.2   Die Web-2.0-Funktionen im Einzelnen

So erfreulich dieser technische Fortschritt ist, so ärgerlich ist häufig das Interface. Die Mensch-Maschine-Schnittstelle ist nur selten so gestaltet, dass der Benutzer unmittelbar erfassen kann, wie sie funktioniert. Dabei sind gerade Flash und Ajax durchaus in der Lage, die Benutzung von Datenbankabfragen zu vereinfachen.

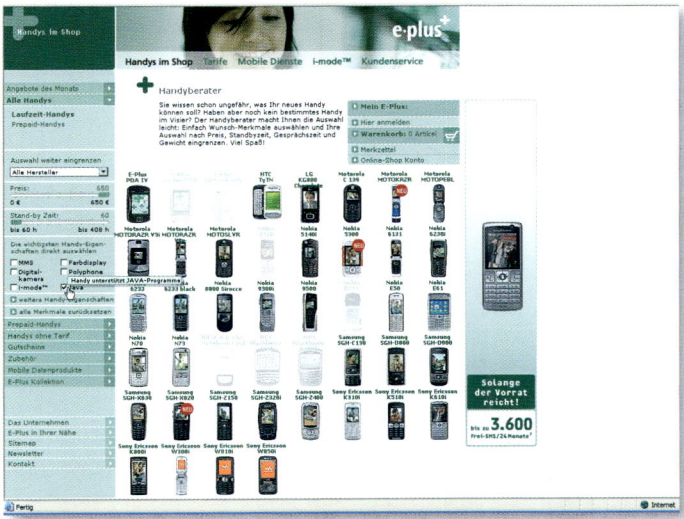

Die Schieberegler zur Linken verändern die Produktansicht, aber die Einstellungen gehen verloren, wenn der Nutzer eine Detailseite aufruft.

6.2.1   Automatische Formular-Erklärung

Ajax-Seiten enthalten versteckte Inhalte, die der User zu Beginn nicht sieht. Erst bei bestimmten Verhaltensweisen wird der Inhalt angezeigt. So können Registrierungsformulare zum Beispiel Hinweise liefern, ob eine Nutzereingabe zulässig ist oder nicht. So kann eine Ajax-Anwendung im Hintergrund prüfen, ob ein Benutzername bereits vergeben ist. Die Anwendung tut das zum Beispiel schon, wenn der Nutzer zum nächsten Eingabefeld wechselt und nicht erst nach dem Drücken des Submit-Buttons.

Das gelernte Verhalten für solche Formulare sieht vor, dass derartige Eingabeprüfungen erst stattfinden, wenn der Benutzer sich zum Abschicken des Formulars entschlossen hat. In der Regel mündet die Eingabekritik dann in einer Fehlermeldung, die im Kopf oder Fuß der Seite erscheint.

Hier zeigen Ansätze wie Ajax ihr geballtes Potential. Sie können bereits reagieren, wenn der User per Maus oder Tab-Taste zum nächsten Formularfeld wechselt. Die Fehlermeldung kann direkt neben dem entsprechenden Eingabefeld angezeigt werden.

Der Onlineshop von Gap präsentiert den Fehler direkt bei der fälschlicherweise geklickten Checkbox und zieht somit die gesamte Aufmerksamkeit des Users in den Bann. Analysen des Göttinger Usability-Lab von eResult haben ergeben, dass die Augen des Users für einen Moment beim geklickten Element verweilen. Unmittelbares Feedback muss also in der Nähe dieser Stelle gegeben werden. Um den Fehlercharakter zu unterstreichen, nutzt Gap ein optisch dominantes Rot auf einer sonst hauptsächlich weiß gehaltenen Seite.

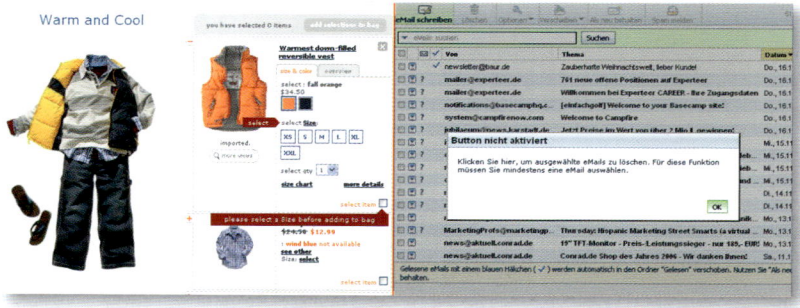

Perfekt platziertes Feedback bei Gap (links), ungünstige Platzierung bei AOL

Auch AOL gelingt in seinem Webmail-Client die klare optische Hervorhebung, indem der normale Content mit einem Grauschleier optisch verdrängt wird – der so genannte Lightbox-Effekt. Doch das Gesetz der Nähe wird signifikant verletzt: Die Fehlermeldung erscheint zentriert auf dem Bildschirm, obwohl der betreffende Button in der Kopfleiste zu finden ist.

Ein interessantes Hilfsmittel setzt Last.fm bei der Suche nach einem Benutzernamen ein. Ein kleiner Button direkt am Formularfeld erlaubt die Prüfung dieses einzelnen Elements. Die Prüfung könnte natürlich auch ohne Button erfolgen, doch hilft die Schaltfläche dem User dabei, die Kontrolle zu behalten und seine Aufmerksamkeit zu fokussieren.

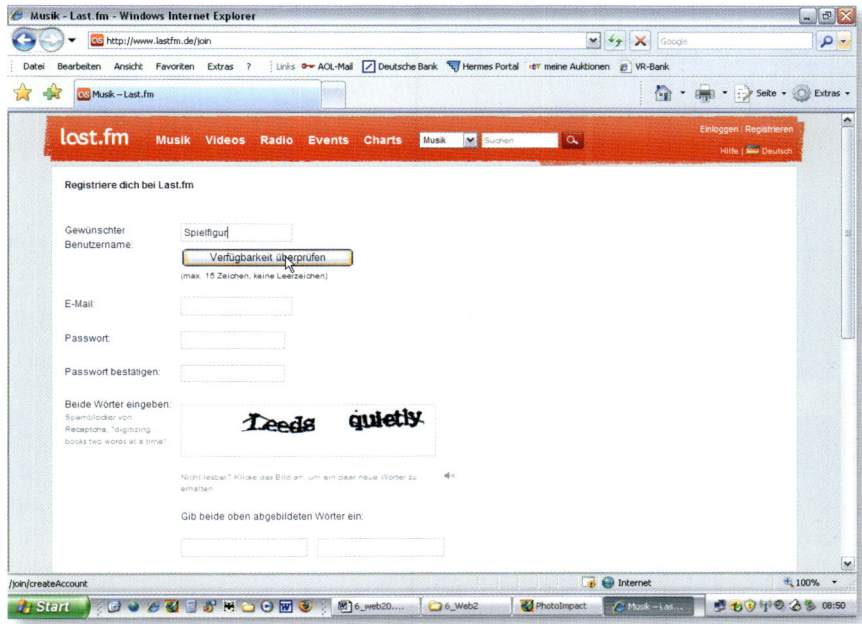

Obwohl Last.fm eine Hightech-Web-2.0-Applikation ist, bleibt das Registrierungsformular so banal und einfach wie möglich.

6.2.2 Autocomplete

Eine sehr elaborierte Variante der Formularprüfung nennt sich »Autocomplete« oder »Type Ahead«. Hierbei wird der Feldinhalt nach jedem eingegebenen Zeichen erneut geprüft und das Formular liefert eine Liste der »erlaubten« Feldinhalte zurück, die mit der entsprechenden Buchstabenkombination beginnen. Suchmaschinen wie zum Beispiel Google ermöglichen so die Einschränkung der Trefferhäufigkeit, ohne dass die Suche vom Benutzer ausgelöst werden muss. Shops wie Quelle nutzen die Funktion vor allem, um die Eingaben zu standardisieren und somit Suchfehler z. B. durch falsch geschriebene Begriffe zu minimieren.

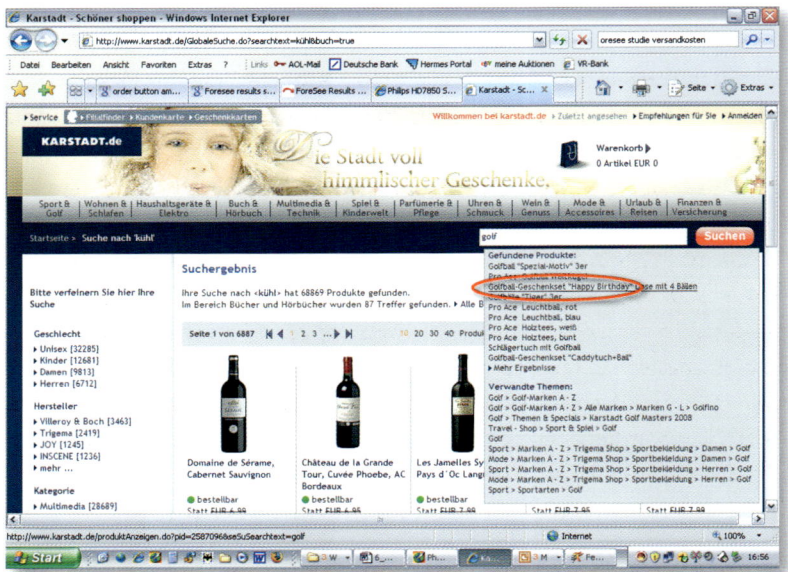

Der feine Strich markiert die durch die Cursortasten getroffene Auswahl.

Die Funktionalität ist den Benutzern aus der Adresszeile des Browsers bekannt. Insofern muss vermutlich nicht viel erklärt werden. Doch gibt es zwei signifikante Unterschiede zwischen der Google-Umsetzung und der von Quelle: Will der User einen der vorgeschlagenen Begriffe auswählen, genügt bei Google – wie zum Beispiel auch im Internet Explorer – das Drücken der Pfeiltaste nach unten bis zum gewünschten Begriff; anschließend löst die Enter-Taste die Suche aus.

Bei Quelle hingegen musste der User früher die Hände von der Tastatur nehmen, seine Maus greifen und den gewünschten Begriff anklicken. Das ist paradox: Autocomplete ist eine Funktion, die die Arbeit mit Formularen erleichtern und beschleunigen soll. Stattdessen macht Quelle die Eingabe komplizierter.

Das Beispiel Quelle zeigt, dass auch ein erkannter Fehler kein behobener Fehler sein muss. Während des Entstehens dieses Buches wurde die Type-Ahead-Funktion geändert. Nun reagiert die Liste auf die Enter-Taste, aber nur insofern, als der gewählte Begriff in die Suchmaske übernommen wird. Zum Auslösen einer Suche muss erneut »Enter« gedrückt oder der Button »Los« angeklickt werden. Denkbar überflüssig, denn was sollte man mit einem solchen Begriff anderes tun als ihn zur Suche benutzen?

Autocomplete zeigt auch, dass die selbstständige Reaktion einer Anwendung auf Nutzerverhalten nicht zwangsläufig eine Verbesserung der User Experience nach sich zieht. Reagiert die Anwendung im Browser des Nutzers zu schnell, so wird die Serverlast sehr hoch und die Rückgabe der Antwort vom Server kommt eventuell mit Verzögerung. Nicht selten erscheinen die gut gemeinten Vorschläge erst , wenn der Nutzer die Anfrage bereits (vorschlagsfrei) abgeschickt hat.

6.2.3   Einzelne Interface-Elemente

An letzterem Beispiel sieht man, wie fein der Usability-Grad der Benutzerführung sein kann. Häufig steckt der Teufel im Detail. Klassische Interface-Elemente wie Schaltflächen zeichnen sich dadurch aus, dass sie eine hohe »wahrgenommene Aufforderung« ausstrahlen. Der User weiß intuitiv: Hier kann ich klicken. Was der Button aber oftmals nicht aussagt, ist, was genau nach einem Klick passieren wird. Manchmal ist der Button einfach zu klein, um die benötigte Information zu transportieren, zum Beispiel beim Musikdienst Odeo.com. Hier gibt es bei Podcasts einen Button »Subscribe«. Klar, dass es hier um das Abonnement eines RSS-Feed geht. Allerdings existieren dafür zwei signifikant unterschiedliche Möglichkeiten: Zum einen könnte der RSS-Feed direkt an einen RSS-Reader auf dem Client-Rechner übergeben werden (so kennt man das), zum anderen könnte Odeo selbst einen Web-RSS-Reader anbieten, wie es Google und andere tun.

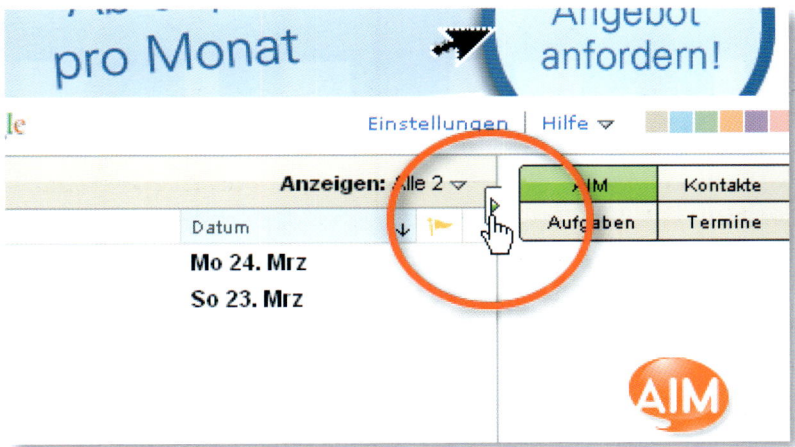

Auch nach 15 Jahren Webdesign in Deutschland gehört die Übung »Versteck den Hyperlink« nach wie vor zu den beliebtesten.

Letzteres ist der Fall. Das Abonnement wird nur in den Personalisierungsbereich »My Audio« geschrieben. Doch Odeo hat das Problem offensichtlich erkannt. Ein unübersehbarer »Tooltip« direkt beim Button zeigt an, was der Klick auf die Schaltfläche konkret ausgelöst hat.

Ganz anders beim Social-Bookmarking-News-Tool YiGG. Der große Button auf der linken Seite jedes Eintrags beeinflusst offensichtlich die User-Bewertung. Bei einem Klick erhöht sich der Wert und es erscheint der hilfreiche Hinweis »abgestimmt«. YiGG versäumt es allerdings, dem unerfahrenen Benutzer bereits im Vorfeld einen Hinweis zu geben wie: »Diesen Eintrag loben/weiterempfehlen/positiv bewerten«.

6.2.4   Drag and Drop

Eine der spannendsten technischen Neuerungen von Ajax und RIAs ist die Möglichkeit, Inhalte auf einer Seite beliebig zu verschieben. Auch Drag and Drop trifft
auf gelerntes Verhalten: Elemente zum Beispiel, die als Desktop-Fenster erkennt-
lich sind, legen die Verschiebbarkeit von Fenstern zumindest nahe.

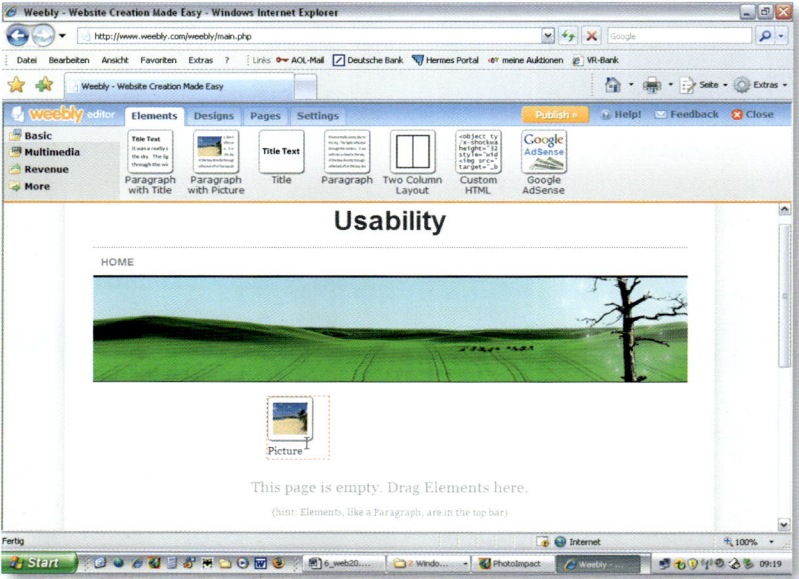

Weebly nutzt einen sehr prominenten Hinweis, um die Drag-and-Drop-Funktion zu erklären.

Wird auf gelernte Metaphern verzichtet, fällt es dem Benutzer schwer, die Funk-
tion zu identifizieren. Der Webmail-Client von AOL erlaubt das Verschieben von
Mails in bestimmte Ordner, aber nicht in alle. Eine Begründung dafür gibt das
System nicht.

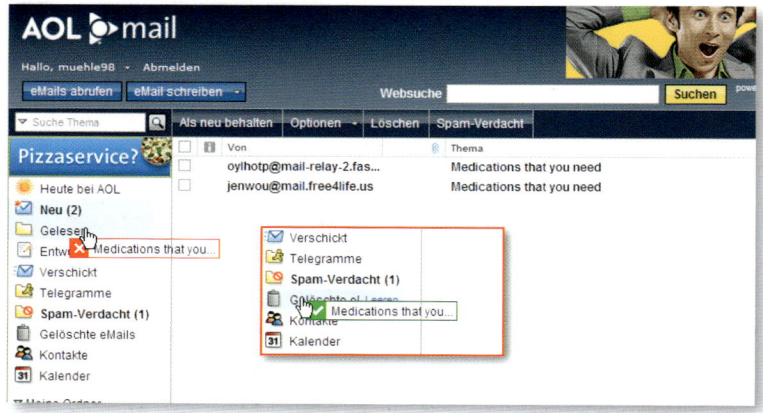

Warum darf ich welche E-Mail wohin verschieben, und warum nicht?

Alternativ zum klassischen »Fensterln« bietet sich auch eine signifikante Veränderung des Mauszeigers an, wenn die »Greiffläche« des beweglichen Elements
berührt wird. Der passende Mauszeiger wäre zum Beispiel das mit Pfeilspitzen
ausgerüstete Kreuz, wie es bei Yahoo oder Windows Live zum Einsatz kommt.

In jedem Fall ist zu empfehlen, den Originalzustand eingeblendet zu lassen, bis
der Benutzer sich für eine neue Position des Elements entschieden hat.

6.2.5 Inline Scrolling/Scaling

Die Möglichkeit, ganze Seitenteile zu verschieben, ist meist leichter darzustellen als
die Option, Elemente per Mausbewegung zu verändern. Weebly nutzt für das Vergrößern und Verkleinern von Bildern die klassische Ecke rechts unten, die durch
eine schraffierte Darstellung hervorgehoben wird. Google Maps verwendet für
eine ähnliche Funktion gleich zwei redundante Elemente, eine Kombination aus
Plus- und Minus-Symbol oder einen Schieberegler.

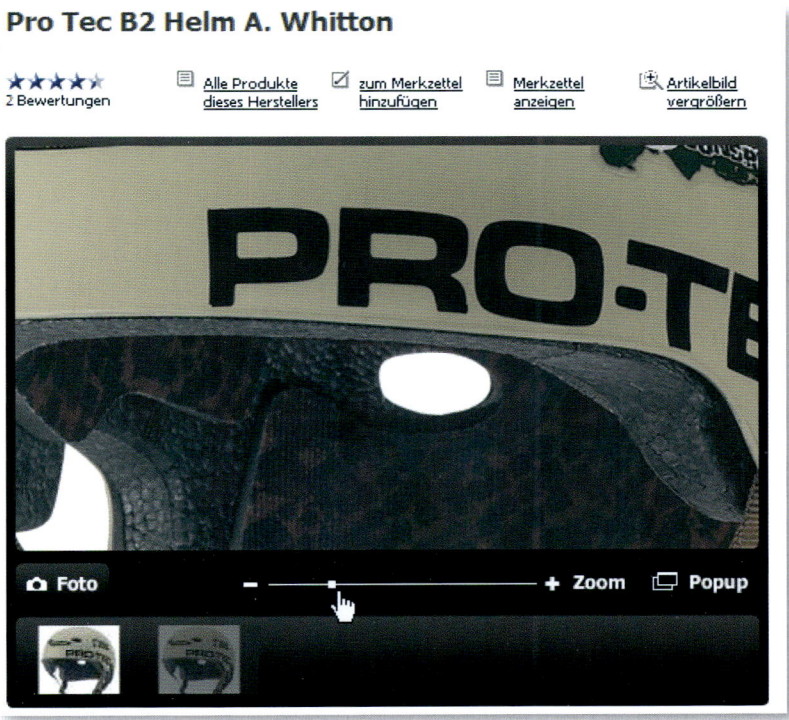

Fahrrad.de benutzt einen einfachen Schieberegler für die Zoomfunktion,
leider funktioniert er nicht bei allen Bildern.

Einen sehr sehenswerten Umgang mit diesem Thema zeigt die Detaildarstellung
von bestimmten Modeartikeln auf Otto.de. In einem kleinen Flash-Film können
die Kleidungsstücke gezoomt und der Bildausschnitt verschoben werden. Für das
Zoomen benutzt Otto naheliegenderweise eine Lupe. Für das so genannte Pan-

ning, also die Verschiebung des Ausschnitts, gibt es rechts eine kleine Gesamtansicht, die mit einem roten Rechteck den eben angezeigten, vergrößerten Bereich markiert. Die Verschiebbarkeit des Rechtecks wird mit besagtem Pfeilspitzenkreuz symbolisiert.

6.2.6   Inline Editing

Das Hinzufügen und Ändern von Inhalten ist für viele Websites ein wesentliches Funktionsmerkmal, gerade im Hinblick auf User Generated Content. Die Vorzeigeanwendung Flickr weist bei den meisten Elementen mit einem kurzen Hinweis »Click to edit« auf die Bearbeitbarkeit hin, doch fehlt eine solche Option für die Veränderbarkeit des Titels. Sie erscheint erst als Roll-over-Tooltip. Dafür muss der Nutzer aber bereits geahnt haben, dass etwas passieren wird, wenn er den Titel mit dem Mauszeiger berührt. Auch der Austausch des Mauszeigers in ein Textmarker-Symbol reicht nicht. Dass der einfache Klick auf den Text eine Bearbeitungsmaske aufruft, ist kaum zu antizipieren.

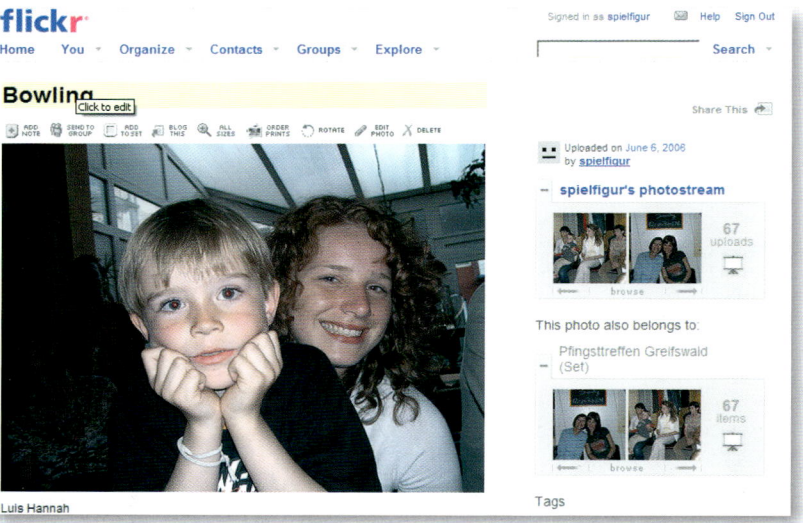

Ohne den Titel mit der Maus zu berühren, erkennt der Nutzer nicht die Möglichkeit, diesen bearbeiten zu können.

Auch Protopage liefert zu wenig Feedback. Der Dienst erlaubt das Markieren von Nachrichten als »gelesen«, zeigt diesen Markierungsstatus aber nirgends an. Stattdessen wird die Nachricht nur noch mit der Titelzeile dargestellt, was auch eine Fehlfunktion des entsprechenden Buttons indizieren könnte.

Solcherart wird Misstrauen in Webanwendungen geschürt. Geradezu fatal wirkt sich eine Erfahrung aus, die der Benutzer beim Färben von Text auf Weebly macht. Er soll dazu ein Rechteck in einem Farbspektrum verschieben. Das funktioniert aber nur im rechten Teil der Farbpalette und der Text reagiert farblich nicht. Außerdem fehlt die Möglichkeit, den Farbfächer per Mausklick wieder zu schließen.

6.2.7   Teilaktualisierung/Live-Filter

Besonders genau müssen Webdesigner arbeiten, die solche Funktionen in ihre Site einbauen, mit denen Teile der Seite verändert werden, ohne dass der User diese direkt bearbeitet. Ein Beispiel ist die Umschaltung zwischen Kartenansicht und Hybrid-Darstellung mit Straßennamen bei Google Maps. Bei stark vergrößerter Darstellung der Karte kann der Mausklick auf den passenden Button völlig wirkungslos bleiben.

MusicLens verändert zwei Seitenbereiche gleichzeitig, das Handelsblatt (Kasten) verzögert per Sanduhr.

Ein gutes Beispiel bietet MusicLens. Der Equalizer, mit dem der Benutzer seine Geschmackspräferenzen definiert, hat eine grafische Entsprechung in Form eines Präferenzen-Gebirges auf der linken Seite. Der aktuell bewegte Bereich verändert deutlich sichtbar seine Farbe. Problematisch bei diesem Ansatz ist aber, dass sich die Musikauswahl im Fuß der Seite gleichzeitig verändert. Die schöne Grafik kann dem User die Aufmerksamkeit rauben, die er zur Beobachtung der Content-Veränderung dringend benötigt.

Der Karriereberater des Handelsblatts macht das besser. Er verzögert die neue Sortierung der Trefferanzeige durch eine Sanduhr. Doch auch diese Anwendung hat zwei Mängel. Die Auswahl einer Branche reagiert so empfindlich, dass sich die Checkboxen verschieben, während man gerade klicken möchte. Gleichzeitig zieht ein blinkendes Werbebanner auf der rechten Seite möglichst viel Aufmerksamkeit auf sich.

In wenigen Sekunden werden die neuen Produkte eingeblendet und der Nutzer muss
erneut die ganze Seite »scannen«.

Es wird recht schnell deutlich, dass Live-Filtering nur dann mit großen Datenbe-
ständen funktionieren kann, wenn der Designer auf eine extrem reduzierte Produktdarstellung setzt. Darunter leidet natürlich die Aussagekraft der Ergebnisliste.
Das Wesen des Live-Filters ist es ja, Schieberegler anzubieten, die von der sehr
allgemeinen Ansicht (alle Artikel) bis zur extrem speziellen Auswahl (kein Artikel
mehr übrig) alle Optionen bieten. Insofern muss das Layout zumindest am Anfang
sehr viel Platz zur Verfügung stellen. Gängige Praxis scheint hier eine Zoomlösung
zu sein, die die Produkte zunächst stark verkleinert anzeigt.

Ein interessantes Fallbeispiel zeigt sqoops, ein Händler für Computerspiele.
Ursprünglich war man mit einem ambitionierten 3D-Interface gestartet. Das war
in der Tiefe des Raums navigierbar und zeigte außerdem Schieberegler, mit denen
die Auswahl beeinflusst werden konnte. Stellte der Nutzer die Regler so ein, dass
unpassende Produkte ausgeblendet wurde, so lud der Server neue, passende Produkt dynamisch nach. Technisch ein toller Ansatz, navigatorisch eine Katastrophe,
denn der Nutzer bekommt sofort den Eindruck, dass er der Willkür des Systems
(oder der Mitarbeiter, die die Artikelsortierung vornehmen) ausgesetzt ist, und
spürt den totalen Kontrollverlust.

In einer neueren Variante des Interface verzichtet sqoops auf den 3D-Ansatz
und arbeitet stattdessen mit illustrierten, scrollbaren Listen. Die Funktionsweise
der Schieberegler bleibt gleich. Die 3D-Wolke existiert als Alternative nebenbei,
doch die Grundansicht heißt »Liste«.

Rechts oben erkennen Sie die Gesamtzahl der passenden Artikel, von denen die Wolke
nur einen Bruchteil darstellen kann.

Mit seiner unzweifelhaft vorhandenen technischen und gestalterischen Fülle kann
sqoops wunderbar als Lehrbeispiel für eigene Projekte dienen. Zum Beispiel illustriert der Shop das Dilemma des Back-Buttons. Trifft der User eine Auswahl per
Schieberegler und geht dann in die Produktansicht, erscheint links unten ein Button »Zurück«. Drückt der Nutzer diesen, bleibt die Session erhalten und er sieht
tatsächlich die getätigte Auswahl. Drückt er den Back-Button des Browsers, gehen
die Einstellungen verloren.

6.2.8   Zusammenfassung

Bei der Optimierung der Usability von Web-2.0-Anwendungen geht es um drei
Faktoren. Der Benutzer muss die Funktionalität einer Anwendung und von Interface-Elementen klar erkennen können. Zweitens braucht er ein wenig Zeit, um
seine Konzentration der veränderten Darstellung zu widmen. Im Zweifel sollte
man sogar eine »unnötige« Verzögerung einprogrammieren. Und drittens muss
die Benutzung ein klares, deutlich sichtbares Feedback abliefern. Merke: Aufmerksamkeit wird vor allem durch Farbe, Kontrast, Bewegung und das Gesetz der Nähe
definiert.

Die besten Web-2.0-Funktionen nützen nichts, wenn der Nutzer sie nicht versteht.

Eine der großen Herausforderungen für die Gestalter liegt hier in der Abkehr vom Seitenparadigma. Bevor einzelne Anwendungen mit allen denkbaren Funktionen gespickt werden, sollten sich die Designer ein klares Bild davon verschaffen, wann User den Back-Button benutzen, wann sie Bookmarks setzen wollen, wie die Anwendungen in Suchmaschinen sichtbar werden und wie sie die User-Interaktion in der Applikation messen wollen, um zum Beispiel Werbeeinnahmen zu erzeugen. Hier hat die Einheit »Seite« heute noch klaren Vorrang.

Auf ein anderes, gravierendes Problem weist außerdem noch Kevin Gibbons, Suchmaschinen-Optimierer und Autor bei eConsultancy hin. Seiner Ansicht zufolge vernachlässigen die Unternehmen im Social Web sträflich die Einhaltung qualitativer Mindeststandards in Sachen Textgestaltung. »Die stärkste Form der Interaktion mit den Nutzern ist Text. Wer schlecht schreibt, riskiert seinen guten Ruf oder zieht den Zorn der Kunden auf sich.« Gibbons sieht im Wesentlichen fünf Fallstricke:

• Schlechte Rechtschreibung und Interpunktion
• Mangelnde Transparenz, vor allem bei kommerziellen Absichten
• Mangelnde thematische Konsistenz, mangelnde Strategie
• Verschleierung der Identität
• Schreiben mit »schwerer Hand« bei Kritik

Weiterführende Quellen:

Bookmarking in Ajax-Anwendungen
http://www.contentwithstyle.co.uk/Articles/38/fixing-the-back-button-and-enabling-
    bookmarking-for-ajax-apps

Besseres Ajax-Design
http://www.lukew.com/resources/articles/ajax_design.asp

6.3   Taggen statt suchen

Das Konzept der Tags und Tagclouds hat mit den Blogs sehr schnell an Verbreitung gewonnen. Bei dieser Idee dürfen Benutzer den Artikeln, Produkten, Fotos oder HTML-Seiten eigene Metadaten in Form von Schlüsselbegriffen beigeben. Diese Schlüsselbegriffe landen zusammen mit den passenden Links in einer Datenbank und werden ausgespuckt, sobald danach gesucht wird.

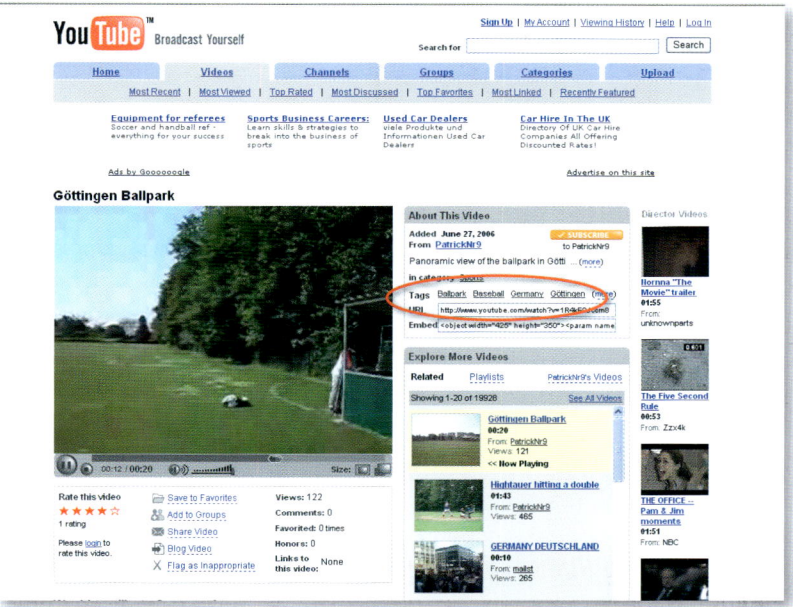

Die Tags entscheiden bei YouTube über die Suchergebnisse.

Das Konzept der Tags hat grundsätzlich Vor- und Nachteile. Der große Vorteil ist, dass das Alltagswissen der Benutzer direkt in die Navigation einfließt. Dieses Wissen und die gewählten Begriffe können teilweise erheblich von dem abweichen, was der Site-Betreiber selbst oder seine Online-Redaktion für die korrekten Bezeichnungen hält. Das Phänomen der betrieblichen Fachsprache ist in der Usability-Diskussion als großer Störfaktor erkannt worden. Der Begriff »Karma«, den das Social-Shopping-Portal edelight als Metapher für den persönlichen Fortschritt benutzt, wurde im Usability-Test von den wenigsten Nutzern verstanden.

Der Nachteil des Konzepts ist die Kehrseite der gleichen Medaille. Bilden die Begriffe, die von Benutzern als Tags vergeben werden, auch wirklich das Wissen der gesammelten Nutzerschaft ab oder nur eines aktiven Teils derselben (siehe nächstes Unterkapitel »Die Macht der Nerds«)? Was ist mit der Fehlertoleranz bei Umlauten und Falschschreibung?

Dass Tagging funktionieren kann, zeigt der US-Merchandiser CafePress. Der Anbieter – vergleichbar mit dem deutschen Shop Spreadshirt – nutzt Tags, um zielgerichtete Werbung vor allem auf Blogs zu schalten. Sucht ein Blog-Benutzer nach einem Schlüsselbegriff, blendet der CafePress-Server zum gleichen Wort passende T-Shirts, Kaffeetassen und sonstige Artikel an. Somit wird die Relevanz der Werbung erhöht. Die Klickrate liegt bei den so genannten TopicAds um ein Viertel höher als bei klassischer Bannerwerbung und die Verkaufszahlen sind seit der Einführung um zehn Prozent gewachsen.

CafePress passt die Werbeeinblendung an das gesuchte Tag an (hier: Obama).

Ähnlich wie bei CafePress sind Tags als ergänzendes Navigationsmittel zu sehen. Wenn Tags bei der Suche getroffen werden, ist die Trefferrelevanz überdurchschnittlich hoch. Das sollte dem Suchenden in optisch hervorgehobener Form präsentiert werden. Bei B2C-Sites muss man zudem vorsichtig mit dem Begriff Tags umgehen. Vielleicht ist eine deutliche Formulierung transparenter: »Frühere Kunden haben unter Ihrem Suchbegriff ›Fussballschuhe‹ Folgendes eingeordnet«. edelight benutzt zum Beispiel den Begriff »Stichwörter« als Synonym für Tags.

Wer Tags einsetzen will, muss sich frühzeitig um den Aufbau der Tag-Datenbank bemühen. Die Benutzer werden erst mitmachen, wenn sie sehen, dass das

System bereits funktioniert. Hier müssen die Online-Redakteure oder – wie bei CafePress – im Idealfall die Informationslieferanten ran und schon beim Einstellen der Produkte Tags vergeben. Sobald das System funktioniert, lassen sich die am häufigsten gesuchten Tags in Form der beliebten Tagclouds auf den Seiten abbilden.

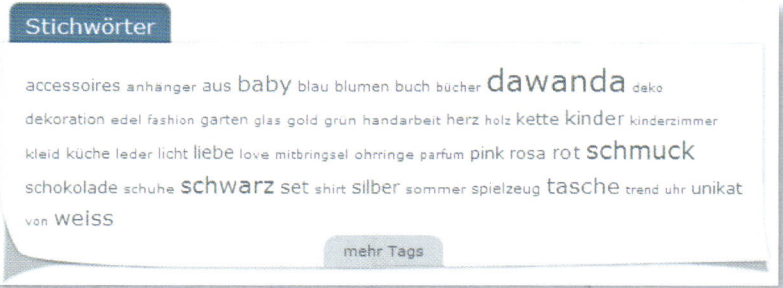

Wenn die Tags nicht nur auf Nutzereingaben reagieren, sondern auch besuchte Seiten widerspiegeln, wird es spannend.

Tags sind nichts anderes als Metadaten und keine Instanz hat bisher verbindlich festgelegt, dass diese Daten nur aus Nutzereingaben zusammengestellt werden dürfen. Der Weltbild Verlag beschäftigt zum Beispiel hauptamtliche Mitarbeiter, die mit der systematischen Einordnung und Verschlagwortung neuer Produkte beschäftigt sind. Die Suchmaschine von FACT-Finder kann die wichtigsten Suchbegriffe als Tagcloud ausgeben und auch ein Analytics-System kann Metadatenberichte erzeugen, die zum Beispiel aus den meistbesuchten Sites gespeist werden. Ein solches Navigationssystem kann dem Nutzer Hilfe bieten, doch muss auch das erst gelernt werden. Zurzeit hält selbst edelight das Thema Tagcloud nicht mehr für sehr spannend: Die Stichwortwolke tritt ganz ganz unten auf der Startseite kaum mehr in Erscheinung.

Wichtig ist, dass Sie für die Nutzer ein plausibles Argument finden, warum es sich lohnen könnte, Tags zu vergeben oder auf solche zu klicken. Im letzten Kapitel wurde bereits illustriert, warum Tags dem Einzelnen beim Wiederfinden von Inhalten helfen können. Ein weiteres Argument könnte die Sortierung von Produktlisten nach Metadaten sein. So könnte man dem Nutzer eine Handvoll passender Begriffe zur Auswahl anbieten, um vergleichbare oder komplementäre Produkte anzuzeigen. Der Klick auf einen Begriff wirkt dann ähnlich wie die eigene Eingabe.

Und was hat der Anbieter davon? Zufriedene Nutzer – zweifellos ein wichtiges Kriterium der User Experience für Folgeaktionen – und er erhält Informationen darüber, welche Seiten den Usern wichtig sind. Das wiederum mündet hoffentlich in einer Top-Ten-Liste … und so weiter.

6.4   Die Macht der Nerds

Herzlichen Glückwunsch, Harriet Klausner! Die rührige Bibliothekarin aus Penn-
sylvania hat den »Großen Preis« für Amazon-Buchkritiken gewonnen. Sie hat bis
zum 11. Dezember 2008 nicht weniger als 17.895 Rezensionen veröffentlicht, mehr
als doppelt so viel wie Lawrance Bernabo, der mit 6666 Kritiken den zweiten Platz
belegt. Klausner profitiert von einer Gabe, die ihr in die Wiege gelegt wurde: Sie
ist Schnellleserin und schafft zwei Bücher pro Tag. Wenn es ihr gelungen ist, auch
noch die zwei Rezensionen am gleichen Tag zu schreiben, dann hat Harriet 18,49
Jahre daran gearbeitet, den Amazon-Spitzenplatz zu erreichen. Ziemlich weitsich-
tig, denn der Online-Buchhandel von Jeff Bezos ging erst vor 13,5 Jahren, genau
im Juli 1995, ans Netz.

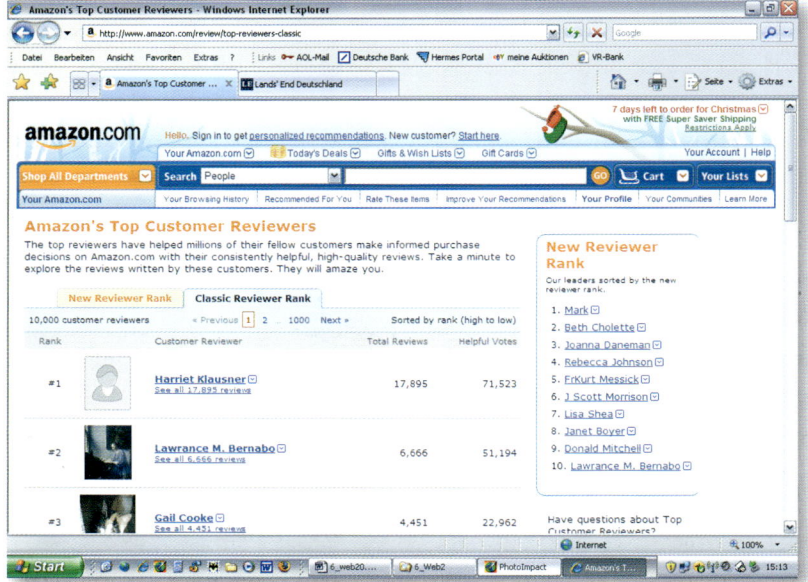

Amazon hat inzwischen ein zweites, zuverlässigeres Bewertungssystem eingefügt.

6.4.1   Mehr Beteiligung, bitte!

Beteiligungssysteme repräsentieren selten den tatsächlichen Geschmack der Zielgruppe, die eine Website besucht. Meist zeigen sie nur einen kleinen Ausschnitt, nämlich den einer überschaubaren Gruppe von Benutzern, die sich durch die Existenz eines Forums oder Kommentarsystems dazu verleiten lässt, dieses auch zu nutzen. Usability-Forscher Jakob Nielsen wertete eine Reihe empirischer Studien aus und kam zum Ergebnis, dass sich in der Regel ein 90-9-1-Schema bildet: 90 Prozent der Benutzer lesen nur die Inhalte, neun Prozent hinterlassen gerade mal einen Kommentar oder eine Frage und lediglich ein Prozent der Benutzer trägt regelmäßig mit neuen Inhalten zum Wachsen der Wissensbasis bei.

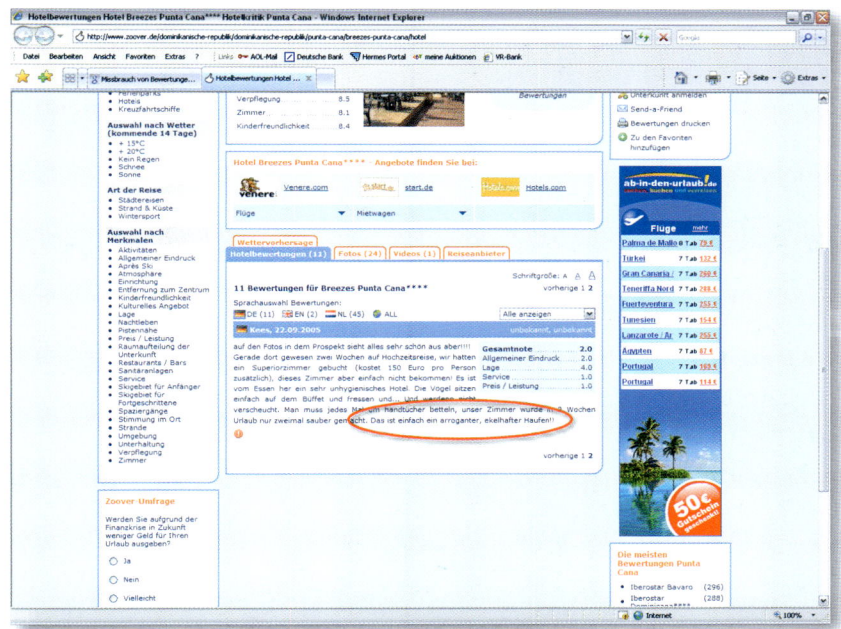

Nicht alle Bewertungssysteme entfernen beleidigende Inhalte.

Die meisten Studien, auf die sich Nielsen bezieht, stammen aus der Web-1.0-Ära. Sie analysieren die Bewegungen in Foren, Chats und Instant-Messaging-Systemen. Nun könnte man meinen, das Mitmachweb komme unter dem Label Web 2.0 gerade erst in Gang und die Ergebnisse werden repräsentativer, doch das Gegenteil ist der Fall. Nielsen rechnet vor, dass es etwas über eine Milliarde Internetnutzer gibt. Dem stehen »nur« 55 Millionen Blogs gegenüber (Quelle: Technorati). Und in diesen Blogs entstehen nur 1,6 Millionen Einträge pro Tag. Daraus folgt: Weniger als 0,1 Prozent aller Webnutzer kommentieren täglich. Selbst das Vorzeigeprojekt Wikipedia spricht von einer aktiven Nutzerbasis von 0,2 Prozent.

6.4.2   Beteiligungserpressung

Aus Usability-Sicht ergeben sich also gleich zwei Probleme. Zum einen muss der Site-Betreiber alles nur Erdenkliche tun, um möglichst viele Kommentare, Bewertungen oder Rezensionen einzusammeln. Zum anderen muss er unermüdlich die Leser dieser Inhalte darüber informieren, dass hier möglicherweise nicht die repräsentative Meinung wiedergegeben wird. Tatsächlich häufen sich die Fälle, in denen Bewertungssysteme als Druckmittel gegenüber Anbietern benutzt werden. Hotelier Oliver Winter berichtet von zwölf solcher Erpressungsversuche im Sommer 2008, allesamt gezielt auf die Plattform TripAdvisor von Kunden aus dem angelsächsischen Raum. »Die Kunden verlangten die Preisnachlässe sogar bereits vor der Übernachtung, zu einem Zeitpunkt also, als sie noch gar keine Bewertung abgeben konnten.«

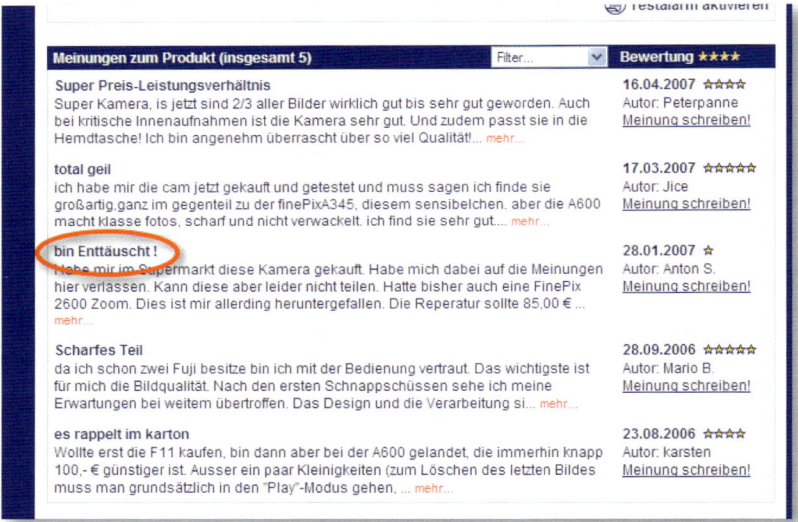

Das Zulassen von Systemkritik stärkt die Glaubwürdigkeit der Anwendung
und gibt dem Nutzer die Kontrolle zurück.

Selbst wenn wir Harriet Klaussner zutrauen wollten, dass sie tatsächlich alle Bücher gelesen und darüber berichtet hat, wir also bewussten Missbrauch im System ausschließen, so bleibt dennoch eine starke informative Schieflage zwischen den Lesenden und den Schreibenden. Um diese Schieflage zumindest ansatzweise zu begradigen, empfiehlt Nielsen eine Reihe von Maßnahmen zu ergreifen, die alle darauf abzielen, das Kommentieren einfacher zu machen.

Klicken statt schreiben: Beteiligungssysteme mit Abstimmungsmechanismen, bei denen ein einzelner Klick zur Stimmabgabe reicht, werden signifikant stärker genutzt. Allerdings kann die Qualität der Inhalte darunter leiden.

Bearbeiten statt erzeugen: Leere Kommentarfelder, die der Benutzer zu füllen hat, erzeugen einen hohen Kreativitätsdruck, der viele Benutzer daran hindert, sich zu beteiligen. Vorgefertigte Templates, Rohlinge oder Standardantworten erleichtern den Einstieg.

Belohnen statt bitten: Kleine Belohnungen ziehen mehr User ins Beteiligungs- system. Die Belohnung muss degressiv gestaffelt sein, so dass der erste Beitrag höher belohnt wird als die folgenden, sonst verstärkt ein Belohnungssystem das Ungleichgewicht noch.

Incentive statt Geld: Die gute Belohnung enthält eine qualitative Bindung zum Beteiligungssystem. Beim Bücherdienst könnte das zum Beispiel der Verzicht auf Versandkosten beim nächsten Buchkauf sein. Fahrrad.de belohnt Community- Beiträge mit einem Gutschriftensystem und staffelt die eigene Währung »internet- stars« sogar nach den Bewertungen, die ein Beitrag bekommt.

Klasse statt Masse: Gerade weil es nie gelingen wird, ein wirklich repräsentatives System zu erzeugen, müssen hochwertige Beiträge eine Möglichkeit bekommen, intensiver wahrgenommen zu werden als andere. Hier kommt natürlich ein Be- wertungssystem für Kommentare oder Kommentierende in Betracht.

Offensichtlich ist es besonders wichtig, einen sanften Einstieg zu schaffen. Wer zwei- oder dreimal bei einer Abstimmung mitgemacht hat, wird eventuell beim nächsten Mal einen kurzen Kommentar hinterlassen und im vierten Anlauf – bei einem Thema mit herausragendem Interesse – vielleicht mal intensiver diskutieren.

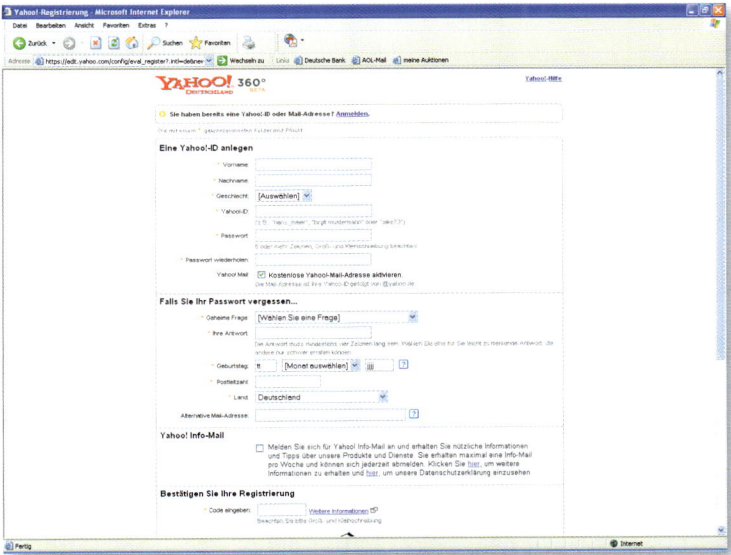

So nicht: Wer mehr Beteiligung möchte, muss den Zugang möglichst einfach machen.

Zentrales Augenmerk muss man auch auf die Präsentation des User Generated Content legen. Biete ich sehr viele Artikel an und erhalten nur zu wenigen Bewertungen, dann wird es schwierig, dieses Kriterium als Filter für Suchergebnisse einzusetzen. eBay wartet ganz bewusst nicht auf die manuelle Abstimmung, sondern ordnet Artikel den »Beliebtesten Artikeln« zu, wenn die entsprechenden Seiten vom Nutzer aufgerufen wurden.

6.4.3   Beteiligung ohne Beteiligung

Und das ist das wichtigste Mittel zum Abbilden der tatsächlichen Nutzerpräferenzen auf einer Website: User-Beobachtung durch Tracking. Dadurch wird die Beteiligung zur automatischen Nebensache, wie in Amazons Funktion »Leute, die dieses Buch gekauft haben, haben auch …«. Die Nutzer müssen keinen aktiven Beitrag leisten, um User Generated Content zu erzeugen.

Neben solch konkreten Zusammenhängen aus der Tiefe der Datenbasis gibt es freilich auch einfachere, unsichtbare Systeme: die Top-Listen. Der Spiegel zeigt, welche Artikel von Lesern am häufigsten per E-Mail weiterverschickt wurden – möglicherweise ein Indiz für Lesestoff, den die Spiegel-Zielgruppe für außergewöhnlich hält. Eine Liste der bestverkauften Digitalkameras gibt dem potentiellen nächsten Käufer zumindest die Hoffnung, dass sich andere bereits intensiv mit Preis und Qualität eines Produkts auseinandergesetzt haben.

Auch Websites, die nichts verkaufen, können von einer solchen »Abstimmung mit der linken Maustaste« profitieren. Sie zeigen einfach die meistbesuchten Seiten, die beliebtesten Downloads oder die am häufigsten gedruckten Artikel. Mit solchen Mechanismen schöpft der Site-Betreiber das Wissen und die Interessen der gesamten Zielgruppe ab und nicht nur des besonders aktiven Teils.

6.4.4   Die Kehrseite der Beteiligung

Ob es eine Demokratisierung der Informationen unter dem Label Web 2.0 auf Dauer geben wird, darf zumindest bezweifelt werden. Die altruistisch motivierte Ergänzung einer Wissensbasis in einem Beteiligungssystem ist nämlich nur eines von vielen möglichen Motiven, noch dazu ein sehr soziales. Dem gegenüber steht eine Reihe von recht handfesten Motiven, die genau das Gegenteil bewirken.

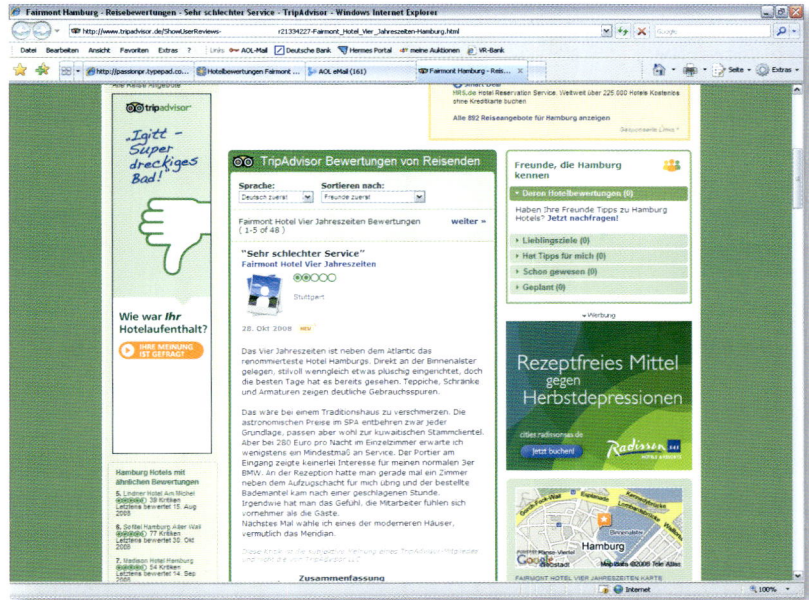

Auf TripAdvisor kann jeder kommentieren, auch derjenige, der nie im entsprechenden Hotel übernachtet hat.

Die Rede ist von Kommentar-Spam in jedweder Form. Auch wenn Harriet Klausner vielleicht nicht dazugehört, so haben Forscher der Cornell University festgestellt, dass auch Amazon mit diesem Problem zu kämpfen hat. Eine signifikante Reihe von Rezensionen ähnelt sich im Wortlaut. Mitunter finden sich sogar identische Kommentare für verschiedene Bücher. Das Motiv für solches Vorgehen kann sein, selbst einmal an Harriets Stelle zu treten und die Rezensentenliste anzuführen.

Doch selbst wenn alle Beteiligungssysteme und deren Kontrollmechanismen gut funktionieren, gilt es noch eine weitere, gewaltige Hürde zu überwinden, bis das Web die »Weisheit der Massen« (James Surowiecki) abbildet: die Suchmaschinen. Da die Rankings sehr stark von der Verlinkung der Sites abhängen, haben die aktiven Nutzer – vor allem aus der Blogger-Szene – ein mächtiges Werkzeug in der Hand, um den Wissenszugang über Google und Co. zu steuern. Und das sind, wie erwähnt, nur 0,1 Prozent.

Links:

Nielsen über das Beteiligungsungleichgewicht
http://www.useit.com/alertbox/participation_inequality.html

Amazon-Spam und Beteiligungssysteme
http://www.firstmonday.org/issues/issue11_3/david/index.html

7 Der bessere Usability-Test

Lohnt der teure Gang ins Usability-Lab? Brauchen wir ein gutes Tracking-System? Was bringt eigentlich ein Hausfrauen-Test? Eines ist sicher: Usability-Testing gehört in den praktischen Webgestaltungsalltag.

7.1 Kommunikation statt Technik

Getrieben vom Ruf der Marketer nach detaillierten Auswertungen ihrer Kampagnen rückt das Thema Webanalyse immer stärker in den Fokus der Site-Betreiber. Auch für Usability-Tester ist Webanalyse inzwischen unverzichtbar geworden.

Als Heiko Höhn seiner Geschäftsführung erstmals eine Heatmap vom Klickverhalten der Nutzer von Friedrichonline.de vorlegte, also eine »Hitzedarstellung«, in der häufig geklickte Bereiche dunkler und röter erscheinen als andere, war er von der Reaktion einigermaßen überrascht. »Die kriegen die Analysezahlen ja wöchentlich. Aber das war das erste Mal, dass ein Bericht so etwas wie Begeisterung auslöste. Der wurde gleich ausgedruckt und abgeheftet«, erläutert der Online-Projektleiter der Friedrich Verlage.

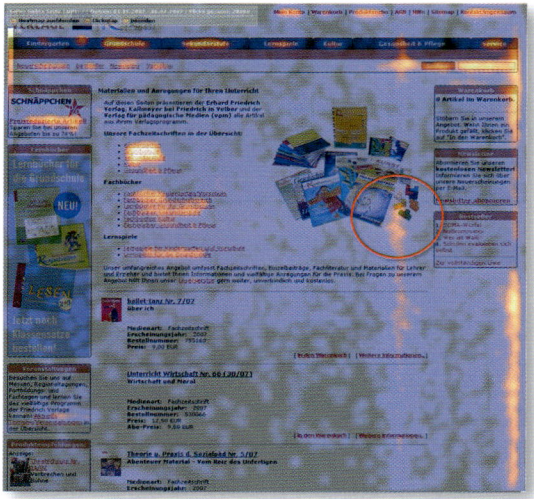

Die Darstellung im Hitzediagramm zeigt, dass viele Nutzer versuchen,
das Bild anzuklicken, obwohl es nur als Aufmacher gedacht und nicht klickbar ist.

Häufungsgrafiken in Form von Heatmaps, die halbtransparent über das Layout
der Webseite gelegt werden, sind ein beliebtes Mittel, wenn es darum geht, dem
Management die Erkenntnisse aus der Webanalyse plastisch näherzubringen. Fast
alle gängigen Werkzeuge auf dem großen Markt für Analyse-Tools verfügen über
solche Hitzedarstellungen.

Für Höhn waren die ersten Hitzedarstellungen aber weit mehr als nur »Ge-
schäftsführer-Marketing«. Sie brachten dem Site-Manager auch unmittelbar ganz
neue Erkenntnisse. »Wir konnten sehen, dass die Leute auf kleine Vorschaubilder
klicken, hinter denen gar keine Links waren. Das haben wir natürlich geändert.«

7.1.1   Die Technik ist ausgereift

Die Konstellation in den Friedrich Verlagen ist aus Sicht der Analyse-Experten na-
hezu ideal. Derjenige, der die Berichte erstellt, ist auch gleichzeitig der, welcher die
Konsequenzen daraus zieht und die Seiten ändert. »Die entscheidende Aufgabe bei
der erfolgsorientierten Implementierung von Webanalyse ist es, keine historischen
Betrachtungen anzustellen, sondern die Prozesse so anzupassen, dass die erzeugten
Berichte fast unmittelbar zu Handlungen führen,« beschrieb Jason Burby die Situation von Webanalytics. Burby berät unter anderem Unternehmen wie Microsoft,
Boeing oder Expedia bei der Analyse der Benutzerströme auf deren Websites. Mit
anderen Worten sollen die Analyseberichte so stark vereinfacht werden, dass der
Auswertende nicht nur erkennen kann, wie sich die Nutzer verhalten, sondern
auch direkt eine Idee entwickelt, wo die nächste Optimierung anzusetzen ist.

Die Disziplin Webanalyse entwächst allmählich dem techniklastigen Kind-
heitsstadium. Frank Reese, der mit seinem Online-Dienst Ideal Observer den

Markt der Analysewerkzeuge genau beobachtet, stellt fest, dass fast alle gängigen Werkzeuge am Markt die wichtigsten Disziplinen beherrschen. Die Kombination von Zählpixeln, die mit einer Zeile HTML-Code in jede Seite eingefügt werden können, und Cookies hat sich als Messmethode durchgesetzt. Von Logfile-Analyse spricht heute niemand mehr. Andere Ansätze, zum Beispiel das Umkodieren von URLs für ein Session-Tracking ohne Cookie, fristen eher ein Nischendasein.

Der Screenshot aus der Oberfläche von etracker zeigt die differenzierte Wirkungsanalyse unterschiedlicher Werbemaßnahmen.

Auch die Skalierbarkeit einer Lösung ist für Reese nur in ganz seltenen Fällen ein Entscheidungskriterium. In der Regel leisten alle bekannten Werkzeuge genug, um ein Unternehmen und dessen Online-Auftritt ein gutes Stück des Weges begleiten zu können, auch wenn die Anforderungen wachsen.

Es gibt eine Handvoll technischer Baustellen, wo sich die Werkzeuge gegeneinander differenzieren. Dazu zählt die Möglichkeit, Videos und Flash-Anwendungen zu messen, die Schnittstellen zu anderen Programmen, die Performance in der Datenverarbeitung und die Flexibilität der Filtereinstellungen. »Gute Berichte erziele ich erst durch die Kombination mehrerer Variablen. Im Bereich der Segmentierung zeigen einige Werkzeuge noch Schwächen«, meint der Reese.

7.1.2 Google bewegt den Markt

Im Wesentlichen dreht sich alles um die anschauliche Qualität der erzeugten Berichte. Dafür sind die Werkzeuge nur teilweise zuständig, viel hängt von den Vorarbeiten ab, die in den Unternehmen geleistet werden. »Für viele Unternehmen impliziert es gravierende Veränderungen der internen Prozesse, wenn einzelne Mitarbeiter mit Hilfe der Webanalyse plötzlich mit einer Erfolgskontrolle konfrontiert werden«, erläutert US-Berater Burby.

Panasonic fand über das Tracking heraus, dass die Nutzer die Flash-Präsentationen der neuen
Produkte gar nicht bis zum Ende anschauten.

Angetrieben wird diese Entwicklung inzwischen vor allem von den Marketing-Abteilungen. Die Marketer wollen genau wissen, welche Bannerkampagne wie gut funktioniert und ob die AdWords-Anzeigen zum richtigen (Gewinn bringenden) Schlüsselwort eingeblendet werden. Google hat dem bereits mit den integrierten Berichten im AdWords-Programm Vorschub geleistet. Das Analysewerkzeug Google Analytics gilt für viele Experten inzwischen als vollwertiges Produkt der Mittelklasse.

»Wir haben uns Analytics genau angeschaut und waren von der Aussagequalität der Berichte positiv angetan«, berichtet Heiko Höhn. Dass die Wahl dann letztlich auf eine kostenpflichtige Lösung fiel, war eine politische Entscheidung. »Unsere Zielgruppe sind Lehrer und Dozenten, da wollten wir keinesfalls eine Datenschutzdiskussion riskieren.« Und in der Tat bezieht sich die überwiegende Kritik an Analytics nicht auf das Werkzeug selbst, sondern auf die Tatsache, dass die Daten in den USA gesammelt und nach dortigem Recht verarbeitet werden.

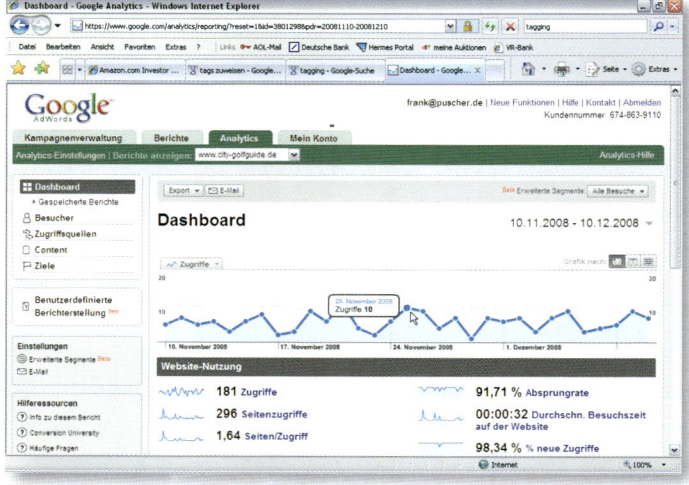

Dank eines starken Entwicklerteams verbessert sich die Leistung von Google Analytics rapide.

Während alle Disziplinen des Performance Marketing längst gewohnt sind, ihre Leistung an Maßzahlen, den so genannten Key Performance Indicators, bewerten zu lassen, wird das dem angestellten Texter oder Webdesigner heute noch schwerfallen. Unternehmen stehen vor einer großen Kommunikationsaufgabe. »Damit die wichtigen Erkenntnisse aus Analyseberichten schnell umgesetzt werden, müssen Unternehmen eine Kultur des Trial and Error etablieren. Die Mitarbeiter müssen viel mehr Experimente auf ihren Seiten wagen dürfen. Nur dann trägt die Analyse zur kreativen, nach vorne gerichteten Verbesserung einer Site bei.«

last event	duration		current page (exit page)
Jul 05 12:53 PM	04m 33s	🇩🇪	Opentracker: Key features detailed
Jul 05 12:53 PM	01m 32s		visitor's profile
Jul 05 12:53 PM	12m 07s		🇩🇪 Germany, Hamburg (Hamburg)
Jul 05 12:53 PM	14s		isp / org: Hansenet Telekommunikation Gmbh (hansenet.de)
Jul 05 12:53 PM	14m 51s		
Jul 05 12:53 PM	1h 58m 06s		online status: online
Jul 05 12:53 PM	01m 35s		number of visits: 1
Jul 05 12:53 PM	28s		pageview(s): 10
Jul 05 12:53 PM	37s		current visit duration: 04m 33s
			first measurement: Jul 5, 2007 12:49 PM
Jul 05 12:53 PM	50m 46s		operating system: Windows XP
Jul 05 12:53 PM	47s		browser: IE 7.0 (1280 x 1024)
Jul 05 12:52 PM	01m 04s		IP address: 80.171.50.157
Jul 05 12:52 PM	02m 04s		click on icon for clickstream
Jul 05 12:51 PM	06m 29s		Wichtigste Navigationslisten - Am häufigsten abgerufene Seiten
Jul 05 12:51 PM	02m 50s		visitors - online & recent visitors
Jul 05 12:51 PM	02m 39s		Opentracker - The difference between hits, visitors, visits, and page views
Jul 05 12:51 PM	09m 15s		visitors - online & recent visitors
Jul 05 12:50 PM	03m 48s		Login to your site stats and site analysis
Jul 05 12:50 PM	s.e.		Opentracker - Improve Google ranking and PageRank
Jul 05 12:50 PM	05m 03s		Login to your site stats and site analysis

🧍= user is online 🧍= user is inactive 🧍= user has left

Auch wenn die Cookie-Speicherung unterdrückt wird, sammeln die Webserver jede Menge Bewegungsdaten.

Burby zitiert das Beispiel eines amerikanischen Finanzdienstleisters. Die Leiterin der dortigen Online-Abteilung installierte kurzerhand einen Analytics-Wanderpokal in Form einer Lavalampe. Der Preis ging jeweils an den Mitarbeiter, der die präzisesten Vorhersagen aus den Analyseberichten ableitete. Durch diesen spielerischen Ansatz brachte sie ihre Mitarbeiter dazu, sich intensiv mit der Analyse zu beschäftigen, ohne dafür besonderen Druck aufbauen zu müssen.

7.1.3 Key Performance Indicators

Die Grundlage für die aussagekräftige Analyse Ihres Online-Business sind die Indikatoren, nach denen Sie den Erfolg dieses Business messen. Sie machen auf möglichst einfache Weise das Ergebnis komplexer Prozesse sichtbar und zeigen

Entwicklungen auf. Aus diesen Entwicklungen lassen sich Problemquellen erkennen und erfolgreiche Ansätze ablesen.

Die Key Performance Indicators müssen Folgendes leisten:

Sie bilden die Online-Ziele Ihrer Organisation ab, nicht standardisierte Ziele einer Industrie oder Branche. Diese Online-Ziele stehen in direktem Bezug zu den Unternehmenszielen und schaffen deren Online-Entsprechung.

Sie sind messbar. Nur so lassen sich Erfolg und Misserfolg zweifelsfrei beweisen, in der zeitlichen Entwicklung analysieren und im Unternehmen kommunizieren.

Sie sind im Unternehmen allgemein anerkannt. Nur dann werden sie von den Mitarbeitern als Grundlage ihres Handelns akzeptiert.

Verwenden Sie also genügend Zeit darauf, im Vorfeld diese Indikatoren zu ermitteln. Involvieren Sie das gesamte Team, um frühzeitig Bewusstsein, Verantwortlichkeit und Akzeptanz bei den Mitarbeitern zu schaffen. Und kommunizieren Sie die KPIs auf einer standardisierten Scorecard, wo sie von Mitarbeitern und Managern gleichermaßen einfach aufgenommen werden können. Benutzen Sie die KPIs auch als Leistungsreferenz in übergeordneten Unternehmenspublikationen wie Geschäftsberichten.

Wenn der Log-in-Dialog von Knigge über den Empfehlungen positioniert ist, wächst die Conversion Rate von 1,9 auf knapp 2,5 Prozent (Quelle: Webtrekk).

Natürlich gibt es neben den individuellen KPIs auch eine Reihe anerkannter Maßzahlen, die praktisch jeder Website bei der Optimierung helfen. Die wichtigsten sind:

Abbruchrate auf der Landeseite: Wie viele User verlassen die Site nach dem Aufrufen der Landeseite? Ist der Wert hoch, verspricht Ihre Kampagne Leistungen, die das Unternehmen nicht halten kann, oder bietet die die Landeseite selbst keinen Anreiz, das User-Interesse in eine Handlung zu überführen?

Homepage-Effektivität: Vergleichen Sie die Menge der Homepage-Besucher mit der Zahl der User, die bis zu einem definierten Ziel vordringen. Ist der Unterschied zwischen beiden Werten extrem groß, kann das ein Indiz für schlechte Usability auf der Homepage sein.

Abbruchrate auf Danke-Seiten: Die meisten Sites wollen dem Benutzer mehr als eine Aktion abtrotzen und übersehen häufig die Bedeutung der Danke-Seiten. Dabei ist der schiere Aufruf einer Danke-Seite ein direkter Vertrauensbeweis des Benutzers in Ihr Unternehmen, da sie ja erst erscheint, nachdem der Nutzer bereits einen Kauf, Download oder eine Kontaktaufnahme ausgelöst hat.

Segmentierte Conversion: Bleiben Sie nicht bei der allgemeinen Conversion Rate stehen, sondern suchen Sie nach einer Differenzierung, zum Beispiel nach Benutzertypen. Ist die Conversion Rate bei Benutzern, die AdWords klicken, eine andere als bei Homepage-Besuchern? Das Ergebnis liefert Ihnen eine klare Handlungsanweisung, wo Optimierung gefragt ist.

7.1.4 Analyse für Rich Internet Applications

Die neuen technischen Entwicklungen im Umfeld des Schlagworts Web 2.0 stellen auch die Anbieter von Analytics-Lösungen vor neue Herausforderungen. Unter den Labeln Rich Internet Applications und Ajax zeigen immer mehr Websites Anwendungen, die innerhalb einer einzigen Seite arbeiten. Der Aufruf eines Zählpixels in einer solchen Seite greift also zu kurz, wenn man das Verhalten der Nutzer innerhalb der Anwendung verfolgen will.

Die Zählpixel müssen also in die jeweilige Anwendung integriert werden, damit an bestimmten Schlüsselstellen, etwa beim Klicken auf einen Hyperlink in einem Flash-Film, Zählungen ausgelöst werden. Das hat zur Folge, dass das einfache Grundprinzip der Webanalyse, nämlich die Integration von nur einer Codezeile im Kopf einer Seite, nicht mehr funktioniert. Stattdessen muss gegebenenfalls die produzierende Agentur die Zählprogrammierung bereits bei der Herstellung des Inhaltselements berücksichtigen.

Bei bestimmten Anwendungen, die Veränderungen innerhalb einer Seite erlauben, ohne dass der Browser erneut mit dem Webserver in Kontakt tritt, ist das Problem noch gravierender. Hier greifen die meisten Analyse-Tools zu Näherungsgrößen, etwa der Verweildauer auf einer solchen Seite.

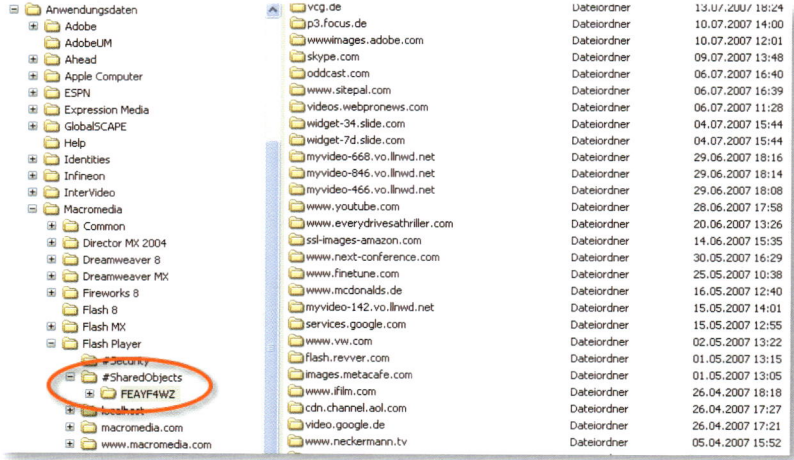

Flash kann eigene Cookies speichern, die von den meisten Cookie-Löschern
nicht entdeckt werden.

Immerhin: Für lineare Streaming-Formate, also Online-Videos oder Musik, können solche Ansätze valide Zahlen liefern. Nedstat verbindet in seinem neuen Werkzeug Stream Sense die Verweildauer auf einer Seite mit der Pufferzeit des jeweiligen Mediaplayers und kann so die Downloadrate schätzen. In Kombination mit der Verweildauer ergibt das ein recht genaues Bild von dem Zeitpunkt im Video, wenn der Nutzer die Übertragung abbricht.

7.1.5   Das richtige Analyse-Tool

Frank Reese berät Unternehmen
bei der Implementierung von
Analysesystemen

Die Auswahl der Werkzeuge zur Webanalyse reicht von kostenlos bis sehr teuer. Worauf Sie bei der Auswahl eines Werkzeuges achten sollten, verrät Frank Reese, Ideal Observer, der die Tools seit Jahren beobachtet.

Herr Reese, wo würden Sie bei der Werkzeugauswahl den Anfang machen?

Ich gehe in die Unternehmen und frage die Mitarbeiter, was sie ändern können und wie viel Zeit sie dafür haben. Da kommt man relativ schnell auf die fünf oder sechs zentralen Punkte. Die Entwicklung guter Kennzahlen ist das Wichtigste.

Was muss ein gutes Analysewerkzeug leisten?

Heute muss man sich kaum mehr Gedanken machen über Kampagnenmanagement, Browser-Overlay oder die Filterung nach Suchbegriffen. Das machen alle Tools. Auch die Skalierbarkeit ist nicht so wichtig, wie sie häufig gemacht wird. Die Werkzeuge der Mittelklasse können schon sehr große Datenmengen verarbeiten.

Viel wichtiger ist es, nach den Schnittstellen zu fragen, denn die erlauben mir, mit den erhobenen Daten einfach weiterzuarbeiten. So haben die meisten Werkzeuge die Möglichkeit, die Daten aus einer AdWords-Kampagne von Google zu lesen. Nur die wenigsten aber verfügen über ein Bid-Management, also die direkte Möglichkeit, die Klickpreise für AdWords-Kampagnen zu variieren, wodurch sich die Kampagne automatisch selbst justieren kann.

Eine neuere Funktion, auf die ich in jedem Fall achten würde, ist die Unterstützung von A/B-Tests. Das hat sich als wertvolles Instrument bei der Optimierung von Webseiten erwiesen.

Kann Google Analytics das alles, was Sie hier fordern?

Nicht alles, aber einiges. Google hat mit Analytics den Markt deutlich fortentwickelt. Man erkennt die Bedeutung von Analytics schon allein daran, wie häufig die Lösung angefeindet wird.

Google Analytics Code findet man in vielen Sites, auch in ganz großen. Es ist weit mehr als eine Einstiegslösung. Im Berichts-Interface ist es sogar besser als manch etablierte, kostenpflichtige Lösung.

Würden Sie Ihren Beratungskunden Google Analytics empfehlen?

Warum nicht? Das hängt immer mit der spezifischen Aufgabenstellung des Unternehmens zusammen. Diese herauszufinden ist die schwierigste Aufgabe des gesamten Implementierungsprozesses. Viel eher ist es eine Kommunikationsaufgabe als eine technische.

Aber um es klar zu sagen: Mit den deutschen oder holländischen Lösungen der guten Mittelklasse kann Analytics nicht mithalten.

Wo hat die Google-Lösung Schwächen?

Vor allem im Support. Es tauchen immer wieder spezielle Fragen bei den Unternehmen oder Agenturen auf, die kann man kaum über eine Website oder FAQs abfangen. Da braucht es das direkte Gespräch.

Das gilt übrigens grundsätzlich. Ich würde mir bei der Vertragsunterzeichnung klar definierte Antwortzeiten zusichern lassen. Ob das dann ein Gespräch nach Kalifornien oder nach Frankfurt ist, spielt letztlich keine große Rolle.

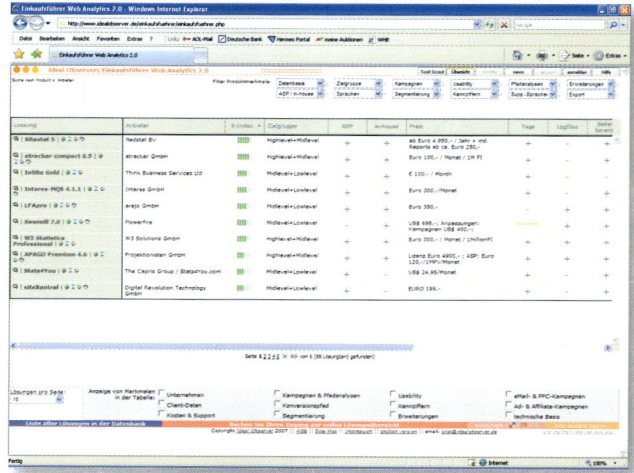

Der Einkaufsführer Ideal Observer gibt eine praktische Übersicht über die
Qualitäten der einzelnen Werkzeuge.

Wenn sich die technische Seite nicht mehr so stark weiterentwickelt, könnte man die Analyse-Tools doch inhouse betreiben und sich Lizenzgebühren sparen.

Den gesparten Gebühren steht ein sehr hoher Personalaufwand gegenüber. Dafür braucht man richtig gute Leute. Webanalyse macht man nicht mal so nebenbei.

Nein. ASP ist für fast alle die richtige Lösung, es sei denn, ich habe bereits eine gut funktionierende Business-Intelligence-Lösung im Haus und kann die Webanalyse damit integrieren, oder ich arbeite mit sehr sensiblen Kundendaten, etwa im Online-Banking.

Stichwort Datensicherheit. Birgt die Arbeit mit einem ASP-Provider hier nicht ein Risiko?

Es gibt keine Datenunsicherheit. Wenn Unternehmen wie Microsoft oder eBay mit einem Analyse-Anbieter zusammenarbeiten, warum sollte dann für einen deutschen Mittelständler hier ein Risiko entstehen?

Worauf man allerdings achten sollte, ist, dass das gewählte System First-Party-Cookies unterstützt – weniger aus rechtlicher Sicht als vielmehr wegen der Datenqualität. Third-Party-Cookies werden von bis zu 20 Prozent der Benutzer geblockt. Das kann die Datenbasis erheblich verfälschen.

Herr Reese, vielen Dank für dieses Gespräch.

7.2   Usability-Testing: die Web-DIN

Usability-Testing muss nicht teuer sein. Häufig finden die einfachen, preiswerten Testmethoden die gravierendsten Fehler ebenso. Wichtig ist vor allem eine gute Vorbereitung.

Um Fehler in Webdesign und Online-Marketing zu vermeiden und deren Return on Investment (ROI) zu maximieren, kommen grundsätzlich zwei Strategien zur Qualitätssicherung in Betracht. Zum einen kann man die Nutzer direkt befragen und sich von ihnen Tipps, Anregungen und Kritik holen, zum anderen kann man das Verhalten der Nutzer beobachten.

Die Befragung ist durchaus ein probates Mittel, wenn es sich um Websites mit kleinen, klar begrenzten Zielgruppen handelt, etwa im B2B-Umfeld. Allerdings kennen Psychologen die Grundproblematik einer jeden direkten Befragung: Sie liefert mitunter verzerrte Ergebnisse. Die Nutzer können sich auf der Site anders verhalten, als sie im Interview antworten. Ein Teil ihres Verhaltens ist ihnen möglicherweise gar nicht bewusst oder sie scheuen sich, im Interview zuzugeben, dass sie im Web manchmal ungeduldig sind und gar keine Zeit haben, Websites zu »erkunden«. Stattdessen erwarten die Nutzer, dass die Sites robust, schnell und vorhersagbar funktionieren.

Möglicherweise hätte der Freizeitpark Eekholt dieses Interface vermeiden können,
wenn man die Nutzer vorher befragt hätte.

Ein weiteres Problem der direkten Befragung ist die Tatsache, dass nur diejenigen Nutzer erreicht werden, die tatsächlich mit der Website arbeiten. Das ist natürlich eine wichtige Zielgruppe. Vielleicht aber ist die andere ebenso wichtig, nämlich die Personen, die nicht mit der Website arbeiten, obwohl sie ihnen etwas bieten könnte.

Die Befragung ist somit vor allem in der Frühphase der Site- und Projektentwicklung interessant, wenn man sich bei den Mitgliedern der Zielgruppe Anregungen dafür holen möchte, was die Site leisten soll. Auch im kontinuierlichen Betrieb sollte der Site-Betreiber stets einen offenen Feedback-Kanal aufzeigen, über den die oft sehr kompetenten Ratschläge der Power-User und Stammkunden in den Optimierungsprozess einfließen können. Doch er sollte sich auch dessen bewusst sein, dass diese Nutzer stets nur einen kleinen Ausschnitt seiner Zielgruppe repräsentieren.

7.2.1   Befragungsmethoden

Wer seine genaue Zielgruppe kennt, befragt direkt. Spezifische Bereiche in Intranets zeigen eine solche Charakteristik. Kein Site-Betreiber, der es ernst meint, würde eine Fachabteilung, für die ein Intranetbereich aufgebaut wird, bei der Entwicklung nicht mitreden lassen. Neben der möglichen Qualitätssteigerung liegt darin auch ein strategischer Vorteil: Die Akzeptanz der neuen Website wird von vornherein gesteigert, wenn sie von Mitarbeitern mitentwickelt wird. Aber auch hier gilt: Gerade auch die Mitarbeiter, die sich an einem solchen Prozess nicht freiwillig beteiligen, sollen nachher zur Benutzergruppe gehören. Hier sollte über Maßnahmen nachgedacht werden, die zur Steigerung der Beteiligung führen.

Derartige Befragungen sind in allen Stadien der Entwicklung möglich. Besonders interessant scheint ihr Einsatz allerdings in der Frühphase. Hier kann zum Beispiel die potentielle Akzeptanz von Farbschemata oder die Gefälligkeit bestimmter grafischer Layout-Ansätze geprüft werden, auch wenn diese den Probanden nur in Papierform vorgelegt werden.

Eine Befragung der existierenden Zielgruppe funktioniert auch im Web, etwa über einen OnSite-Fragebogen. Hierbei handelt es sich im Grunde um eine Variante des User Generated Content. Und insofern gilt das Paradigma von Jakob Nielsen: »Mache die Beteiligung zum Nebeneffekt.« Ein Beispiel hierfür ist die Bewertung der Artikelrelevanz, etwa im Supportbereich der Website von Hewlett-Packard. Durch einen einfachen Klick kann der Nutzer dem Site-Betreiber wertvolle Daten über die Qualität seines bestehenden Systems liefern.

Möglicherweise entsteht aus der Umfrage sogar spannender Inhalt für die Website selbst.

Frontal positionierte Fragebögen auf der Homepage funktionieren nur dann, wenn sich dem User der Nutzen direkt erschließt. Er muss das Gefühl bekommen, dass ihm die Beteiligung an der Umfrage einen Vorteil bringt – sei es den direkten Vorteil in Form der verbesserten Site oder erneut mittels Incentive.

Hingegen sind Fragen, die nahe am passenden Prozessschritt platziert sind, in ihrer Wirkung unmittelbarer. So wäre in einem Online-Bestellsystem die Frage nach zusätzlichen Zahlungsmethoden angebracht: »Sollen wir an dieser Stelle in Zukunft PayPal-Zahlung anbieten?«

Links zu Fragebögen per E-Mail zu verschicken, impliziert eine Form des Medienbruchs. Nicht jeder Nutzer wechselt gerne zwischen E-Mail-Client und Webbrowser, schon gar nicht, wer seine E-Mails offline liest oder mit einem BlackBerry abruft. Die Resonanzquote ist naturgemäß geringer.

Es gilt: Je näher die Befragung am konkret zu optimierenden Site-Bereich angesiedelt ist, umso besser kann man für die bestehende Zielgruppe optimieren und desto konkreter und detailreicher werden die Aussagen.

7.2.2 Beobachtung

Vor allem in der Projektierungsphase können Befragungen helfen, die Bedürfnisse der Zielgruppe darzustellen. Ob die gewünschten Veränderungen im laufenden Betrieb dann tatsächlich eine positive Rolle spielen, wird erst durch dezidierte User-Beobachtung deutlich.

Diese Beobachtung muss keineswegs in einer klinischen Usability-Testsituation stattfinden. Vielmehr kann die Beobachtung auch auf der Grundlage der Traffic-Daten vollzogen werden. Gute Analysesysteme bilden die Grundlage der quantitativen Messung. Sie aggregieren die Seitenaufrufe durch die Nutzer zu aussagekräftigen Berichten. Wichtige Messgrößen sind zum Beispiel die Abbruchraten innerhalb eines linearen Prozesses. An welcher Stelle steigen die meisten Nutzer aus (siehe Kapitel 7.1 zur Webanalyse).

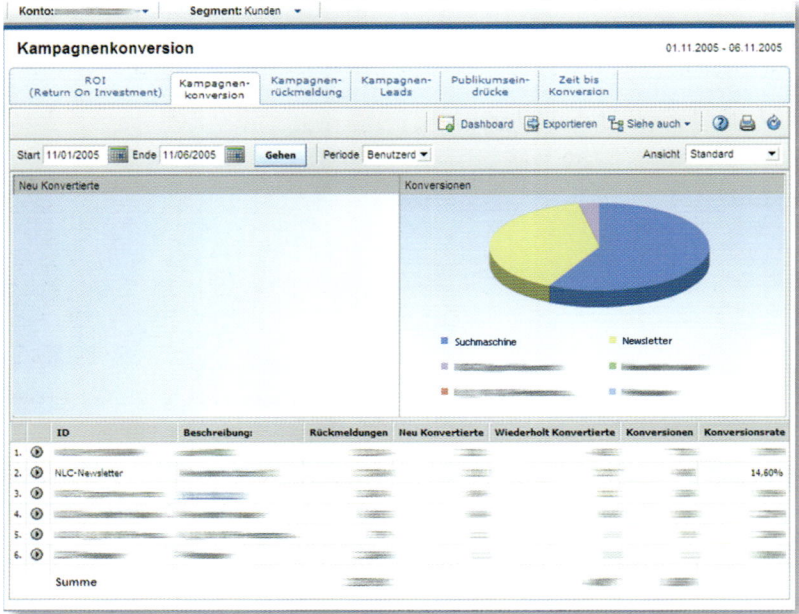

Wie viel Konversion erzielt eigentlich eine Werbung im Newsletter?

Ist die Stelle identifiziert, ergeben sich zwei Möglichkeiten. Man kann einerseits selbst Veränderungen vornehmen und das neue Traffic-Ergebnis mit dem alten vergleichen. So hangelt sich der Site-Betreiber von Verbesserung zu Verbesserung.

Die Alternative ist der klassische Usability-Test, also die qualitative Analyse des Nutzerverhaltens. Hierbei gilt es dann, den Nutzer zu fragen, »warum« er an der entsprechenden Stelle aussteigt. Im Gegensatz zur reinen Befragung basiert der Usability-Test auf tatsächlich beobachtetem Nutzerverhalten. Das schließt rein hypothetische Antworten teilweise aus.

Beobachtende Verfahren können bei den jeweils involvierten Mitarbeitern beträchtliche Aha-Effekte auslösen, vor allem dann, wenn man dem Nutzer live über die Schulter schaut. Viele Experten empfehlen daher den so genannten Hausfrauen-Test als schnellen Einstieg, um zumindest ein vages Gefühl für das Problempotential einer Site zu bekommen. Bei dieser Methode wählt man eher zufällig Personen aus dem näheren Umfeld, die nicht direkt in ein Projekt involviert sind, und holt sich damit den »Blick von außen«.

7.2.3   Der A/B-Test

Das derzeit populärste Verfahren im Usability-Testing ist der Vergleichstest zwischen zwei oder mehreren möglichen Varianten. Letztere Form heißt Multivariate Testing.

Bei beiden Verfahren handelt es sich eigentlich gar nicht um Testverfahren, sondern um die Beobachtung realen Nutzerverhaltens, also eine Operation am »lebenden« Objekt. Der Aufbau eines solchen Testszenarios kann die Performance des Gesamtsystems, also zum Beispiel die Umsätze, kurzzeitig verschlechtern, wenn Varianten im Test sind, die schlechter abschneiden als das bestehende System.

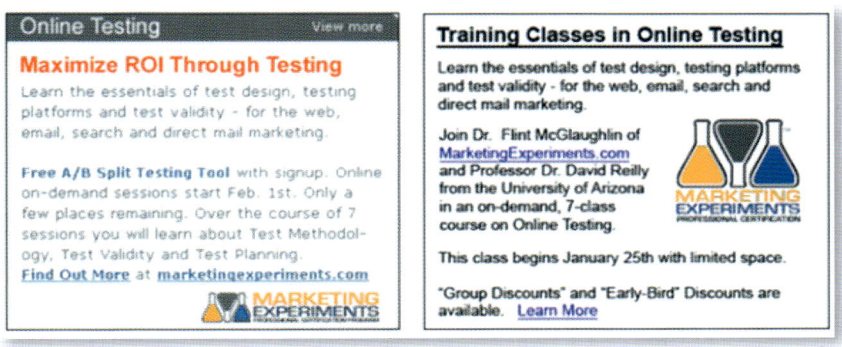

Welche Anzeige funktioniert besser? Die eher redaktionelle (links)
oder die deutlich werbliche (rechts)?

Neben diesem Nachteil besitzt das Verfahren aber einen handfesten Vorteil: Die tatsächlichen Nutzer des Systems stimmen mit den »Maustasten« ab, welche Veränderung die beste ist. Das bildet zwar immer noch nicht ab, welche User das System gar nicht erst erreicht, aber für die bestehende Zielgruppe liefert es gute Ergebnisse.

Der Aufbau eines A/B-Tests ist einfach. Zunächst wird die zu verändernde Stelle im System identifiziert. Dann erarbeitet das Team mögliche Änderungsvarianten. Nun werden die möglichen Varianten live geschaltet. Ein guter Webserver kann den Traffic teilen, so dass die eine Hälfte der Nutzer die eine Seite, die andere Hälfte die andere Seite zu sehen bekommt. Alternativ kann man auch eine Woche lang die eine und dann die andere Lösung testen. Freilich dürfen keine besonderen Feiertage oder ähnliche Verzerrungen in einem der Zeiträume liegen.

Nach Ende der Testperiode analysiert man das Nutzerverhalten im Vergleich zur Original-Site und kann relativ schnell erkennen, welche Lösung besser funktioniert. So hangelt sich der Site-Betreiber von Optimierung zu Optimierung. Gleiches funktioniert natürlich auch im Online-Marketing. Hier laufen dann zwei Kampagnen gegeneinander und die schlechtere wird einfach abgeschaltet.

Der A/B-Test ist recht einfach zu implementieren und auszuwerten, aber er hat auch eine Reihe von Nachteilen:

- Er richtet sich nur an die bestehende Zielgruppe.
- Veränderungen können nur als einzelne Schritte erfolgen. Das ist recht langsam.
- Werden die Daten über Umsatz und Co. isoliert betrachtet, besteht die Gefahr, dass die Verbesserung an einer Stelle der Site Verschlechterungen an anderen Stellen verursacht.
- Die Site verliert an Glaubwürdigkeit, wenn ein User verschiedene Varianten der Site zu Gesicht bekommt. Ein sehr gutes Testsystem erkennt die User per Cookie und schickt sie stets zur gleichen Variante.

Aus der Praxis gesehen ist der A/B-Test ein gutes Werkzeug für die kontinuierliche Verbesserung der Website vor allem in Detailbereichen, nachdem man bereits auf der richtigen Spur ist. Lesen Sie im Kapitel 7.3, wie Sie den A/B-Test am besten einsetzen können.

7.2.4   Der Experten-Test

Eine ebenfalls sehr kostengünstige Variante des Usability-Tests ist die Expertise durch einen Sachverständigen. Die Tagessätze des einzelnen Gutachters sind zwar hoch, doch benötigt er für eine detailliert gestellte Aufgabe selten mehr als einen Tag, um die Qualität eines Site-Bereichs zu beurteilen und einen ausführlichen Bericht abzuliefern.

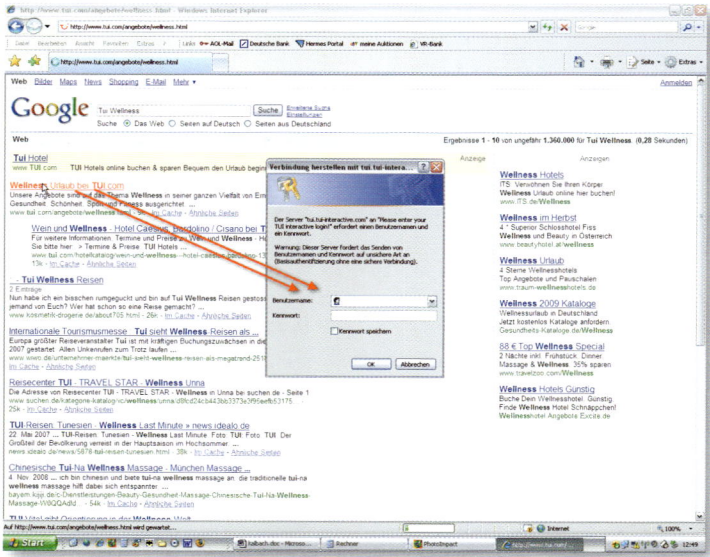

Um einen solchen Fehler zu finden, braucht es keine Probanden,
sondern einen aufmerksamen Tester.

Die Kunst der guten Expertise besteht darin, sich in die Zielgruppe hineinzuversetzen. Der Fachmann muss vom eigenen Wissen abstrahieren und sich auch in der Hardwareausstattung und Internetanbindung an das Niveau der Zielgruppe anpassen. Bei Themen des allgemeinen Interesses gelingt das in der Regel. Bei sehr spezialisierten Themen, in denen der Experte kein Vorwissen mitbringt, ist das eher schwierig, vor allem wenn Fachvokabular fehlt, das in der Zielgruppe vorhanden ist. So kann ein Fotoservice, der auf Endkunden ausgerichtet ist, kaum mit der Farbkalibrierung nach ICC-Profilen argumentieren, wenn dies nicht deutlich erklärt wird. Ein Druckservice für professionelle Publisher kann hingegen davon ausgehen, dass das Thema bekannt ist.

Der große Vorteil der Expertise ist die Geschwindigkeit. Innerhalb von 24 Stunden kann sich der Site-Betreiber einigermaßen absichern, dass seine neue Site keinen kapitalen Fehler enthält. Oft ist die extern eingeholte Expertenmeinung auch eine gute Möglichkeit, um die zu honorierende Leistung der Agentur abschließend zu bewerten.

Mithin ist dieses Testverfahren in zwei Fällen einzusetzen: einmal kurz vor der Veröffentlichung einer Site, Kampagne oder eines Redesigns und zweitens dann, wenn die Kennzahlen aus der Webanalyse einen Fehler aufzeigen, das interne Team ihn aber nicht findet.

Ein sehr wichtiges Kriterium bei der Suche nach einem angemessenen Experten ist dessen Unabhängigkeit. Nur der unabhängige Gutachter kann aus der Vielzahl der am Markt befindlichen Lösungen frei auswählen und den passenden Folgetest empfehlen.

7.2.5   Das Panel

Eine schnellere und komfortablere Variante des Usability-Tests ist das Online-Panel. Der Dienstleister verfügt über einen großen Pool registrierter Anwender, die nach bestimmten Kriterien sortierbar sind. Ruft ein Auftraggeber zum Test, werden die Probanden per E-Mail angeschrieben, erhalten einen Fragebogen und sollen die betreffende Site oder den Site-Bereich ansurfen und die Fragen beantworten.

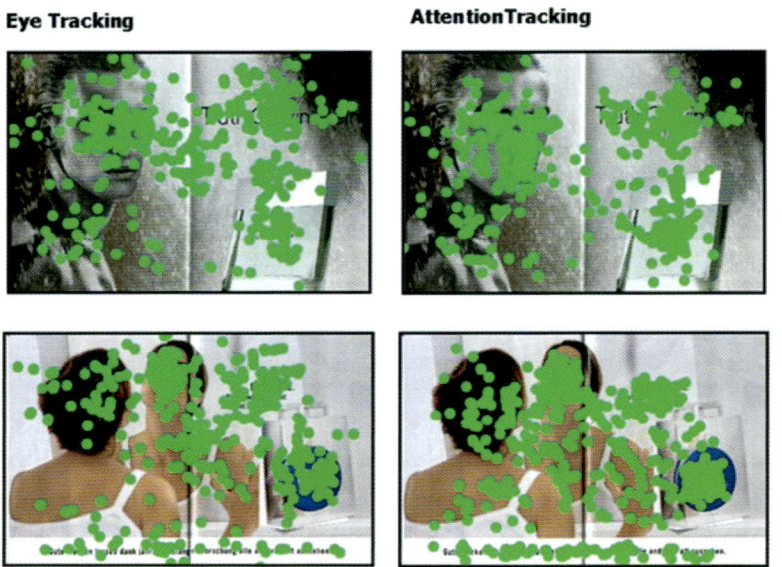

Die Ergebnisse aus Attention Tracking und Eye Tracking sind in diesem Beispiel vergleichbar (Quelle: MediaAnalyzer).

Hier gibt es eine Reihe recht subtiler Testmethoden, zum Beispiel das Attention Tracking des Hamburger Anbieters MediaAnalyzer. Hierbei sollen die Nutzer auf die Bereiche der Site klicken, denen sie Aufmerksamkeit schenken. Mit einem unsichtbaren Layer werden die Mausklicks registriert und wie beim Eye Tracking in Hitzekarten umgewandelt. Je nach Machart erhält der Proband am Schluss der Sitzung ebenfalls noch einen Fragebogen.

Ein ähnliches Verfahren ganz ohne Einladung bietet der Berliner Anbieter Business Intelligence Group an. Beim eMotion-Track wird die Mausbewegung inklusive Scrollen komplett aufgezeichnet. Dazu bedarf es nur der Implementierung eines kleinen Javascripts in die entsprechenden Seiten. Die Aufzeichnungen werden teilweise als Videos hinterlegt. Ein ähnliches, sehr bekanntes US-System heißt m-pathy.

Der Wert beider Panel-Lösungen ist zweifellos die Reichweite. Es handelt sich also um Testverfahren, die Elemente aus der qualitativen und quantitativen Marktforschung enthalten. Sie sind schnell einsetzbar und gemessen an der Reichweite kostengünstig.

Die Kritik entzündet sich in der Regel an der Qualität der Daten und der Probandenauswahl. So ist leicht vorstellbar, dass ein Teil der Interaktion mit einer Seite auch ohne Mausbewegung stattfindet. Viele Panel-Anbieter belohnen die Probanden für die Teilnahme. Das ist in psychologischen Testszenarien zwar durchaus üblich, kann aber bei einem Online-System ebenfalls Verzerrungen verursachen, wenn die Probanden hieraus ihre Teilnahmemotivation schöpfen.

7.2.6   Der Usability-Schnelltest

Der Klassiker unter den Usability-Tests ist der Schnelltest. Er arbeitet mit fünf bis zehn Probanden im Gegensatz zum großen Usability-Test, der bis zu 30 Teilnehmer vorsieht.

Usability-Guru Jakob Nielsen geht davon aus, dass auch fünf Probanden die wichtigsten Probleme in einer Website finden, wenn es denn welche gibt. Insofern stellt also die Kombination Schnelltest und kontinuierliche Verbesserung durch A/B-Test ein gutes Gesamtpaket dar.

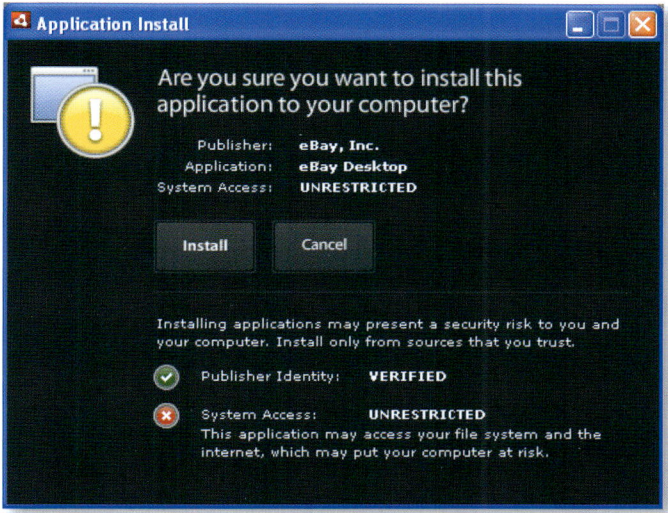

Wirkt eine solche Installationsaufforderung (hier: Adobe AIR) auf den Nutzer abschreckend, auch oder gerade weil sie von eBay kommt?

Usability-Test und Usability-Schnelltest arbeiten nach den gleichen Methoden. Die Probanden werden nach Maßgabe des Auftraggebers ausgewählt. Bei General-Interest-Angeboten werden sie auch schon mal in der Fußgängerzone rekrutiert.

Sodann erhalten die Probanden eine spezifizierte Aufgabe, die einem alltäglichen Szenario entspricht. Diese Aufgabe soll der Proband alleine erfüllen. Dabei wird er vom Testleiter beobachtet und seine Aktivitäten werden am Bildschirm aufgezeichnet. Er ist aufgefordert, »laut« zu denken und seine jeweilige Handlung zu begründen. Kameras und Mikrofone zeichnen seine Mimik und Kommentare auf. Zum Abschluss wird er vom Testleiter im Interview befragt.

Die Stärke dieses Testverfahrens ist die qualitative Erkenntnis, die den Testleiter auch Aussagen über die Motive bestimmter Verhaltensweisen treffen lässt. Diese Beweggründe sind eine sehr wertvolle Wissensbasis für dauerhaften Erfolg.

Für den Auftraggeber ist das Beobachten eines Usability-Tests, bei dem er nicht selbst eingreifen kann, ein sehr aufschlussreiches Erlebnis, das für die Thematik sensibilisiert.

Nachteilig wirkt sich manchmal die klinische Situation aus, die nicht der realen Umgebung des einzelnen Probanden entsprechen kann. Das gilt hinsichtlich Räumlichkeit und Ausstattung ebenso wie etwa auch bezüglich des Zeitbudgets. Während der Proband beim Test keinerlei Druck verspürt, eine Aufgabe zu erfüllen, steht er zuhause möglicherweise unter Zeit- oder Erfüllungsdruck. Im Interview ist das Phänomen der »vermutet erwünschten Antwort« ein gängiges Problem der Sozial- und Marktforschung.

Um subjektive Aussagen mit objektivem Datenmaterial zu unterfüttern, wird das aufgezeichnete Verhalten in Beziehung zu den Interviewaussagen gesetzt. Unter Umständen konfrontiert der Testleiter den Probanden konkret mit bestimmten Situationen aus dem Video.

Auch die erweiterten Messmethoden, wie zum Beispiel das Eye Tracking, sollen der Objektivierung der Daten dienen. Bei diesem Verfahren wird die Iris des Benutzerauges verfolgt. Dort, wo sie länger verweilt, findet eine so genannte Fixierung statt. Das kann freilich auch eine unbewusste Handlung durch den Probanden sein. Der Blickverlauf wird häufig als Gebirge oder Hitzedarstellung grafisch aufbereitet. Mit diesem Mittel wird zum Beispiel die Banner-Blindheit bewiesen, also das unterbewusste Ignorieren von Seitenflächen, die wie Werbung aussehen.

7.2.7   Exkurs: Blickverläufe auf großen Websites

Das Usability-Lab eResult mit Sitz in Göttingen untersuchte zum wiederholten Mal große deutsche und internationale Websites mit der Eye-Tracking-Methode. Die Probanden erhielten spezifische Aufgaben und mussten diese innerhalb weniger Minuten lösen. Dabei registrierte eResult die Reihenfolge und Dauer der Fokussierungen, also die Punkte auf der Seite, bei denen das Auge des Betrachters länger verweilte.

Inzwischen residiert die Pupillenkamera auf dem oberen Bildschirmrand
und stört den Probanden nicht mehr (Quelle: CURE Wien).

Hier die Ergebnisse:

Site: Deutsche-Post.de

Aufgabe: Freie Erkundung

Ergebnis: Die User fokussierten den farbigen Kasten mit den wichtigsten Links im Inhaltsbereich zuerst. Danach folgten linke Randspalte und horizontale Dachnavigation.

Site: BMW.de

Aufgabe: Gibt es eine Suchfunktion?

Ergebnis: Die meisten Benutzer blickten zunächst nach rechts oben und dann etwas tiefer in den Inhaltsbereich. Die Suche residiert – schwer zu finden – im grauen Balken am Fuß der Seite.

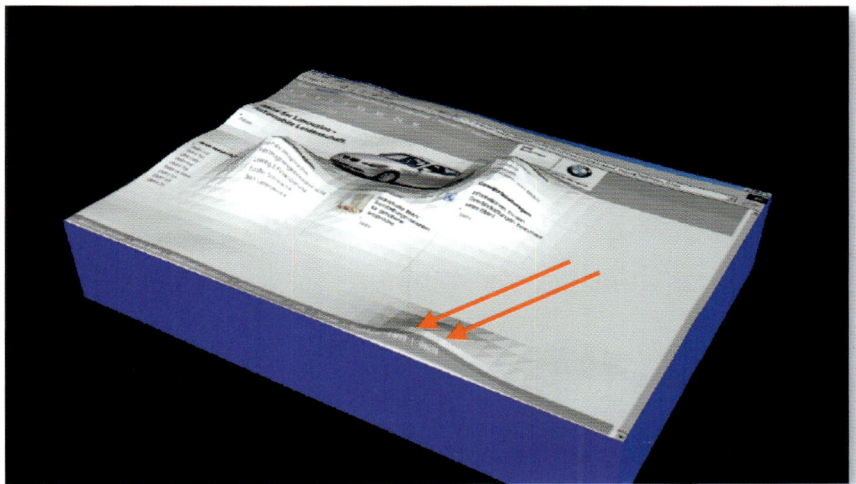

Die Suchfunktion bei BMW war für die Probanden nur sehr schwer zu finden.

Site: Manufaktum.de

Aufgabe: Suchen Sie ein Käsemesser aus Stahl.

Ergebnis: Die User bekamen eine Suchergebnisseite mit 107 Treffern. Die meisten Benutzer brachen den Vorgang ab, nachdem sie die ersten drei bis vier Vorschläge ausgeschlossen hatten. Die Empfehlung von eResult: Möglichst viele Treffer auf der ersten Seite übersichtlich anzeigen und in der Navigation die passendste Unterrubrik öffnen.

Site: Amazon.de

Aufgabe: Blenden Sie mit einem Klick alle Rubriken ein.

Ergebnis: Die Benutzer suchten vor allem in der linken Navigationsleiste nach dem Button, der in der Mitte oben zu finden ist.

7.2.8   Überblick

Alle Testmethoden haben fraglos ihre Berechtigung. Die meisten Site-Betreiber, die es ernst meinen, werden mehrere Testmethoden einsetzen, je nach Testgegenstand. Die entscheidende Grundlage für gutes Usability-Testing ist ein funktionierendes Webanalysesystem. Nur damit kann man Stolperfallen aufspüren, an denen die »echten« Nutzer scheitern. Um diese identifizierten Problemstellen herum werden dann die Tests aufgebaut.

Während die qualitativen Testmethoden und die Befragung eher sporadisch eingesetzt werden, etwa dann, wenn ein Relaunch ansteht, sollte A/B-Testing heute zum Alltag der Qualitätssicherung und somit Umsatz- und Gewinnoptimierung gehören. Direkter geht's nicht.

> Wichtiges Gesamtergebnis: Im Vergleich zu 2003 werden Linklisten und die Navigations-Randspalte noch intensiver betrachtet.

> **eResult-Erkenntnisse zu den Blickverläufen**
>
> http://www.eresult.de/studien_artikel/forschungsbeitraege/daumenregeln_
>   blickverlauf.html

7.3   Die Wahrheit über A/B-Tests

A/B-Tests sind groß in Mode. Wenn es darum geht, zwischen zwei möglichen Bannern, AdWords-Kampagnen oder Landeseiten die wirkungsvollere zu ermitteln, liefert der Paralleltest meistens sehr schnell eindeutige Ergebnisse: Entweder ist der Traffic höher, die Klickraten sind besser oder es werden sogar mehr direkte Verkäufe generiert. Hat man die bessere Alternative ermittelt, ertönt bereits der Gong zur nächsten Runde und man begibt sich auf die Suche nach einer noch besseren Lösung.

Pro und Kontra:

Befragung:
+ tiefgehende Antworten
+ kreative Anregungen
+ Möglichkeit zum Nachfassen

- »erwünschte« Antworten
- Diskrepanz zwischen artikuliertem Wunsch und echtem Verhalten

A/B-Test:
+ schnell eingerichtet
+ echte User-Daten, vorhersagbare Wirkung auf die Performance der Website
+ preiswert
- langsam
- erreicht nur bestehende Zielgruppen

Expertentest:
+ schnell
+ preiswert
+ in der Regel gute Berichte

- subjektiv
- singulär, bleibt im Rahmen des formulierten Auftrags

Panel:
+ schnell
+ große Fallzahlen

- sehr heterogene Ergebnisdarstellung
- intransparentes Testszenario

Usability-Test/Schnelltest:
+ intensivste Testmethode mit tiefen Erkenntnissen
+ Möglichkeit zum Nachfragen
+ Möglichkeit der Beobachtung durch Kunden

- teuer
- langsam
- klinische Testsituation

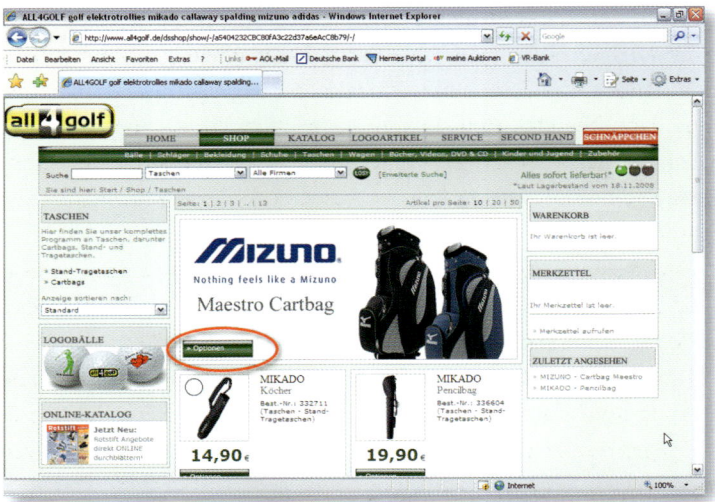

Ist »Optionen« die richtige Beschriftung für den Weg zur Produktseite?
Ein A/B-Test könnte zeigen, ob die Nutzer das verstehen.

Der Charme des Paralleltests entfaltet sich vor allem deshalb, weil der Nutzer mit den Füßen – respektive mit den Mausklicks – abstimmt, welche Lösung ihm besser gefällt. Und zwar der echte Nutzer, nicht eine hoffentlich repräsentativ ausgewählte Zielgruppe im Usability-Labor. Und auch unter realen Bedingungen zu Hause oder im Büro und nicht in angemieteten Testräumen unter Beobachtung von ungeduldigen Testleitern.

7.3.1   Die Grenzen des A/B-Tests

Genau das, was die Stärken der vergleichenden Testmethode ausmacht, zeichnet auch für deren Schwächen verantwortlich. Wer dem Nutzer beim Probieren nicht über die Schulter schaut, weiß zwar anschließend, dass eine bestimmte Landeseite eher zum Klick gereizt hat, erfährt jedoch nicht, warum. Und was der Tester schon gar nicht weiß: Hätte es eine Alternative gegeben, die noch mehr Nutzer noch schneller zum Klick bringt?

Die wichtigste Einschränkung beim A/B-Test ist der Testgegenstand selbst. Letztlich entscheidet der Gestalter, Webmaster oder Site-Betreiber, worin sich die beiden angebotenen Alternativen unterscheiden sollen. Bei einem validen Testaufbau unterscheiden sich die Alternativen nur in einem einzigen Punkt, etwa einem roten Bestellbutton auf der einen und einem grünen auf der anderen Seite. Die Veränderung des Buttons kann eine Veränderung der Conversion Rate von zum Beispiel 2 auf 2,5 Prozent erbringen. Doch vielleicht hätte eine ganz andere Veränderung in der Seite, etwa das Ergänzen eines Vertrauenselements, eine weitaus größere Steigerung der Conversion Rate auf vier Prozent mit sich gebracht.

Auch kann der A/B-Test nichts über die Persönlichkeit hinter dem Klick verraten. Werden zwei sehr unterschiedliche Kampagnen gegeneinander getestet, so ist es möglich, dass beide unterschiedliche Zielgruppen erreichen. Wird eine Kampagne dann beendet, weil sie eine schlechtere Conversion Rate erzielt, fehlt eventuell ein Teil der Gesamtzielgruppe. Hier ist eine sorgfältige Vorbereitung von besonderer Bedeutung, damit nicht die falschen Schlüsse aus einem Testergebnis gezogen werden.

Drittens liefert der A/B-Test eine singuläre Betrachtung einer Einzelseite oder eines einzelnen Banners. Eine Klickentscheidung des Nutzers fällt jedoch in der Regel vor dem Hintergrund eines spezifischen Kontexts. Wie spielen Werbemittel und Kontext zusammen? Beim Vergleich zweier Landeseiten etwa kann der Tester so viele Änderungen ausprobieren, wie er möchte, ohne signifikanten Erfolg zu haben. Dagegen hätte eine kleinere Veränderung bei der bewerbenden Kampagne möglicherweise einen großen Ausschlag. Der Usability-Testleiter würde dies in der Befragung herausfinden, der A/B-Tester nicht

Und viertens ist der A/B-Test eine kurzfristige Gewinn-, Umsatz- oder Lead-Betrachtung. Es stellt sich einerseits die Frage, welche Auswirkung eine kurzfristige Steigerung auf die langfristigen Unternehmensziele hat, und andererseits gilt es zu ermitteln, ob die Verbesserung der Conversion Rate an dieser Stelle nicht negative Auswirkungen an einer anderen Stelle hat, wo die Site mit dem gleichen Nutzer in Kontakt tritt.

Aus diesen vier Einschränkungen wird deutlich, dass gutes A/B-Testing keineswegs so schnell und einfach vonstattengeht, wie häufig behauptet wird. Ändert man nur jeweils eine Variable, so bedarf es einer großen Menge an Testläufen, um sich dem optimalen Ergebnis zu nähern. Geht es hierbei um Grundsatzentscheidungen in einem frühen Stadium der Site-Entwicklung, so sind qualitative Nutzertests weit überlegen, etwa bei der Auswahl und Bewertung von fünf unterschiedlichen Designalternativen.

7.3.2   Der richtige A/B-Test

Aus dem Gesagten wird klar, dass der A/B-Test ein Detailtest ist. Und je fokussierter der Test, umso wichtiger ist die Vorbereitung. Der A/B-Test kann nur Interaktionen der Nutzer mit dem Server messen. Insofern gilt es, das exakte Ziel einer Kampagne und die damit korrespondierende Maßzahl vorher festzulegen. Geht es um Branding oder darum, den Nutzer so zu informieren, dass er zu einem späteren Zeitpunkt eine gewünschte Handlung vornimmt, schlägt der A/B-Test fehl.

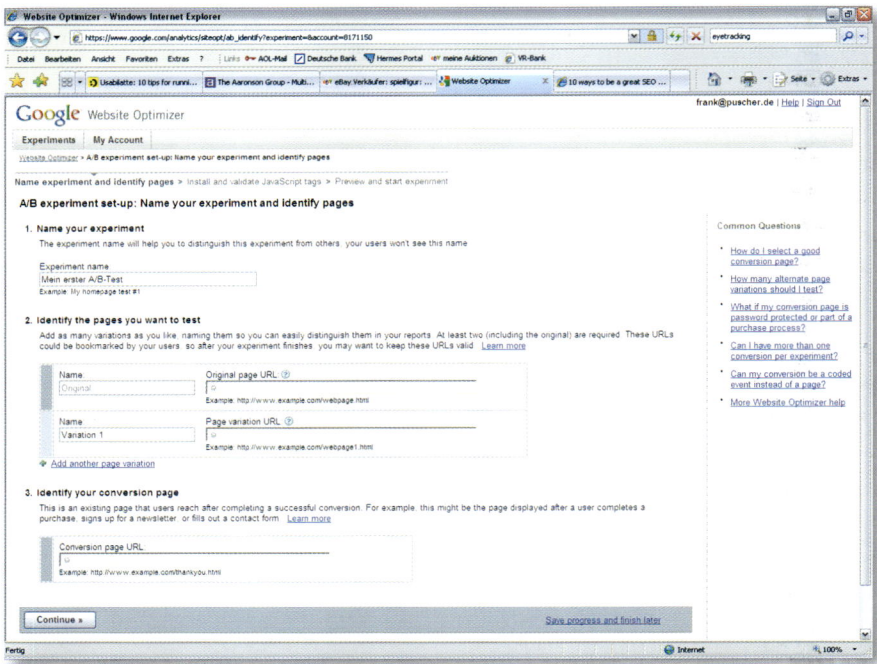

Google bietet im Website Optimizer, einer Option von Google Analytics,
ein Modul für die Auswertung von A/B-Tests.

Beachten Sie bei der Ermittlung der Maßzahl auch deren Einfluss auf langfristige Faktoren und Gesamtergebnisse. So sollten Sie die direkten Mehrkäufe eines Einzelprodukts unbedingt auch in Beziehung zu den gesamten Verkaufszahlen sehen, um eventuell herauszufinden, dass die Nutzer das eine oder das andere Produkt erwerben. Es gibt dann also einen Trade-off.

Geht es um zwei signifikant unterschiedliche Gestaltungsansätze, ist ein einzelner A/B-Test nicht die richtige Wahl. Dieser wäre als zwei verschiedene Tests zu sehen, da die Gestaltungen eventuell unterschiedliche Teilzielgruppen ansprechen oder einen anderen Kontext schaffen (seriös versus innovativ).

Ist der gestalterische Rahmen festgelegt und die relevante Maßzahl identifiziert, dann verändern Sie in jedem Testlauf nur ein Element. Als erfahrener Site-Betreiber werden Sie mit den größeren Variationen beginnen, also zum Beispiel mit der Frage, ob ein Registrierungsformular direkt auf der Landeseite stehen soll oder dort eher abschreckend wirkt. Dann werden Sie sich Stück für Stück zu kleineren Änderungen vorarbeiten, etwa zur Variation von einzelnen Designelementen oder der unterschiedlichen Beschriftung des Bestellknopfs.

Behalten Sie im Hinterkopf, dass jede Veränderung auch eine Wirkung auf den Gesamtkontext hat. Wenn Ihre E-Mail-Kampagne den Nutzer mit dem Hinweis auf einen kostenlosen Download ködert, dann muss der Download-Button auch in der Landeseite ein prominentes Element sein, um eine Integration zwischen Kampagne und Landeseite zu gewährleisten. Machen Sie stattdessen den kostenpflichtigen Bestellbutton in der gleichen Seite optisch prominenter, so kann das kurzfristig mehr Verkäufe generieren, unter dem Strich langfristig aber sogar negativ wirken, weil der geschenkte Download als Marketing-Instrument nicht mehr wahrgenommen wird. Schuld daran ist freilich nicht die einzelne Landeseite, sondern die gesamte Kampagne.

Und zu guter Letzt müssen natürlich die Rahmenbedingungen der beiden Testhälften absolut identisch sein. Idealerweise leitet der Webserver zeitgleich gleich viel Traffic auf beide Varianten. Schon die Variation des zeitlichen Kontexts kann die Ergebnisse signifikant verfälschen. Und das gilt nicht nur, wenn eine von zwei Testwochen in der Ferienzeit liegt. Bedenken Sie die Vielzahl möglicher zeitlicher Einflussfaktoren für Ihre Zielgruppe, etwa regionale Feiertage und Festwochen (das Oktoberfest wird das Online-Verhalten des Hamburgers wenig beeinflussen, dass des Münchners durchaus), besondere Ereignisse, die die Zielgruppe betreffen, und natürlich das Verhalten der direkten Konkurrenz. Auch deren Anzeigenschaltung wird an Ihrer Kampagne nicht spurlos vorübergehen.

Links:

Whitepaper von Future Now zum A/B-Test
http://persuasion.typepad.com/architect/2006/03/ab_testing_too_.html

8 Usability-Optimierung – JETZT!

Vergessen Sie alle Skrupel, achten Sie nicht auf den wissenschaftlichen Kontext, gehen Sie über die persönlichen Befindlichkeiten der Mitarbeiter hinweg. Der beste Zeitpunkt, um mit der Usability-Optimierung zu starten, ist genau jetzt.

8.1 Übungen

Nutzen Sie folgende beispielhafte Übungen aus der Beraterpraxis, um in einem ersten Schritt ein Usability-Klima in Ihrem Unternehmen oder in Ihrer Abteilung aufzubauen. Schnell werden Sie die Anforderungen an die Übungen so präzisieren können, dass daraus Testszenarien für Ihre eigenen Seiten werden.

8.1.1 Was ist Ihr Problem?

Als Eröffnungsübung innerhalb eines längeren Workshops bietet sich die klassische Vorstellungsrunde an. Neben den üblichen Fragen nach Name, Dienstgrad und den persönlichen Zielen für das Seminar wird jeder einzelne Teilnehmer dazu aufgefordert, ein problematisches Usability-Szenario aus seinem Alltag oder aus der persönlichen Vergangenheit zu berichten.

Machen Sie den Teilnehmern klar, dass es nicht um technische Sachverhalte und auch nicht um den beruflichen Kontext geht. Es hat auch nicht notwendigerweise mit dem Web zu tun.

Mein persönliches Beispiel ist ein Peugeot 504 Cabriolet, ein 30 Jahre altes Schmuckstück – sofern man diesen Begriff für ein solches CO_2-ausstoßendes Verbrennungsmonster heutzutage überhaupt noch verwenden darf. Während das Auto ja immer wieder als klassisches Beispiel für gelungene Interface-Standards herhalten darf, ist bei dem Peugeot alles umgekehrt. Der Blinker ist rechts neben dem Lenkrad, das Zündschloss links, der Rückwärtsgang befindet sich links oben und die Hupe hängt am Hebel des Scheibenwischers. Und gerade Letzteres kann durchaus zum Sicherheitsproblem werden, wenn ein Fremder das Auto nutzt und in eine Gefahrensituation gerät. Deshalb darf leider – natürlich nur aus Sicherheitsgründen – kein anderer mit diesem Auto fahren.

Ziel der Übung:

- Usability ist überall.
- Usability macht Spaß, weil man sich über die Hersteller lustig machen kann.
- Jeder ist Usability-Experte auf seinem ganz persönlichen Fähigkeitenniveau.
- Daraus folgt, dass alle Teilnehmer den gleichen »Wert« besitzen, die Praktikantin genauso wie der IT-Abteilungsleiter. Meistens werden gerade diejenigen Personen die spannendsten Erkenntnisse liefern, die nicht so tief im Projekt stecken wie der hauptamtliche Webdesigner.

8.1.2   Die Expertise

Wenn jeder ein Experte ist (Übung 1), dann kann auch jeder eine Expertise abliefern. Nutzen Sie für diese erste konkrete Übung nicht die eigenen Websites und nicht die der Konkurrenz. Wir wollen zunächst das Auge der Teilnehmer schärfen, und das gelingt am besten, wenn wir den beruflichen Kontext ausblenden.

Finden Sie ein Thema, das bei allen Teilnehmern auf Interesse stößt. Meistens sind dies lokale Themen. So hatten Teilnehmer einer Veranstaltung beim Offenburger Büromittelversender Printus großen Spaß daran, sich über Burdas Bambi-Verleihung im Herbst 2008 zu »informieren« und das entsprechende Online-Angebot kritisch zu würdigen – übrigens die perfekte Team-Building-Maßnahme, denn beim Kritisieren Dritter sind sich viele Mitarbeiter schnell einig.

Anmerkung:

Beobachten Sie gemeinsam mit dem Projektleiter genau das Verhalten der Gruppe. Bei einem »artfremden« Thema mit Spaßfaktor, das innerhalb eines institutionalisierten Raums (Pflichtanwesenheit) vorgegeben wird, wo Mitarbeiter, die sich eventuell nicht besonders gut verstehen, einander nicht aus dem Weg gehen können, offenbaren sich schnell die Stärken und Schwächen der Teamstruktur. Da Usability-Optimierung, aber auch das gesamte Geschäft nur abteilungsübergreifend funktioniert, ist es wichtig, gemischte Teams zu bilden, die lernen müssen, mit den »Marotten« der anderen Seite umzugehen.

Trotz des Vergnügungsfaktors endet diese Übung formal. Die Teilnehmer erstellen einen kurzen Bericht, geben eine Bewertung und eine Optimierungsempfehlung ab. Nutzen Sie die Checkliste »Die Expertise« als Begleitmaterial.

Ziel der Übung:

- Teambildung
- Darstellung unterschiedlicher Sichtweisen
- Aha-Erlebnisse bei den Experten auslösen
- »Usability-Testing ist einfach!«
- Konstruktives Klima schaffen: So geht's besser!

8.1.3   Der Hausfrauen-Test

Eine der wichtigsten Aufgaben des externen Beraters ist das »Weichklopfen« der internen Experten. Jeder erfahrene Designer, jeder Anwendungsentwickler und Programmierer hat im Laufe seiner beruflichen Karriere Schemata und Routinen entwickelt, mit denen er seine Arbeit leichter und effizienter, vielleicht auch kreativer macht. Diese Routinen gehören routinemäßig auf den Prüfstand.

Aus Usability-Sicht sind Gestaltungsprinzipien eine gefährliche Sache. Die Nutzerpräferenzen ändern sich ständig, unter Umständen sogar im Sekundentakt. Die Zielgruppe selbst wandelt sich und nicht zuletzt die Technik und der Umgang damit. Jeder Designer wird das verstehen, wenn er etwa nach seinem Umang mit Adobe Photoshop befragt wird. Gelernte und funktionierende Techniken werden beibehalten, auch wenn seit fünf Versionen schon ein eigenes, viel leistungsfähigeres Werkzeug dafür existiert.

Die beste Methode, um Experten in einen aufnahmefähigen Modus zu versetzen, ist, wenn ihnen eine neutrale Instanz den Spiegel vorhält. Das sind natürlich nicht Mitarbeiter oder Vorgesetzte das kann auch nicht der »böswillige« externe Usability-Experte sein,sondern der neutrale, unbedarfte Nutzer.

Zwei Varianten stehen zur Verfügung:

a. Nehmen Sie die Experten mit zum Usability-Test im Lab und lassen sie den Probanden beim Testen über die Schulter schauen. Die Aha-Effekte sind enorm.
b. Statten Sie die internen Experten mit Notebooks aus und lassen Sie sie in Kaufhäusern, Cafés, Fußgängerzonen und vor allem in Wartebereichen (Zahnarzt, Amt, TÜV) mit »echten« Nutzern arbeiten. Die Nutzer müssen ähnliche Aufgaben absolvieren wie die Probanden im Usability-Test. Der berufliche Ehrgeiz wird die Experten selbst dazu bringen, bessere Ergebnisse erzielen zu wollen.

Ziel der Übung:

- Schaffen eines Trial-and-Error-Klimas
- Erzeugen von Problembewusstsein
- Aufbau erster konkreter Zieldefinitionen

8.1.4   Was soll ich heute tun?

Eine einfache vorbereitende Übung, die das Problembewusstsein bei den Teilnehmern schärft, ist die Entwicklung von Usability-Testfragen. Sie führt automatisch zu den Fragen nach Unternehmenszweck, Zweck der Website oder Sinn und Ziel der einzelnen Anwendung und Seite.

Sollten Sie chronologisch nach diesem Leitfaden vorgehen, haben Sie vielleicht bei der Diskussion der Expertisen bereits bemerkt, dass sich folgende Fragen ergeben:

Frage: Ist es Aufgabe der Bahn-Website, modern auszusehen?
Antwort: Nein, sie muss vor allem funktionieren.

Frage: Aber sie muss doch zum Bahnfahren einladen, Marketing machen.
Antwort: Muss sie zumindest teilweise nicht, denn sie hat ein Monopol. Doch bei bestimmten Streckenlängen und Zielen kommen Flugzeug und Auto als Aternativen in Frage.

Was also ist der wichtigste Zweck der Bahn-Website? Kundenbindung erzeugen? Buchungen akquirieren? Upselling? Kundenzufriedenheit steigern?
Sobald Sie den Zweck eines Angebots ermittelt haben, können Ihre Übungsteilnehmer repräsentative Arbeitsaufgaben ableiten:
- Buchen Sie eine einfache Fahrt von Frankfurt nach Idar-Oberstein, zweite Klasse, BahnCard 25, und finden Sie heraus, ob Sie im Zug mittagessen können.
- Darf man im ICE angeleinte Hunde mitnehmen und kosten die zusätzliche Gebühren?

Beginnen Sie auch hierbei auf populären »fremden« Websites, auf denen die Ziele einigermaßen deutlich sind. Bilden Sie kleine Gruppen, lassen sie jeweils drei Fragen zu jeder Website entwickeln und schreiben Sie sie auf farbige Kärtchen. Diese Kärtchen bilden die Grundlage der anschließend durchgeführten Tests.

8.1.5   Die Test-Simulation

Sie haben es kommen sehen: Natürlich ist die zentrale Übung in einem Usability-Workshop der selbst durchgeführte Test. Die Teilnehmer benehmen sich mitunter wie ein aufgescheuchter Hühnerhaufen. Ich habe aber noch keine Gruppe erlebt, der das keinen Spaß gemacht hat. Es empfiehlt sich, auch hier mit fremden Websites zu arbeiten. Hierfür wurden ja bereits die Fragen in der letzten Übung definiert. Die Teilnehmer tun sich mit Kritik dann leichter und verstehen es nicht als persönliche Kritik am Kollegen.

Im Kern geht es darum, einen Usability-Test zu simulieren, ohne dabei auf das Setup zu achten. Ziel der Übung ist es, einerseits am eigenen Leib zu erfahren, welche Fehler Site-Betreiber und -Gestalter selbst auf großen Websites machen. Andererseits soll ein Gefühl dafür entwickelt werden, worauf es beim Test ankommt und dass der Aufwand gar nicht so groß sein muss, wie das gerne postuliert wird.

So könnte das Szenario aussehen:

- 3er-Gruppen
  - Testleiter: beobachtet das Treiben stumm, führt das Interview
  - Proband: testet alleine, denkt laut
  - Protokollant: notiert wichtige Ereignisse, ohne einzugreifen
  - Die drei Rollen werden von Aufgabe zu Aufgabe getauscht
- Jede Gruppe nimmt drei Karten in verschiedenen Farben, die in der vorigen Übung erstellt wurden. Somit erhält jeder Proband nicht nur eine andere Testaufgabe, sondern auch eine andere Website, an der er testet. Dadurch sollen Lerneffekte verhindert werden, die bei Protokollant und Testleiter entstehen, wenn sie den Probanden beobachten.
- 10 Minuten Test, 5 Minuten Interview
- Der Testleiter behält die Aufgabenkarte nebst zugehörigem
- Protokoll.
- Danach wechseln die Aufgaben im Kreis.
- Nach 45 Minuten treffen sich die jeweils drei Testleiter mit der gleichen Kartenfarbe (d. h. gleiche betrachtete Website), diskutieren die Testergebnisse und erstellen den Bericht.
- Nach 60 Minuten wird der Bericht vorgetragen.

Machen Sie Ihren Teilnehmern deutlich, dass der Bericht genauso wichtig ist wie der Test selbst. Er muss nicht lang, aber präzise und vor allem handhabbar sein. Das virtuelle Designteam muss sofort wissen, was die nächsten Schritte sind.

Und ganz wichtig: Lob für gute Elemente und Funktionen ist ein zentrales Motivationselement. Liefern Sie niemals einen Usability-Testbericht ab, ohne einzelne Elemente zu würdigen. Denn auch der Usability-Experte und sein Bericht müssen für die Teilnehmer »usable« sein. Und dazu gehört vor allem der Satz: »Hier haben wir keinen Fehler gefunden!«

Ziel der Übung:

- Prioritäten formulieren: Welche Fehler sind gravierender als andere?
- Beobachtungen vergleichen und standardisieren
- Handlungsempfehlungen ableiten
- Bewusstsein für Grundbedarf an Usability-Tests wecken

8.1.6   A/B-Test-Vorbereitung

Eine weitere Übung, die die Teilnehmer sehr schnell auf die richtige Spur bringt, ist die Analyse konkreter Einzelseiten und sogar einzelner Elemente. Ein plastisches Beispiel dafür liefert die Produktseite eines Onlineshops. Das Ziel dieser Seite ist das Verkaufen. Aber wie ist der Kontext? Wie viel weiß der Benutzer, wenn er auf die Seite trifft? Welchen Informationsbedarf hat er?

Wählen Sie Produktseiten der fünf wichtigsten Online-Konkurrenten. Lassen Sie Ihre Teams pro Seite drei Elemente identifizieren, die besonders wichtig sind oder sein sollten. Geben Sie den Teams die Aufgabe, eine Designalternative zur bestehenden Umsetzung zu entwerfen oder einen alternativen Text zu formulieren.

Im Ergebnis hat dann jedes Team pro Seite drei Paare von Gestaltungsvarianten, die sie in den nächsten Tagen auf der Website einsetzen und im A/B-Testverfahren gegeneinander antreten lassen würden. Der Test selbst findet natürlich nicht statt.

Ziel der Übung:

- alternative Ansätze erkennen, gestalten und disuktieren
- Prioritäten in einer Seite (oder das Fehlen derselben) erkennen und definieren
- eine gute mentale Grundlage für eigene Tests entwickeln

Beispiel:

Analyse: Der aktuelle Bestellbutton auf der Produktseite unseres Onlineshops www.meinShop.de steht rechts unter den Produkten, besitzt eine hellblaue Farbe, die als Standardfarbe bereits im Kopfbereich des Layouts erscheint.
Testaufgabe: Alternative Bestellbuttons in agressiveren Farben und mit stark auffordernder Beschriftung testen.

8.1.7   E-Commerce-Analyse

Das Spektrum potentieller Fehler bei der Bewerbung und der Gestaltung von Onlineshops ist enorm. Das beginnt bereits vor dem Aufruf der ersten Seite im Browser mit der Gestaltung der Werbemittel, geht weiter über die gewählte URL. Dann folgt die Bedeutung der Suchmaschinen sowohl im generischen Index in der Mitte als auch bei bezahlten Anzeigen. Im nächsten Schritt sind die Landeseiten zu analysieren, die Navigation auf der Homepage, die Platzierung und Qualität der internen Suche und Übersichtsseiten. Dann steht die Produktseite im Mittelpunkt und schließlich der Warenkorb mitsamt dem Checkout.

Um diese Komplexität handhabbar zu machen, versuchen Sie einen »typischen« Nutzer zu identifizieren. Wie wird er vorgehen? Welche Fragen hat er an welcher Stelle? Bevor Sie das mit der eigenen Site machen, nutzen Sie folgende Lockerungsübung:

- Zweiergruppen bilden
- Wie beurteilen Sie den Zugang zu **www.schneider.de** (Adwords, URL)?
- Wie beurteilen Sie die Landeseiten von **Quelle** zur Google-Suche nach einem LCD-Fernseher von Samsung?
- Wie beurteilen Sie die Produktseite zur Spielekonsole Nintendo Wii auf **www.conrad.de?**
- Was halten Sie von der Site-internen Suche von **www.alternate.de?**
- Kritisieren oder loben Sie den Warenkorb von **www.goertz.de.**

8.1.8   Der Ein-Sekunden-Test

Selektieren Sie eine Handvoll wichtiger Seiten aus fremden Webangeboten: Landeseiten, die Homepage, Produktseiten, Warenkorb- oder Checkout-Seiten und die Danke-Seite. Drucken Sie sie groß aus oder bündeln Sie sie zu einer Präsentation auf dem Rechner.

Zeigen Sie nun den einzelnen Screenshot für genau eine Sekunde dem staunenden Publikum. Die Teilnehmer sollen sich Notizen machen zu dem, was sie gesehen haben. Das schärft den Blick für die Prioritäten in einer Seite. Zum Beispiel sollten auf einer Produktseite vor allem drei Elemente optisch herausstechen: die Call to Action, sprich der Bestellknopf, das Produktbild und die Beschreibung der wichtigsten Merkmale des Produkts.

Wenn Sie den Test ein zweites Mal mit acht Sekunden Verweildauer durchführen, liegen Sie ziemlich präzise beim durchschnittlichen Betrachtungszeitwert für Webseiten. Es bleibt also nicht viel Platz für Fließtext!

8.1.9   Rollenspiele

Bereits im Kapitel 3 wurde ausführlich auf die Idee von archetypischen Benutzern, so genannten Personas, eingegangen. Interface-Architekt James Kalbach fordert die Gestalter dazu auf, sich durch Rollenspiele über die Bedürfnisse ihrer Zielgruppen klar zu werden. Das ist zugegeben eine Methode, die nicht ganz leicht in einem Workshop umzusetzen ist, sie ist aber im Erkenntnisgewinn enorm wertvoll.

Beherzigen Sie folgendes Setup:

- Nicht die eigene Site und die eigene Zielgruppe benutzen
- Klaren Rahmen vorgeben, etwa das Website-Ziel
- Gemeinsamer Aufbau der Zielgruppendefinition, etwa über ein Metaplan-Verfahren. Hierbei werden die Teilnehmer aufgefordert, in einem zweistufigen Prozess zunächst Zielgruppen und dann deren Eigenschaften und Bedürfnisse zu ermitteln. Die geäußerten Begriffe werden auf Kärtchen geschrieben, an eine Pinwand gehängt und später in offener Diskussion sortiert.
- Sanfter Einstieg über ein Frage-Antwort-Spiel

Seminarleiter:	Teilnehmer 1, wenn Du ein Amateurfußballer wärst, der auf www.sportscheck.de neue Fußballschuhe kaufen wollte, wie würdest Du vorgehen?
Teilnehmer 1:	Wieso SportScheck? Ich würde erstmal bei Google suchen.
Seminarleiter:	Teilnehmer 2, nehmen wir an, du bist SportScheck. Was würdest Du Teilnehmer 1 jetzt fragen?
Teilnehmer 2:	Welche Suchbegriffe benutzt Du?

Und so weiter … Viel Spaß beim Ausprobieren!

8.2   Checklisten und Arbeitshilfen

8.2.1   Die Expertise

Das zeichnet einen guten Experten aus:

- In Zielgruppe hineinversetzen
- Wichtige und weniger wichtige Elemente unterscheiden
- Nicht vorschnell urteilen
- Meinung klar kennzeichnen
- Rahmenbedingungen beachten

Und darauf achtet er zuerst:

- Schlecht lesbare Texte
- Unkenntliche Links, verwirrende Navigation
- Flash, Java, Ajax
- Schlecht geschriebene Texte
- Schlechte interne Suchmaschine
- Kompatibilitätsprobleme mit Browsern/Plattformen
- Unbenutzbare Formulare
- Fehlende Informationen zum Unternehmen
- Starre, unflexible Layouts
- Nicht vergrößerbare Bilder
- Ladezeiten

8.2.2   Der Usability-Test im Eigenbau

Methodisches Handwerk

- Unsichtbarer Testleiter (keine Hilfestellung, keine Beeinflussung des Probanden)
- Neutrale Fragestellungen
- Relevante Fragestellungen
- Möglichst repräsentative Zielgruppe, aber:
- Ohne Experimente keine Neukunden!

- Repräsentative Umgebung schaffen
- Druck abbauen

Setup für den selbst initiierten Usability-Test

- Definition des Nutzerziels
  - Ich möchte eine Reise buchen.
- Definition der dafür wichtigen Kriterien
  - Land, Klima, Preise, Verfügbarkeit
- Definition von drei repräsentativen Fragestellungen
  - Wie ist im November das Wetter in Andalusien?
  - Benötige ich eine Vignette, wenn ich mit dem Auto nach Basel auf die Messe fahren will?
- Proband arbeitet allein und hat zehn Minuten pro Aufgabe.
- Er soll »laut denken«.
- Testleiter protokolliert das Verhalten.
  - Im Lab mit Video, Mikro, Eye Tracking und Bildschirmaufzeichnung
- Abschlussinterview beginnend mit übergeordneten Fragen zur User Experience
  - Waren Sie zufrieden, wie kam es Ihnen vor, wurde die Aufgabe erfüllt?
- Detailfragen zum Verhalten
  - Warum haben Sie an dieser Stelle auf »Back« geklickt?
- Aggregation der Ergebnisse zu einem Bericht, Zitate und Screenshots zur Illustration, Interpretation klar kennzeichnen, Designempfehlung, weiteres Vorgehen festlegen

8.2.3   Der bessere Hausfrauen- und Kaffeehaus-Test

Der Betreiber des Blogs mit dem schönen Namen »User Happiness« hat eine Reihe von Tipps zusammengestellt, die zu beachten sind, wenn man einen Hausfrauen- oder Kaffeehaus-Test durchführt.

1. **Hausfrauen-Tests funktionieren überall**. Am besten funktionieren sie dort, wo die potentiellen Probanden etwas Zeit zur Verfügung haben. Dazu gehören Museen, Messen, Konferenzen und jeder andere Ort, wo die Zielgruppe vermutet wird.

2. **Eigenwerbung schadet nicht.** Wer mehrere Probanden sucht, kann auch mit einem Poster auf sich aufmerksam machen, sofern der Besitzer der Räumlichkeiten das erlaubt. Das Poster macht die Akquise, Sie den Test.

3. **Seien Sie kreativ bei der Wahl der Incentives.** Anders als im Lab treffen Sie die Nutzer in einer entspannten Atmosphäre, und das ermöglicht es Ihnen, auch ausgefallene Vergütungen anzubieten, etwa ein Glas Champagner. Phantasievolle Angebote werden auch Ihrem Poster zu mehr Wirkung verhelfen.

Selbst wenn Sie um 10 Uhr vormittags Freibier versprechen, werden die Probanden das Angebot vielleicht nicht wahrnehmen, aber sie wissen im Vorfeld, dass der Test lustig werden könnte.

4. **Prüfen Sie die Location im Vorfeld**. Keiner behauptet, dass ein solcher Test vollkommen spontan sein muss. Es wird für Sie leichter, wenn Sie wissen, wann dort Rushhour ist und das anwesende Personal eventuell mit Stress reagiert. Und wenn nichts mehr los ist, ziehen Sie einfach weiter.

5. **Trennen Sie Test und Rekrutierung**. Vor allem wenn Sie nicht alleine operieren, sollte der Rekrutierende im Café herumgehen und mit Leuten sprechen, Ihrem Tisch, an dem gerade ein Test stattfindet aber nicht zu nahe kommen. Sie können auch Visitenkarten und kleine Flyer verteilen, auf denen Sie erklären, was »da in der Ecke« gerade passiert.

6. **Bleiben Sie öffentlich**. Die Testatmosphäre ist informell und locker, wenn Sie mit Ihren Probanden nicht in einem Nebenzimmer oder hinter einem Paravent verschwinden. Außerdem wird die Rekrutierung einfacher, wenn andere sehen, wie einfach ein solcher Test funktioniert.

7. **Sorgen Sie für ausreichendes Material**. Stifte, Papier, Formulare, ausgedruckte Seiten des Layoutmusters, Farbkarten und natürlich den Notebook-Ersatzakku. Wenn Sie erst einmal im Café sind, hilft Ihnen niemand mehr.

8. **Erst zuhören, dann fragen:** Beginnen Sie den Test mit breit angelegten, offenen Fragen, bevor Sie an die Detailaufgaben gehen. Fragen Sie die Nutzer, was sie von einer Site wie Ihrer erwarten und was sie dort tun würden.

9. **Planen Sie Zusatzzeit ein, aber rechnen Sie nicht fest damit, dass Sie sie benötigen.** Halten Sie ein paar Zusatzfragen bereit, um die Zeit auszufüllen. Wenn Sie mit dem Probanden 20 Minuten verabredet haben, dann halten Sie sich daran, es sei denn, der Proband selbst will verlängern.

10. **Ordnen Sie den Probanden richtig ein.** Stellen Sie zu Beginn der Session einige Fragen über die Person des Nutzers, um herauszufinden, ob er tatsächlich zur inneren Zielgruppe gehört oder eher am Rande von Ihrer Site berührt wird.

Erik Burns, der das Thema Kaffeehaus-Test 2004 erstmals zur öffentlichen Debatte stellte, sieht auch einigen Planungsbedarf für die konkrete Umsetzung des Tests. Eine seiner wichtigsten Regeln lautet, dass der Tester flexibel genug sein muss, damit er den Test auch variieren kann, sobald er merkt, dass eine Veränderung oder Ergänzung das Testergebnis verbessert.

Um es den Probanden leichter zu machen, den Test zu überblicken, empfiehlt Burns die Erstellung eines Ablaufplans. Hier sind die unterschiedlichen Aufgaben der Reihe nach aufgelistet.

Im Briefing ist ganz wichtig, den Probanden klarzumachen, dass nicht deren Fähigkeiten getestet werden, sondern die Website. Sie müssen erläutern, dass es kein gewünschtes Ergebnis gibt bzw. dass das Aufzeigen von Fehlern in der Site zum Testzweck gehört.

Usabilatte: Tipps für den Kaffeehaus-Test

http://userhappiness.com/blog/usabilatte-10-tips-for-running-cafe-usability-sessions/

Mehr Tipps von Erik Burns:

http://www.gotomedia.com/gotoreport/june2004/news_0607_wantfreebeer.html

8.2.4 Webanalyse Recherchequellen und Anbieter

Anbieter (Auswahl):

Nedstat
http://www.nedstat.de

etracker
http://www.etracker.de/

netUpdater
http://www.netupdater.de/

econda
http ://www.econda.de/

WebHits
http://www.webhits.de/

Omniture
http://www.omniture.com/

Offermatica (von Omniture übernommen)
http://www.offermatica.com/

Webtrends
http://www.Webtrends.com/

Berater:

contentmetrics
http://www.contentmetrics.de/

n:sight
http://www.nsight.de

Recherche und weitere Informationen

Grundlagenpapier zu den Fähigkeiten der Webanalyse
http://blog.namics.com/2007//namics_Whitepaper_WebAnalytics_v1-0.pdf

Bilden Cookie-Löscher einen relevanten Unschärfefaktor?
http://www.webpronews.com/node/37376/print

Interview aus 2006 mit dem Analytics-Berater Axel Amthor
http://www.internetworld.de/index.php?id=120&viewfolder=060406&viewfile=
    07_37_01_backoffice

Grundlagen zu Webanalyse und Key Performance Indicators
http://www.internetworld.de/index.php?id=120&viewfolder=060406&viewfile=
    07_34_01_backoffice

Die Lava-Lampe als Wanderpokal für Webanalyse
http://www.clickz.com/showPage.html?page=3625093

Webanalyse für Raumschiff Enterprise – eine lehrreiche Glosse
http://www.sitelogicmarketing.com/blog/02-analytics-according-to-captain-kirk

Aktuelle Nachrichten aus der Analyseszene
http://www.web-analytics.org/

Große Auswahl an interessanten Fachartikeln
http://www.econtrolling.de/category/fachartikel/

Einkaufsführer Webanalyse von Ideal Observer
http://www.idealobserver.de/einkaufsfuehrer/einkaufsfuehrer.php

8.2.5   Checkliste zur Conversion-Rate-Optimierung (Quelle: www.namics.de)

Kriterien des Joy of Use

- Fokussierung auf wesentliche Prozesse unterstützt Nutzer in Handlungsausführung.
- Es werden keine unnötigen Handlungen ausgelöst.
- Alle Eingaben erscheinen nachvollziehbar und notwendig.
- Keine überflüssigen Vorschaltseiten oder Animationen unterstützen Prozesstempo.
- Wesentliche Informationen sind ohne Interaktion sichtbar.
- Wichtige Informationen werden grafisch hervorgehoben.
- Informationen, die Nutzer schnell zum Ziel führen, sind klar herausgearbeitet. www.namics.com
- Transparenz der auszuführenden Prozesse/Handlungen (Don't make me think)
- Buttons, Benennungen sind eindeutig betitelt und Aktion erwartet.
- Wenige Schriften, Farbe und Stile eingesetzt.
- Interaktionselemente sind einheitlich.
- Der Nutzer kontrolliert aktiv Anwendungen und Prozesse.
- Echtzeitfeedback und spielerische Elemente erhöhen den Bedienkomfort.
- Der Nutzungsdialog ist durch interaktive Feedbackmöglichkeiten aufgewertet.

Besucher zu Kunden machen

- Zielgruppe fühlt sich auf der Website willkommen und wohl.
- Zielgruppenbedürfnisse bestimmen den Fokus der Informationen und die Ansprache.
- Es gibt ein erkennbares Konversionsziel und eine gezielte Nutzerführung.
- Das primäre Konversionsziel steht klar im Vordergrund.
- Eintrittsbarrieren werden bewusst niedrig angesetzt.
- Interaktionsmodelle und Entscheidungshilfen werden auf die Zielgruppe abgestimmt.
- Botschaft/USP wird klar und eindeutig kommuniziert.
- Zielgruppenorientiertes, emotionales, spannendes Interaktionsdesign schafft erlebbare Marke.
- Call-to-Action-Elemente sind eindeutig und prominent und besitzen klare Texte.
- Entscheidungsprozess wird bewusst gesteuert und u.a. durch Nutzererfahrungen beeinflusst.
- Komfortable Sucheingabe , -abfrage, übersichtliche und steuerbare Ergebnisseite (Filterung).
- Kaufanreize werden angeboten (Rabatte etc.).
- Zertifikate und Gütesiegel kommunizieren Sicherheit, Bilder, wichtige Informationen etc. schaffen Mehrwert.
- Datenschutz, wichtige Servicethemen etc. werden kommuniziert und sind schnell auffindbar.

Conversion erfolgreich abschließen

- Der Warenkorb ist immer gut sichtbar platziert (auch bei Scrolling).
- Für Warenkorb und Checkout werden eindeutige, gängige Bezeichnungen verwendet.
- Artikel innerhalb des Warenkorbs können editiert, gelöscht und aufgerufen werden.
- Die Einkaufswagen-Funktion kann anonym/als Gast vollumfänglich genutzt werden.
- Bei der Bestätigung des Kaufes wird der Warenkorb zusammengefasst.
- Es werden ausschließlich geschäftsrelevante persönliche Kundendaten abgefragt.
- Auffällige Fortschrittsanzeige und Weiterführungsbuttons.
- Einhaltung gelernter Standards im Konversionsprozess
- Formulare im Konversionsprozess sind einfach gehalten und bieten volle Kontrolle über den Prozess.
- Dynamische Benutzerschnittstellen reduzieren Abfrageformulare auf das Wesentliche.
- Verfügbarkeit/Lieferdatum wird nicht erst am Ende des Konversionsprozesses, sondern bereits auf der Seite selbst mitgeteilt.
- Aussagekräftige Eingabehinweise, nachvollziehbare Fehlermeldungen werden in der Nähe des entsprechenden Eingabefeldes angezeigt und Felder bei Fehlern farbig hervorgehoben.
- Während des gesamten Konversionsvorganges sind vertrauensstützende Kontaktdaten (Tel, Fax, Name, Adresse, E-Mail), insbesondere für Neukunden, sichtbar.
- Bereits eingegebene Daten werden gespeichert und während der Eingabe »erinnert«.
- Es werden mindestens alle gängigen Zahlungsmethoden angeboten.
- Datensicherheit und Vertrauenswürdigkeit werden aktiv vermittelt und wahrgenommen.
- Datenschutz, Garantien und Gewährleistungen sind auf jeder Seite im Prozess verlinkt.
- Registrierungshürden und Bedenken bei der Eingabe persönlicher Daten wird aktiv entgegengewirkt (bspw. nur wenige Eingaben bei Rechnung, nur E-Mail bei Newslettern)
- Die Sessiondauer ist ausreichend bemessen.65 www.namics.
- Der Konversionsprozess kann anonym bzw. als Gast durchgeführt werden.
- Abbrüche innerhalb des Bestellprozesses werden abgefangen und Weiterführungsoptionen angeboten, Abbruchgründe werden möglichst aktiv abgefragt.
- Nach Unterbrechung des Prozesses und ggf. anschließender Rückkehr wird der Interessent an die Abbuchsstelle zurückgeführt.

Index

2007, 338 Seiten, Broschur
€ 36,00 (D)
ISBN 978-3-89864-449-5

»I refer to this book daily as a sanity check to ensure that I am meeting the needs of the end-users and also to ensure that I can prevent a problem in development before one starts.« (Keith Broussard 4 stars, 4 Feb 2007)

»A good check list to make sure that the site we create are complete and sound.« (Andre Mondou 5 stars, 30 Dec 2006)

»I found Shirley's work to be inspiring, insightful and invigorating! I particularly like the way that she presents information. She has a way of connecting with you that very few authors do well in the non-fiction realm.« (Rob Wehrli 5 stars, 11 Dec 2006)

»Very Helpful. Good to have on the shelf to pick out a checklist and double check your work.« (Lori 4 stars, 30 Nov 2006)

Shirley Kaiser

Projektfahrplan für erstklassige Websites

Checklisten für die Konzeption, Entwicklung und Wartung

Übersetzt aus dem Amerikanischen

»Erstklassige Websites erstellen« ist ein umfassendes Handbuch mit den besten Vorgehensweisen für die Entwicklung von Webprojekten. Es ist der ultimative Fahrplan für Webentwickler, Projektmanager und alle, die mit der Entwicklung von Internetprojekten zu tun haben.

Das Gerüst des Buches bilden über 100 Checklisten, die helfen, rechtzeitig die wesentlichen Fragen bei der Website-Produktion zu stellen, sie abzuwägen und die richtigen Entscheidungen zu treffen. Die Checkpunkte werden ausführlich erklärt und durch Abbildungen und Codebeispiele illustriert.

Behandelt werden die Themen Projektplanung, Informationsarchitektur, Design, Benutzerfreundlichkeit, Navigation, Barrierefreiheit, Suchmaschinenoptimierung, Qualitätssicherung, Testen, Projektübergabe u.v.m.

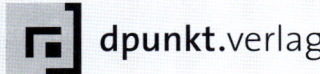 dpunkt.verlag

Ringstraße 19 · 69115 Heidelberg
fon 0 62 21/14 83 40
fax 0 62 21/14 83 99
e-mail hallo@dpunkt.de
http://www.dpunkt.de

Jason Beaird

Gelungenes Webdesign

Eine praktische Einführung in die Prinzipien der Webseitengestaltung

Übersetzt aus dem Englischen

Haben Sie (schon wieder) eine Website erstellt, die fantastische Dinge tut und fehlerfrei funktioniert – die aber niemand mag, weil sie nicht gut aussieht? Jason Beaird hilft Ihnen, auch das Design Ihrer Website in den Griff zu bekommen und »schöne« Seiten abzuliefern. Er bietet einen leicht verständlichen Einstieg in den kompletten Design-Prozess, von der Inspiration über Ideenskizzen und Farbschemata bis hin zum Layout und dem Einsatz von Grafiken. Sie lernen einfache und praktische Techniken, die jeder umsetzen kann – unabhängig davon, ob Sie Profi-Entwickler oder Website-Amateur sind.

2007, 188 Seiten, komplett in Farbe, Festeinband
€ 33,00 (D)
ISBN 978-3-89864-484-6

»*The Principles of Beautiful Web Design is a good book to kick start your graphic-design journey. The biggest benefit that I got from this book is the knowledge to learn from great designs as opposed to just admiring them in a state of awe.*« (*Trent Lucier auf slashdot.org zur englischen Originalausgabe*)

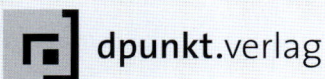 **dpunkt**.verlag

Ringstraße 19 · 69115 Heidelberg
fon 0 62 21/14 83 40
fax 0 62 21/14 83 99
e-mail hallo@dpunkt.de
http://www.dpunkt.de

Rachel Andrew

Der CSS-Problemlöser

Über 100 häufige Probleme mit Cascading Stylesheets und wie man sie löst

Übersetzt aus dem Englischen

Cascading Stylesheets sind der Standard für professionell gestaltete und barrierefreie Websites. Die Autorin Rachel Andrew gibt wertvolle Tipps, wie Sie CSS 2.1 in Ihrer täglichen Webdesignarbeit verwenden. Behandelt werden u.a. Textgestaltung, Navigation, Formulare, Benutzungsoberflächen mit unterschiedlichem »Look-and-Feel«, Browserkompatibilität und das Ersetzen von Tabellen durch CSS-Layout.

Sie können das Buch von vorne nach hinten lesen oder wie ein Kochbuch verwenden – mit mehr als 100 verschiedenen Rezepten für unterschiedliche Anwendungsfälle. Zahlreiche Codebeispiele erleichtern das Lernen und können auch gleich für die eigene Website verwendet werden. Das Buch wendet sich an Einsteiger in die Webentwicklung sowie an erfahrene Webdesigner, die ihre Arbeiten wirksam optimieren wollen.

Übersetzt aus dem Englischen,
2005, 358 Seiten, Broschur
€ 35,00 (D)
ISBN 978-3-89864-348-1

Stimmen zur englischen Originalausgabe:

»All in all, it's a solid, professional no-B.S. way for someone with a code-oriented mind to get them up to speed, satisfactorily and quickly; a motivated reader could be churning out standards-compliant, bandwidth-friendly sites after a few hours' experimentation.«
(Bruce Lawson, Slashdot.org)Digital Web Magazine

»If you've been struggling with building Web sites using Web standards and CSS, you really must buy this book. It's packed full with useful, real-life advice, hints and tips, clearly laid out and carefully explained.«
(Tony Crockford, Digital Web Magazine)

»I'd recommend this book to anyone who wants an up to date reference for CSS.«
(Elizabeth Krumbach, pleia2's book reviews)

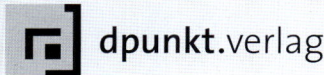 **dpunkt**.verlag

Ringstraße 19 · 69115 Heidelberg
fon 0 62 21/14 83 40
fax 0 62 21/14 83 99
e-mail hallo@dpunkt.de
http://www.dpunkt.de

2009, 478 Seiten, Festeinband
€ 39,00 (D)
ISBN 978-3-89864-594-2

Stefan Koch

JavaScript

Einführung, Programmierung und Referenz – inklusive Ajax

iX Edition

5., aktualisierte und erweiterte Auflage

Verständlich und praxisnah beschreibt
Erfolgsautor Stefan Koch den JavaScript-
Standard ECMAScript. Er erklärt u.a. browser-
und plattformunabhängige Programmierung,
Stylesheets und das Document Object Model,
Anwenderfeedback durch Formulareingaben
und Cookies. Ein Referenzteil über die
wichtigsten Objekte, die in den verschiedenen
Browsern zur Verfügung stehen, ist auch für
den erfahrenen JavaScript-Programmierer von
großem Wert.

Die fünfte Auflage wurde überarbeitet und
aktualisiert.

Neu: ein Kapitel über Gears, das die Einführung
in die Erstellung von Ajax-Webapplikationen
ergänzt.

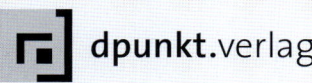 dpunkt.verlag

Ringstraße 19 · 69115 Heidelberg
fon 0 62 21/14 83 40
fax 0 62 21/14 83 99
e-mail hallo@dpunkt.de
http://www.dpunkt.de

2., aktualisierte u. erweiterte Auflage 2007,
302 Seiten, durchgehend 4-farbig,
gebunden, plus 64-seitige Begleitbroschüre
und CD
€ 49,00 (D)
ISBN 978-3-89864-481-5

»Ob Mac oder PC-Anwender, ob Internet-
Gestalter, Layouter oder Hobby-Drucker – ihr
Output wird sich nach der Lektüre dieses
Buches verbessern.« (c't 2003, Heft 24)

»Ein Buch, das didaktisch wirklich gut aufbereitet ist und Lust macht auf das ›Be-
Schriften‹.« (PublishingPraxis Dezember 2003)

»Wer sich auf diesen Fernunterricht einläßt,
erhält einen kompletten Grundkurs in Sachen
Gestaltung – weit über den Umgang mit
Buchstaben hinaus. Das Buch ist jedem zu
empfehlen, der Seiten gestalten will oder muss.
Als Knowhow-Grundlage oder zur Auf-
frischung sind die 49 Euro bestens investiert.«
(DOCMA Magazin für digitale
Bildbearbeitung, Online Ausgabe 007)

»Ein Band für Studierende und Medien-
designer, das Lust macht auf (Be)Schriften.«
(Designers Spiegel, Heft Juli 2005)

Martina Nohl

Workshop Typografie & Printdesign

Ein Lern- und Arbeitsbuch

2., aktualisierte und erweiterte Auflage

Dieses Lern- und Arbeitsbuch bietet Anfängern
und Fortgeschrittenen die Möglichkeit, sich
auf spielerische und übende Weise in die
Typografie und die Gestaltung von Print-
produkten einzuarbeiten bzw. bestehende
Kenntnisse zu vertiefen. Dabei wird die
theoretische Erarbeitung eines Themen-
komplexes durch entsprechende Aufgaben
und Übungen für die praktische Arbeit
ergänzt. Dieses aktive Anwenden versetzt die
Leser erstaunlich schnell und effektiv in die
Lage, eigene Produkte typografisch zu
gestalten. Das Buch kann sowohl im Unterricht
oder in Arbeitsgruppen, aber auch – durch die
ausführliche Darstellung von Lösungen – im
Selbststudium verwendet werden. Das für die
Übungen benötigte umfangreiche Material
findet sich in der Begleitbroschüre des Buches
und auf der beigefügten CD.

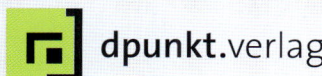

dpunkt.verlag

Ringstraße 19 · 69115 Heidelberg
fon 0 62 21/14 83 40
fax 0 62 21/14 83 99
e-mail hallo@dpunkt.de
http://www.dpunkt.de

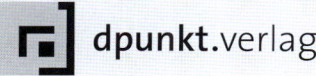